内部发行

国家基本公共服务统计指标 2018

国家统计局社会科技和文化产业统计司
国家发展和改革委员会社会发展司 编

中国统计出版社
China Statistics Press

图书在版编目（CIP）数据

国家基本公共服务统计指标. 2018 / 国家统计局社会科技和文化产业统计司, 国家发展和改革委员会社会发展司编. -- 北京 : 中国统计出版社, 2018.12
ISBN 978-7-5037-8774-4

Ⅰ. ①国… Ⅱ. ①国… ②国… Ⅲ. ①国家行政机关－公共服务－统计指标－中国－2018 Ⅳ. ①D630.1

中国版本图书馆 CIP 数据核字(2019)第 003201 号

国家基本公共服务统计指标—2018

作　　者/国家统计局社会科技和文化产业统计司　国家发展和改革委员会社会发展司
责任编辑/徐　涛
封面设计/王　芳
出版发行/中国统计出版社
通信地址/北京市丰台区西三环南路甲 6 号　邮政编码/100073
电　　话/邮购（010）63376909　书店（010）68783171
网　　址/ http://www.zgtjcbs.com/
印　　刷/河北鑫兆源印刷有限公司
经　　销/新华书店
开　　本/7100mm×1000mm　1/16
字　　数/510 千字
印　　张/21.25
版　　别/2018 年 12 月第 1 版
版　　次/2018 年 12 月第 1 次印刷
定　　价/400.00 元

中国统计版图书，如有印装错误，本社发行部负责调换。

编 者 说 明

一、按照《“十三五”推进基本公共服务均等化规划》提出保障全体公民生存和发展基本需求的公共服务领域的重点项目和服务内容，国家统计局与国家发展和改革委员会联合编印了《国家基本公共服务统计指标-2018》。这是一本全面反映国家基本公共服务各领域基本情况的综合性统计资料，书中收录了近些年来国家基本公共服务分领域主要统计指标年度数据。本书资料仅供内部使用，未经同意，请勿公开。

二、本书内容分为九个部分，即：基本公共服务主要指标、基本公共教育、劳动就业服务、社会保险、基本社会服务、基本医疗卫生、基本住房保障、公共文化体育、残疾人基本公共服务。书后附有主要统计指标解释、2017 年基本公共服务统计监测报告和部分领域基本公共服务年度发展报告。数据主要来自于教育部、民政部、人力资源和社会保障部、住房和城乡建设部、文化部、国家卫生健康委员会、国家新闻出版广电总局、国家体育总局、国家食品药品监督管理总局、国家文物局、国家中医药管理局、中国残疾人联合会等部门。

三、本书中所涉及的全国性统计指标，除特殊注明外，均未包含香港、澳门特别行政区和台湾省数据。所涉及东部、中部、西部地区的具体划分为：东部地区包括北京、天津、河北、辽宁、上海、江苏、浙江、福建、山东、广东、海南，中部地区包括山西、吉林、黑龙江、安徽、江西、河南、湖北、湖南，西部地区包括内蒙古、广西、重庆、四川、贵州、云南、西藏、陕西、甘肃、青海、宁夏、新疆。部分指标全国数与分省合计数不相等，原因是全国数包括国务院部门直属企事业单位数据，而分省数不包括。

四、本书中部分数据合计数或相对数由于单位取舍不同而产生的计算误差，均未作调整。

五、本书有关符号使用说明：表中的“空格”表示该项统计数据不足本表最小单位数、不祥或无该项数据；“#”表示其中的主要项。

六、本书编辑过程中，得到有关部门的大力支持和配合，在此表示衷心感谢。

目　　录

第一篇　主要统计指标

一、基本公共服务主要指标

二、基本公共教育

三、劳动就业服务

四、社会保险

五、基本社会服务

六、基本医疗卫生

九、残疾人基本公共服务

附 录

第二篇　分领域年度报告

第一篇

主要统计指标

1 基本公共服务主要指标

享有基本公共服务是公民的基本权利，保障人人享有基本公共服务是政府的重要职责。推进基本公共服务均等化，是全面建成小康社会的应有之义，对于促进社会公平正义、增进人民福祉、增强全体人民在共建共享发展中的获得感、实现中华民族伟大复兴的中国梦，具有十分重要的意义。

1-1 基本公共教育

指 标	单位	2010年	2014年	2015年	2016年	2017年
九年义务教育						
义务教育学生营养改善计划受益学生数	万人		3216.2	2969.1	3256.0	3708.1
初中毕业生升学率	%	87.5	95.1	94.1	93.7	94.9
九年义务教育巩固率	%	89.7	92.6	93.0	93.4	93.8
义务教育基本均衡县(市、区)数	个		757	1302	1824	2379
高中阶段教育						
普通高中家庭经济困难学生受资助学生数	万人次	481.6	494.8	494.9	1158.5	1247.5
中等职业教育免费学生数	万人	440.0	1234.1	1050.3	1000.5	995.6
中等职业教育与普通高中在校学生数之比	普通高中=1	0.92	0.73	0.70	0.68	0.67
学前教育						
公办幼儿园在园幼儿数占全部在园幼儿数比重	%	53.0	47.5	46.0	44.8	44.1
学前三年毛入园率	%	56.6	70.5	75.0	77.4	79.6

注：普通高中家庭经济困难学生受资助学生数2010年-2015年统计指标单位为万人。

1-2 劳动就业服务

指 标	单位	2010年	2014年	2015年	2016年	2017年
就业服务和管理						
接受职业指导人数	万人	2486.5	1810.6	1662.2	1684.6	1639.4
接受创业服务人数	万人	211.3	414.2	364.9	409.8	387.7
本年消除的零就业家庭户数	户	84646	58166	56778	49921	51375
职业技能培训						
参加职业技能培训人数	万人	1821.0	1934.8	1907.6	1775.0	1689.5
职业技能鉴定考核人数	万人	1657.5	1854.0	1894.1	1755.5	1472.9
劳动权益保护						
劳动保障监察投诉案件结案率	%	98.7	99.6	99.7	99.5	99.7
劳动人事争议仲裁结案率	%	93.4	95.2	95.2	95.5	95.9

1-3 社会保险

指　　标	单位	2010年	2014年	2015年	2016年	2017年
基本养老保险						
职工基本养老保险参保人数	万人	25707.3	34124.4	35361.2	37929.7	40293.3
城乡居民基本养老保险参保人数	万人	10276.8	50107.5	50472.2	50847.1	51255.0
企业退休人员月人均基本养老金	元	1362	2050	2240	2326	2490
基本医疗保险						
职工基本医疗保险参保人数	万人	23734.7	28296.0	28893.1	29531.5	30322.7
城镇居民基本医疗保险参保人数	万人	19528.3	31450.9	37688.5	44860.0	87358.7
城镇居民基本医疗保险年人均财政补助水平	元/人年		315	370	390	442
失业、工伤和生育保险						
失业保险参保人数	万人	13375.6	17043.6	17326.0	18088.8	18784.2
工伤保险参保人数	万人	16160.7	20639.2	21432.5	21889.3	22723.1
生育保险参保人数	万人	12335.9	17038.7	17771.0	18451.0	19300.2
社会保险服务保障						
社会保障卡持卡人数	万人	10340	71242	88361	101249	108770

1-4 基本社会服务

指　　标	单位	2010年	2014年	2015年	2016年	2017年
社会救助						
城乡居民最低生活保障人数	万人	7524.5	7084.3	6604.7	6066.7	5306.2
农村特困人员(五保供养)救助人数	万人	556.3	529.1	516.8	496.9	466.9
民政部门直接医疗救助补助人次数	万人次	1479.3	2395.3	2515.9	2696.1	3517.1
民政部门资助参加基本医疗保险人数	万人	6076.7	6723.7	6634.7	5560.4	5621.0
社会福利						
每千老年人口(60岁及以上)养老床位数	张	17.8	27.2	30.3	31.6	30.9
养老服务机构和设施收留抚养老年人数	万人	229.1	320.3	309.2	327.7	317.1
儿童收养救助服务机构床位数	万张	5.6	10.8	10.0	10.0	10.3
提供住宿的社会服务机构年末在院(站)儿童数	万人	10.0	10.3	9.6	9.6	9.4
优抚安置						
享受国家抚恤补助的优抚对象人数	万人	625.0	917.3	897.0	874.8	857.7
优抚对象年均抚恤水平	元/人年	5803.2	6185.9	6954.0	8030.9	8833.7
社会服务保障						
每千人口社会服务机构床位数	张	2.61	4.49	5.33	5.54	5.70
每万人口拥有社会工作专业人才数	人		1.16	1.50	2.08	2.35

1-5 基本医疗卫生

指　标	单位	2010年	2014年	2015年	2016年	2017年
公共卫生服务						
城乡居民健康档案规范化电子建档率	%		65.8	76.4	76.9	83.8
7岁以下儿童健康管理率	%	83.4	91.3	92.1	92.4	92.6
孕产妇系统管理率	%	84.1	90.0	91.5	91.6	89.6
甲乙类法定报告传染病发病率	1/10万	238.7	227.0	223.6	215.7	222.1
人均基本公共卫生服务补助经费	元	17.8	37.7	42.6	45.6	59.8
医疗服务						
每万人口全科医生数	人		1.26	1.38	1.51	1.82
每千人口基层医疗卫生机构执业(助理)医师数	人	0.71	0.78	0.80	0.83	0.87
每千人口基层医疗卫生机构床位数	张	0.89	1.01	1.03	1.04	1.10
中医服务						
每千人口中医类别执业(助理)医师数	人	0.22	0.31	0.33	0.35	0.38
药品供应和安全保障						
每百万人口药品不良反应报告数	份	516.7	971.0	1021.0	1044.0	951.5

1-6 基本住房保障

指　标	单位	2010年	2014年	2015年	2016年	2017年
公共租赁住房(廉租住房)						
公共租赁住房(廉租住房)实物保障户数(在保)	万户	122.4	720.8	989.3	1381.9	1415.9
住房租赁补贴户数(在保)	万户	300.5	340.1	317.1	306.6	242.3
棚户区改造						
实际开工的各类棚户区改造住房套数(含货币安置户数)	万套	274.4	506.0	601.8	632.8	609.3
农村危房改造						
农村危房改造户数	万户	120	260	455	331	179

1-7 公共文化体育

指　　标	单位	2010年	2014年	2015年	2016年	2017年
公益性文化						
每万人口拥有公共文化设施建筑面积	平方米	255.8	359.5	374.4	391.6	404.4
人均拥有公共图书馆藏量	册	0.46	0.58	0.61	0.65	0.70
文化馆(站)服务人次	万人次		50668	54826	57896	63951
博物馆参观人次数	万人次	40679.3	84256.2	78111.7	85061.0	97172.1
广播影视						
农村广播节目综合人口覆盖率	%	95.6	97.3	97.5	97.8	98.2
农村电视节目综合人口覆盖率	%	96.8	98.1	98.3	98.5	98.7
农村有线广播电视用户覆盖率	%	29.4	31.5	33.5	33.2	31.7
全年农村公益电影放映场次	万场	830.1	860.4	733.6	746.6	718.4
新闻出版						
国民综合阅读率	%	77.1	78.6	79.6	79.9	80.3
全年新出版图书种数	种	189295	255890	260426	262415	255106

1-8 残疾人基本公共服务

指　　标	单位	2010年	2014年	2015年	2016年	2017年
社会保障						
城乡居民基本养老保险重度残疾人参保补贴人数	万人		379.2	422.1	445.7	547.2
基本服务						
县(市、区)级系统开展无障碍建设改造率	%	22.7	47.3	50.9	51.0	50.9
特殊教育学校生师比	教师=1	4.2	3.9	4.0	4.0	10.3
接受义务教育残疾人在校生数	万人	41.6	39.5	43.2	48.2	56.9
残疾人群众体育健身活动示范点	个		2769	3591	5433	9053
每十万人口康复专业人才数	%		12.0	12.0	16.7	11.2

1-9 全国基本公共服务一般公共预算支出情况

单位：亿元

类　　别	2014年	2015年	2016年	2017年
一、教育支出				
普通教育				
学前教育	691	929	1011	1182
小学教育	6075	7023	7586	8206
初中教育	3954	4497	4826	5184
高中教育	1947	2323	2565	2841
化解农村义务教育债务支出	4	2	1	4
化解普通高中债务支出	35	4	1	1
职业教育				
初等职业教育	13	19	14	14
中专教育	520	618	646	670
技校教育	179	212	220	229
职业高中教育	339	461	413	440
特殊学校教育	68	86	95	107
教育费附加安排的支出	1454	1542	1494	1503
农村中小学校舍建设	150	143	122	120
农村中小学教学设施	46	54	47	45
城市中小学校舍建设	130	150	159	147
城市中小学教学设施	55	46	50	58
中等职业学校教学设施	77	71	58	56
其他教育费附加安排的支出	997	1077	1058	1076
二、公共文化体育服务				
公共文化文物				
图书馆	95	113	120	138
群众文化	130	153	157	173
文物保护	117	116	112	101
博物馆	127	147	161	179
历史名城与古迹	38	34	34	31
基本公共体育				
体育场馆	137	110	120	133
群众体育	29	36	41	44
新闻出版广播影视				
广播	101	108	113	115
电视	238	250	244	263
电影	13	15	18	16
出版发行	55	62	71	76

1-9 续表 1　　单位：亿元

类　别	2014年	2015年	2016年	2017年
三、社会保障和就业服务				
人力资源和社会保障管理事务				
劳动保障监察	13	16	17	19
就业管理事务	27	32	37	42
社会保险业务管理事务	17	20	19	21
信息化建设	10	14	15	20
社会保险经办机构	144	166	193	223
劳动关系和维权	3	4	4	5
公共就业服务和职业技能鉴定机构	23	25	31	33
劳动人事争议调解仲裁	2	3	4	5
其他人力资源和社会保障管理事务支出	138	141	163	203
民政管理事务				
拥军优属	23	27	29	32
老龄事务	64	70	75	85
基层政权和社区建设	204	250	288	331
其他民政管理事务支出	112	122	146	158
财政对社会保险基金的补助				
财政对基本养老保险基金的补助			6609	7449
#财政对城乡居民社会养老保险基金的补助	1349	1853	1908	2131
财政对基本医疗保险基金的补助			4695	5024
#财政对城乡居民基本医疗保险基金的补助				3471
新型农村合作医疗	2732	3096	3025	990
城镇居民基本医疗保险	676	986	1397	292
财政对失业保险基金的补助	8	10	10	
财政对工伤保险基金的补助	26	23	25	
财政对生育保险基金的补助	11	13	17	
财政对其他社会保险基金的补助	231	383	777	
补充全国社会保障基金	200	200	200	200
行政事业单位离退休	3668	4361	5235	7579
归口管理的行政单位离退休	1192	1399	1291	1016
事业单位离退休	1818	2164	2014	1535
离退休人员管理机构	34	40	42	44
未归口管理的行政单位离退休	343	414	285	215
其他行政事业单位离退休支出	281	345	641	2109
机关事业单位职业年金缴费支出			105	366
对机关事业单位基本养老保险基金的补助			447	1967
其他行政事业单位离退休支出			409	326

1-9 续表 2

单位：亿元

类　　别	2014年	2015年	2016年	2017年
就业补助	871	871	785	817
#扶持公共就业服务	37	39		
就业创业服务补贴			38	46
职业培训补贴	43	42	41	36
社会保险补贴	114	107	98	106
公益性岗位补贴	144	151	157	170
职业技能鉴定补贴	1	1	1	1
特定就业政策支出	4	4	2	
就业见习补贴	4	3	5	5
高技能人才培养补助	7	11	5	8
求职补贴	1	1	3	4
其他就业补助支出	387	410	435	441
抚恤	695	763	855	934
死亡抚恤	106	124	144	164
伤残抚恤	96	101	105	110
在乡复员、退伍军人生活补助	143	150	166	166
优抚事业单位支出	60	48	45	49
义务兵优待	109	125	143	153
农村籍退役士兵老年生活补助	8	13	19	25
其他优抚支出	173	201	232	267
退役安置	474	596	590	737
社会福利	415	567	617	682
儿童福利	48	53	57	57
老年福利	145	190	230	270
假肢矫形	1	2	1	1
殡葬	82	92	100	108
社会福利事业单位	87	86	92	99
其他社会福利支出	52	144	137	147
残疾人事业				
残疾人康复	29	58	61	60
残疾人就业和扶贫	11	64	78	64
残疾人体育	4	8	9	7
最低生活保障	1606	1665	1658	1476
城市居民最低生活保障	737	754	716	572
农村最低生活保障	869	911	941	904
自然灾害生活救助	210	196	273	192
中央自然灾害生活补助	113	95	86	75

1-9 续表 3 单位：亿元

类　　别	2014年	2015年	2016年	2017年
地方自然灾害生活补助	30	26	40	30
自然灾害灾后重建补助	56	62	133	76
其他自然灾害生活救助支出	12	12	13	11
临时救助		109	140	142
临时救助支出		72	101	100
流浪乞讨人员救助支出		36	39	42
特困人员供养		183	228	259
城市特困人员供养支出		7	15	27
农村五保供养	164	176	213	232
其他生活救助		115	104	114
其他城市生活救助		37	34	40
其他农村生活救助		78	70	74
其他社会保障和就业支出		873	1102	1362
四、基本医疗卫生和计划生育				
公立医院	1371	1727	2075	2193
综合医院	845	1069	1258	1325
中医(民族)医院	188	244	307	310
传染病医院	34	40	45	50
职业病防治医院	4	8	7	7
精神病医院	44	46	53	61
妇产医院	26	32	42	53
儿童医院	28	39	36	32
其他专科医院	42	51	64	64
福利医院	1	1	1	2
行业医院	9	7	9	10
处理医疗欠费	1	1	1	1
其他公立医院支出	148	189	252	280
基层医疗卫生机构	938	1102	1211	1325
城市社区卫生机构	152	177	210	225
乡镇卫生院	505	613	694	722
其他基层医疗卫生机构支出	281	312	306	378
公共卫生	1314	1550	1692	1886
疾病预防控制机构	236	280	313	342
卫生监督机构	67	77	84	93
妇幼保健机构	110	137	166	200
精神卫生机构	5	8	8	8

1-9 续表 4

单位：亿元

类 别	2014年	2015年	2016年	2017年
应急救治机构	19	23	24	27
采供血机构	48	56	63	74
其他专业公共卫生机构	10	11	14	13
基本公共卫生服务	457	580	642	697
重大公共卫生专项	276	277	278	287
突发公共卫生事件应急处理	8	6	6	9
其他公共卫生支出	78	96	94	136
医疗保障	4835	5657	6220	
#事业单位医疗	374	442	532	
公务员医疗补助	112	126	156	
优抚对象医疗补助	35	36	36	
城乡医疗救助	203	230	259	284
疾病应急救助	10	10	8	8
计划生育服务		267	275	278
食品和药品监督管理事务				
药品事务	19	20	21	21
食品安全事务	41	63	74	82
五、住房保障支出	**5044**	**5797**	**6776**	**6552**
保障性安居工程支出	3429	3907	4391	3792
廉租住房	176	120	85	46
沉陷区治理	5	15	22	4
棚户区改造	887	1290	1722	1685
少数民族地区游牧民定居工程	13	1	9	6
农村危房改造	376	536	446	419
公共租赁住房	715	639	597	391
保障性住房租金补贴	51	50	63	60
其他保障性安居工程支出	1206	1257	1446	1180
住房改革支出	1448	1730	2146	2495
住房公积金	1013	1255	1551	1772
提租补贴	54	74	103	169
购房补贴	381	401	492	554
城乡社区住宅	167	160	240	266
公有住房建设和维修改造支出	15	18	28	39
住房公积金管理			77	72
其他城乡社区住宅支出	152	141	135	155

2 基本公共教育

“十三五”时期，政府提供如下基本公共教育服务：

◆为适龄儿童、少年提供免费九年义务教育；
◆为贫困地区农村义务教育学生实施营养改善计划；
◆为义务教育家庭困难寄宿生提供提供生活补助；
◆为县级以上教育行政部门审批设立的普惠性幼儿园在园家庭经济困难儿童、孤儿和残疾儿童接受学前教育提供资助。
◆为涉农专业学生、家庭经济困难学生、集中连片特困地区和西藏、四省藏区、新疆南疆四地州中等职业学校农村（不含县城）学生提供国家助学金；
◆为农村学生、城镇家庭经济困难学生和涉农专业学生提供免费中等职业教育；
◆为家庭经济困难学生接受普通高中教育提供资助；
◆免除普通高中建档立卡等家庭经济困难学生学杂费。

2-1-1　全国义务教育巩固率和升学率

单位：%

年　份	九年义务教育巩固率	小学学龄儿童净入学率	小学升学率	初中升学率
2000		99.1	94.9	51.2
2005		99.2	98.4	69.7
2006		99.3	100.0	75.7
2007		99.5	99.9	80.5
2008		99.5	99.7	83.4
2009		99.4	99.1	85.6
2010	89.7	99.7	98.7	87.5
2011	91.5	99.8	98.3	88.9
2012	91.8	99.9	98.3	88.4
2013	92.3	99.7	98.3	91.2
2014	92.6	99.8	98.0	95.1
2015	93.0	99.9	98.2	94.1
2016	93.4	99.9	98.7	93.7
2017	93.8	99.9	98.8	94.9

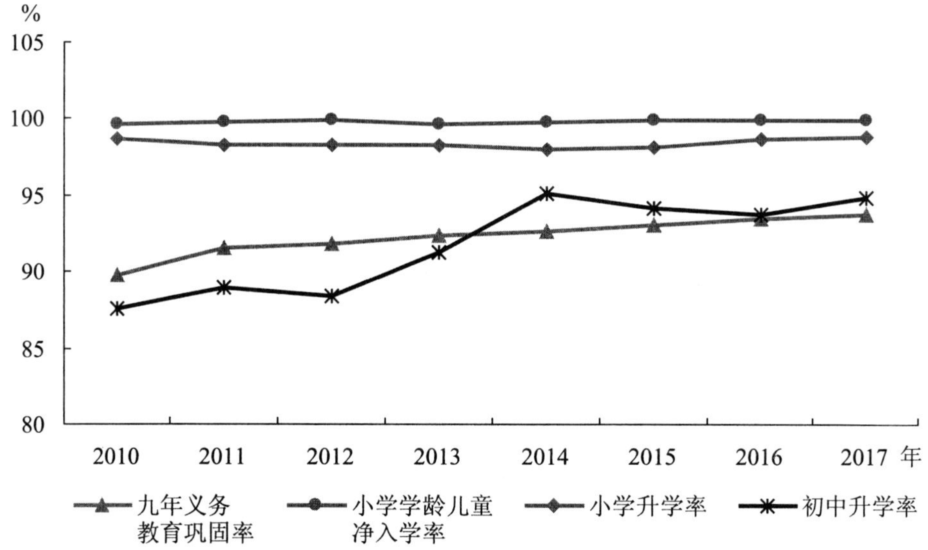

2-1-2 全国义务教育和高中阶段各级各类学校生师比

(教师=1)

年 份	九年义务教育	普通小学	初中	普通高中	中等职业教育
2000	21.1	22.2	19.0	15.9	15.2
2005	18.8	19.4	17.8	18.5	21.3
2006	18.4	19.2	17.2	18.1	22.7
2007	17.9	18.8	16.5	17.5	23.1
2008	17.5	18.4	16.1	16.8	23.3
2009	17.0	17.9	15.5	16.3	25.3
2010	16.6	17.7	15.0	16.0	25.7
2011	16.4	17.7	14.4	15.8	25.0
2012	15.9	17.4	13.6	15.5	24.2
2013	15.2	16.8	12.8	15.0	22.2
2014	15.2	16.8	12.6	14.4	20.4
2015	15.3	17.0	12.4	14.0	20.5
2016	15.4	17.1	12.4	13.7	19.8
2017	15.3	17.0	12.5	13.4	19.0

2-1-3 各地区九年义务教育在校生数

单位：万人

地 区	2010年	2014年	2015年	2016年	2017年
全 国	**15220.0**	**13835.7**	**14004.1**	**14242.4**	**14535.8**
东 部	5310.6	5246.2	5367.2	5492.2	5650.7
中 部	5189.9	4452.5	4501.7	4581.0	4661.5
西 部	4719.5	4137.0	4135.2	4169.1	4223.5
北 京	96.3	112.8	113.4	113.7	114.2
天 津	77.9	84.0	86.4	88.8	91.0
河 北	732.8	793.1	832.4	864.1	897.3
山 西	462.6	346.4	339.6	336.4	336.4
内蒙古	224.5	196.6	195.3	195.1	194.4
辽 宁	345.5	304.0	301.3	296.7	290.9
吉 林	227.0	189.2	187.5	186.8	184.7
黑龙江	317.2	240.2	237.8	234.3	228.1
上 海	112.7	123.0	121.1	120.3	119.7
江 苏	631.7	656.7	686.4	717.1	748.9
浙 江	500.5	504.4	504.9	505.3	509.9
安 徽	739.5	607.6	612.6	624.6	642.7
福 建	366.5	387.2	401.7	414.1	428.7
江 西	626.1	588.0	598.7	603.0	613.9
山 东	977.8	963.3	985.4	1007.2	1037.8
河 南	1539.9	1328.0	1341.9	1381.4	1411.2
湖 北	583.6	458.8	472.3	487.6	503.3
湖 南	694.1	694.5	711.3	726.9	741.3
广 东	1348.7	1208.7	1224.2	1253.1	1298.1
广 西	630.5	626.9	636.4	650.1	667.2
海 南	120.2	109.0	110.2	111.7	114.3
重 庆	328.1	301.4	303.4	306.4	309.0
四 川	936.4	789.7	788.1	794.3	801.0
贵 州	648.2	553.1	544.3	542.5	545.1
云 南	643.2	572.5	567.2	563.9	562.5
西 藏	43.8	41.9	41.0	42.3	44.0
陕 西	425.4	338.1	340.2	346.9	357.3
甘 肃	375.4	277.3	271.2	269.8	271.2
青 海	73.8	67.3	66.7	66.6	67.1
宁 夏	96.1	86.7	85.8	85.8	86.1
新 疆	293.9	285.4	295.6	305.4	318.8

2-1-4 各地区普通小学在校生数

地 区	在校生数(万人)				
	2010年	2014年	2015年	2016年	2017年
全 国	**9940.7**	**9451.1**	**9692.2**	**9913.0**	**10093.7**
东 部	3442.8	3638.7	3787.1	3900.1	3995.4
中 部	3425.2	3051.7	3109.3	3164.1	3200.3
西 部	3072.8	2760.6	2795.8	2848.8	2898.0
北 京	65.3	82.1	85.0	86.8	87.6
天 津	50.6	57.3	60.2	63.1	64.8
河 北	511.6	564.3	596.2	620.5	637.2
山 西	291.1	224.5	227.0	227.1	228.1
内蒙古	143.1	129.6	131.4	133.8	132.5
辽 宁	218.3	198.5	200.0	198.9	194.6
吉 林	144.5	126.9	128.0	126.4	122.8
黑龙江	188.0	148.6	147.8	143.9	137.7
上 海	70.2	80.3	79.9	79.0	78.5
江 苏	398.8	471.5	499.6	522.2	540.2
浙 江	333.3	354.5	357.0	355.0	354.0
安 徽	460.4	415.1	422.5	430.4	440.5
福 建	238.9	274.6	288.3	298.7	307.1
江 西	426.0	413.0	422.3	422.8	422.9
山 东	629.2	648.5	674.6	691.3	708.5
河 南	1070.5	928.6	937.1	965.6	982.1
湖 北	365.6	321.2	335.8	346.1	354.6
湖 南	479.2	473.8	488.9	501.8	511.7
广 东	848.5	831.9	868.9	905.2	942.0
广 西	430.1	431.8	440.1	451.4	463.8
海 南	78.1	75.3	77.3	79.4	80.9
重 庆	199.9	203.4	207.3	209.8	210.0
四 川	592.1	531.3	541.7	549.5	551.8
贵 州	433.5	346.3	346.3	353.4	362.1
云 南	435.2	382.7	377.8	376.6	375.2
西 藏	29.9	29.5	29.2	30.3	31.5
陕 西	261.0	226.4	233.1	241.8	252.3
甘 肃	237.0	180.2	180.2	182.2	185.6
青 海	51.9	46.1	45.4	45.8	46.5
宁 夏	65.4	58.9	58.4	58.3	58.1
新 疆	193.6	194.3	204.9	215.9	228.6

2-1-4 续表

地 区	比上年增长(%)				
	2010年	2014年	2015年	2016年	2017年
全 国	**-1.3**	**1.0**	**2.6**	**2.3**	**1.8**
东 部	-0.2	3.5	4.1	3.0	2.4
中 部	-0.1	-0.7	1.9	1.8	1.1
西 部	-3.5	-0.4	1.3	1.9	1.7
北 京	1.0	4.0	3.6	2.1	0.9
天 津	-0.3	3.8	5.1	4.8	2.7
河 北	4.7	3.3	5.7	4.1	2.7
山 西	-4.5	-2.2	1.1	0.1	0.5
内蒙古	-4.2	-1.1	1.3	1.9	-0.9
辽 宁	-3.3	-2.9	0.8	-0.5	-2.1
吉 林	-1.1	-6.8	0.9	-1.2	-2.8
黑龙江	-1.3	-3.5	-0.5	-2.6	-4.4
上 海	4.5	1.3	-0.5	-1.1	-0.6
江 苏	0.7	8.3	6.0	4.5	3.4
浙 江	2.5	1.4	0.7	-0.6	-0.3
安 徽	-5.4	1.5	1.8	1.9	2.4
福 建	-0.4	5.7	5.0	3.6	2.8
江 西	0.8	1.2	2.3	0.1	0.0
山 东	0.4	3.6	4.0	2.5	2.5
河 南	1.8	-1.2	0.9	3.0	1.7
湖 北	1.8	-2.2	4.6	3.1	2.4
湖 南	2.1	1.3	3.2	2.6	2.0
广 东	-4.4	3.0	4.4	4.2	4.1
广 西	-1.5	1.3	1.9	2.6	2.7
海 南	-6.4	1.7	2.7	2.6	2.0
重 庆	-3.9	2.3	1.9	1.2	0.1
四 川	-4.0	1.0	2.0	1.4	0.4
贵 州	-5.1	-2.6	0.0	2.0	2.5
云 南	-2.0	-2.4	-1.3	-0.3	-0.4
西 藏	-1.9	0.1	-1.0	3.6	4.0
陕 西	-3.8	-0.4	3.0	3.7	4.4
甘 肃	-6.2	-3.5	0.0	1.1	1.9
青 海	-2.7	-2.9	-1.5	0.9	1.6
宁 夏	-2.5	-2.5	-0.9	-0.1	-0.3
新 疆	-1.9	2.6	5.5	5.4	5.9

2-1-5 各地区初中在校生数

地 区	在校生数(万人)				
	2010年	2014年	2015年	2016年	2017年
全 国	**5279.3**	**4384.6**	**4312.0**	**4329.4**	**4442.1**
东 部	1867.8	1607.4	1580.2	1592.1	1655.4
中 部	1764.7	1400.8	1392.4	1416.9	1461.2
西 部	1646.8	1376.4	1339.3	1320.4	1325.5
北 京	31.0	30.7	28.3	26.8	26.6
天 津	27.3	26.7	26.1	25.6	26.2
河 北	221.3	228.8	236.1	243.6	260.1
山 西	171.5	121.9	112.7	109.3	108.2
内蒙古	81.5	67.0	64.0	61.2	61.9
辽 宁	127.2	105.6	101.3	97.8	96.3
吉 林	82.5	62.3	59.6	60.4	61.9
黑龙江	129.2	91.6	90.0	90.4	90.4
上 海	42.6	42.7	41.2	41.3	41.2
江 苏	233.0	185.2	186.7	194.9	208.7
浙 江	167.1	149.9	147.9	150.3	155.8
安 徽	279.0	192.4	190.1	194.2	202.2
福 建	127.6	112.6	113.3	115.5	121.6
江 西	200.0	175.0	176.4	180.3	191.0
山 东	348.6	314.8	310.8	315.9	329.4
河 南	469.4	399.4	404.8	415.8	429.2
湖 北	218.1	137.6	136.5	141.5	148.7
湖 南	214.9	220.6	222.4	225.1	229.6
广 东	500.1	376.8	355.3	347.8	356.1
广 西	200.4	195.1	196.3	198.8	203.5
海 南	42.2	33.7	32.9	32.4	33.3
重 庆	128.2	97.9	96.0	96.6	99.0
四 川	344.3	258.3	246.4	244.8	249.1
贵 州	214.7	206.8	198.0	189.1	183.0
云 南	208.0	189.8	189.4	187.3	187.3
西 藏	13.9	12.4	11.8	12.0	12.5
陕 西	164.3	111.7	107.1	105.1	105.0
甘 肃	138.4	97.1	90.9	87.6	85.6
青 海	21.9	21.2	21.3	20.8	20.6
宁 夏	30.8	27.8	27.4	27.5	27.9
新 疆	100.3	91.1	90.7	89.5	90.2

2-1-5 续表

地 区	比上年增长(%)				
	2010年	2014年	2015年	2016年	2017年
全 国	**-3.0**	**-1.2**	**-1.7**	**0.4**	**2.6**
东 部	-3.8	-0.6	-1.7	0.8	4.0
中 部	-2.1	-0.6	-0.6	1.8	3.1
西 部	-2.4	-2.6	-2.7	-1.4	0.4
北 京	-2.8	-1.2	-7.6	-5.3	-0.7
天 津	-4.7	2.5	-2.1	-1.9	2.3
河 北	-8.5	9.6	3.2	3.2	6.8
山 西	-1.6	-5.6	-7.6	-3.0	-0.9
内蒙古	-2.9	-2.7	-4.5	-4.3	1.0
辽 宁	-6.4	-0.2	-4.0	-3.4	-1.5
吉 林	-6.0	-3.4	-4.4	1.5	2.4
黑龙江	-3.6	-1.8	-1.8	0.5	0.0
上 海	-0.2	-2.3	-3.4	0.2	-0.4
江 苏	-9.1	-0.3	0.8	4.4	7.1
浙 江	-5.4	1.1	-1.3	1.6	3.7
安 徽	-6.3	-3.7	-1.2	2.2	4.1
福 建	-9.9	1.6	0.7	1.9	5.3
江 西	5.7	-0.2	0.8	2.2	6.0
山 东	2.0	-1.0	-1.3	1.6	4.3
河 南	-1.0	3.7	1.4	2.7	3.2
湖 北	-7.9	-7.3	-0.8	3.6	5.1
湖 南	0.3	3.0	0.8	1.2	2.0
广 东	-0.7	-6.9	-5.7	-2.1	2.4
广 西	-3.0	0.0	0.6	1.2	2.4
海 南	-5.4	-2.7	-2.5	-1.6	3.0
重 庆	-3.5	-3.8	-1.9	0.6	2.5
四 川	-3.4	-4.9	-4.6	-0.6	1.8
贵 州	1.1	-1.7	-4.3	-4.5	-3.3
云 南	1.7	1.3	-0.2	-1.1	0.0
西 藏	-2.9	-1.4	-5.5	2.4	3.6
陕 西	-8.8	-7.0	-4.2	-1.8	-0.1
甘 肃	-1.9	-6.3	-6.4	-3.6	-2.3
青 海	2.1	1.9	0.6	-2.5	-1.0
宁 夏	2.5	-2.3	-1.4	0.1	1.6
新 疆	-2.4	-0.8	-0.4	-1.4	0.8

2-1-6 各地区九年义务教育城镇在校生数

地 区	城镇在校生数(万人)				
	2010年	2014年	2015年	2016年	2017年
全 国	**8083.3**	**10037.4**	**10335.7**	**10683.6**	**11117.0**
东 部	3356.5	4214.4	4343.4	4482.3	4661.1
中 部	2370.0	3089.1	3194.1	3313.8	3446.8
西 部	2356.8	2734.0	2798.3	2887.5	3009.1
北 京	83.0	104.7	105.2	105.6	106.2
天 津	59.4	70.6	72.8	75.3	78.0
河 北	356.1	520.2	552.2	581.0	618.6
山 西	249.5	272.4	271.4	272.3	275.0
内蒙古	175.9	175.7	175.0	174.7	174.5
辽 宁	171.8	255.1	254.3	251.2	249.0
吉 林	146.4	146.0	145.8	147.9	148.4
黑龙江	177.0	199.2	199.6	199.8	197.8
上 海	110.8	117.5	116.3	115.6	116.3
江 苏	419.0	585.7	612.9	641.3	675.5
浙 江	401.6	436.8	437.0	444.3	447.0
安 徽	336.8	401.3	415.5	428.7	452.2
福 建	265.9	302.7	320.0	333.3	349.5
江 西	234.1	401.8	421.2	435.1	452.9
山 东	516.8	722.8	750.5	784.7	825.9
河 南	572.3	840.1	872.5	910.6	949.0
湖 北	295.0	349.7	365.7	386.5	404.6
湖 南	358.8	478.6	502.4	533.0	567.0
广 东	895.8	1007.1	1029.9	1056.0	1098.7
广 西	318.8	382.6	400.6	423.8	446.6
海 南	76.4	91.2	92.3	94.0	96.4
重 庆	222.1	248.9	252.2	258.4	265.6
四 川	558.0	564.1	576.1	596.1	613.0
贵 州	271.1	331.8	343.1	355.8	390.8
云 南	247.9	289.9	297.1	300.3	306.9
西 藏	23.7	22.8	22.6	23.3	24.3
陕 西	170.5	286.4	291.1	299.4	313.8
甘 肃	153.6	158.4	161.5	171.0	183.0
青 海	39.2	46.6	46.9	47.1	47.4
宁 夏	54.1	62.4	62.7	62.9	64.0
新 疆	121.8	164.4	169.5	174.6	179.1

2-1-6 续表

地 区	占全部在校生数比重(%)				
	2010年	2014年	2015年	2016年	2017年
全 国	**53.1**	**72.5**	**73.8**	**75.0**	**76.5**
东 部	63.2	80.3	80.9	81.6	82.5
中 部	45.7	69.4	71.0	72.3	73.9
西 部	49.9	66.1	67.7	69.3	71.2
北 京	86.2	92.8	92.8	92.9	93.0
天 津	76.3	84.0	84.3	84.8	85.7
河 北	48.6	65.6	66.3	67.2	68.9
山 西	53.9	78.6	79.9	80.9	81.8
内蒙古	78.3	89.4	89.6	89.6	89.7
辽 宁	49.7	83.9	84.4	84.7	85.6
吉 林	64.5	77.2	77.8	79.1	80.4
黑龙江	55.8	82.9	83.9	85.2	86.7
上 海	98.3	95.5	96.0	96.1	97.2
江 苏	66.3	89.2	89.3	89.4	90.2
浙 江	80.2	86.6	86.6	87.9	87.7
安 徽	45.6	66.1	67.8	68.6	70.4
福 建	72.5	78.2	79.7	80.5	81.5
江 西	37.4	68.3	70.3	72.2	73.8
山 东	52.9	75.0	76.2	77.9	79.6
河 南	37.2	63.3	65.0	65.9	67.2
湖 北	50.6	76.2	77.4	79.3	80.4
湖 南	51.7	68.9	70.6	73.3	76.5
广 东	66.4	83.3	84.1	84.3	84.6
广 西	50.6	61.0	62.9	65.2	66.9
海 南	63.5	83.7	83.7	84.2	84.3
重 庆	67.7	82.6	83.1	84.3	86.0
四 川	59.6	71.4	73.1	75.0	76.5
贵 州	41.8	60.0	63.0	65.6	71.7
云 南	38.5	50.6	52.4	53.3	54.6
西 藏	54.1	54.3	55.2	55.0	55.3
陕 西	40.1	84.7	85.6	86.3	87.8
甘 肃	40.9	57.1	59.6	63.4	67.5
青 海	53.1	69.3	70.2	70.7	70.7
宁 夏	56.3	72.0	73.1	73.3	74.4
新 疆	41.4	57.6	57.3	57.2	56.2

2-1-7 各地区九年义务教育农村在校生数

地 区	农村在校生数(万人)				
	2010年	2014年	2015年	2016年	2017年
全 国	**7136.7**	**3798.3**	**3668.4**	**3558.8**	**3418.8**
东 部	1954.1	1031.8	1023.9	1009.9	989.6
中 部	2819.9	1363.5	1307.6	1267.2	1214.7
西 部	2362.7	1403.0	1336.9	1281.6	1214.4
北 京	13.3	8.1	8.2	8.1	8.0
天 津	18.5	13.4	13.6	13.5	13.0
河 北	376.8	272.9	280.2	283.1	278.7
山 西	213.0	74.0	68.3	64.1	61.3
内蒙古	48.6	20.9	20.4	20.3	20.0
辽 宁	173.7	48.9	47.0	45.5	41.9
吉 林	80.6	43.2	41.7	39.0	36.3
黑龙江	140.2	41.0	38.2	34.6	30.3
上 海	1.9	5.5	4.8	4.7	3.4
江 苏	212.8	71.0	73.4	75.9	73.4
浙 江	98.9	67.6	67.9	61.0	62.9
安 徽	402.6	206.2	197.1	195.8	190.5
福 建	100.6	84.5	81.7	80.9	79.2
江 西	391.9	186.2	177.5	167.9	161.1
山 东	461.0	240.5	235.0	222.6	212.0
河 南	967.6	487.9	469.4	470.8	462.2
湖 北	288.6	109.0	106.6	101.2	98.7
湖 南	335.3	215.9	208.8	193.9	174.3
广 东	452.9	201.6	194.3	197.1	199.3
广 西	311.7	244.3	235.9	226.3	220.6
海 南	43.9	17.8	17.9	17.7	17.9
重 庆	106.0	52.4	51.1	48.0	43.3
四 川	378.4	225.6	212.0	198.2	188.0
贵 州	377.1	221.4	201.2	186.7	154.3
云 南	395.4	282.6	270.1	263.6	255.6
西 藏	20.1	19.2	18.4	19.1	19.7
陕 西	254.8	51.7	49.1	47.5	43.4
甘 肃	221.8	119.0	109.7	98.7	88.2
青 海	34.6	20.7	19.9	19.5	19.7
宁 夏	42.0	24.3	23.1	22.9	22.0
新 疆	172.1	121.0	126.1	130.8	139.7

2-1-7 续表

地 区	占全部在校生数比重(%)				
	2010年	2014年	2015年	2016年	2017年
全 国	**46.9**	**27.5**	**26.2**	**25.0**	**23.5**
东 部	36.8	19.7	19.1	18.4	17.5
中 部	54.3	30.6	29.0	27.7	26.1
西 部	50.1	33.9	32.3	30.7	28.8
北 京	13.8	7.2	7.2	7.1	7.0
天 津	23.7	16.0	15.7	15.2	14.3
河 北	51.4	34.4	33.7	32.8	31.1
山 西	46.1	21.4	20.1	19.1	18.2
内蒙古	21.7	10.6	10.4	10.4	10.3
辽 宁	50.3	16.1	15.6	15.3	14.4
吉 林	35.5	22.8	22.2	20.9	19.6
黑龙江	44.2	17.1	16.1	14.8	13.3
上 海	1.7	4.5	4.0	3.9	2.8
江 苏	33.7	10.8	10.7	10.6	9.8
浙 江	19.8	13.4	13.4	12.1	12.3
安 徽	54.4	33.9	32.2	31.4	29.6
福 建	27.5	21.8	20.3	19.5	18.5
江 西	62.6	31.7	29.7	27.8	26.2
山 东	47.1	25.0	23.8	22.1	20.4
河 南	62.8	36.7	35.0	34.1	32.8
湖 北	49.4	23.8	22.6	20.7	19.6
湖 南	48.3	31.1	29.4	26.7	23.5
广 东	33.6	16.7	15.9	15.7	15.4
广 西	49.4	39.0	37.1	34.8	33.1
海 南	36.5	16.3	16.3	15.8	15.7
重 庆	32.3	17.4	16.9	15.7	14.0
四 川	40.4	28.6	26.9	25.0	23.5
贵 州	58.2	40.0	37.0	34.4	28.3
云 南	61.5	49.4	47.6	46.7	45.4
西 藏	45.9	45.7	44.8	45.0	44.7
陕 西	59.9	15.3	14.4	13.7	12.2
甘 肃	59.1	42.9	40.4	36.6	32.5
青 海	46.9	30.7	29.8	29.3	29.3
宁 夏	43.7	28.0	26.9	26.7	25.6
新 疆	58.6	42.4	42.7	42.8	43.8

2-1-8 各地区九年义务教育学生营养改善计划受益学生数

地 区	学生营养改善计划受益学生数(万人)				
	2011年	2014年	2015年	2016年	2017年
全 国	**2682.0**	**3216.2**	**2969.1**	**3256.0**	**3708.1**
东 部	55.1	127.9	197.2	263.2	323.1
中 部	941.8	780.2	734.6	805.7	1027.5
西 部	1685.1	2308.1	2037.3	2187.2	2357.5
北 京					
天 津					
河 北	55.1	55.8	56.9	52.4	119.3
山 西	43.4	67.5	49.3	48.2	53.9
内蒙古	7.8	4.9	4.9	5.1	25.7
辽 宁		5.6	4.8	4.3	2.4
吉 林	5.7	8.1	7.3	7.3	7.1
黑龙江	24.2	16.6	25.2	38.2	60.9
上 海			13.1	13.2	12.8
江 苏			35.6	89.2	89.0
浙 江			24.3	27.0	23.7
安 徽	139.5	98.0	100.3	104.5	151.9
福 建		52.6	25.4	29.7	27.1
江 西	107.7	88.9	84.4	111.0	123.7
山 东					
河 南	329.0	239.5	213.2	220.0	311.3
湖 北	122.1	108.3	102.5	105.0	107.6
湖 南	170.2	153.3	152.4	171.4	211.2
广 东			23.7	24.7	25.6
广 西	91.8	183.2	167.2	166.8	169.9
海 南		13.9	13.4	22.7	23.2
重 庆	85.7	202.0	80.0	193.9	193.5
四 川	176.7	373.1	354.3	354.1	455.6
贵 州	416.8	378.8	363.9	380.6	387.0
云 南	383.2	510.7	480.0	479.4	481.3
西 藏	24.0	55.9	37.6	19.7	39.9
陕 西	111.0	225.6	214.1	228.9	231.3
甘 肃	231.6	210.3	170.6	168.7	168.7
青 海	39.6	39.7	37.3	36.4	36.2
宁 夏	28.1	24.6	21.3	20.9	20.6
新 疆	88.8	99.3	106.1	132.5	147.8

注：2014年包含国家级试点学校学生数。

2-1-8 续表

地 区	占全部在校生数比重(%)				
	2011年	2014年	2015年	2016年	2017年
全 国	**17.9**	**23.2**	**21.2**	**22.9**	**25.5**
东 部	1.0	2.4	3.7	4.8	5.7
中 部	18.3	17.5	16.3	17.6	22.0
西 部	36.8	55.8	49.3	52.5	55.8
北 京					
天 津					
河 北	7.3	7.0	6.8	6.1	13.3
山 西	9.8	19.5	14.5	14.3	16.0
内蒙古	3.5	2.5	2.5	2.6	13.2
辽 宁		1.8	1.6	1.5	0.8
吉 林	2.6	4.3	3.9	3.9	3.8
黑龙江	7.8	6.9	10.6	16.3	26.7
上 海			10.8	10.9	10.7
江 苏			5.2	12.4	11.9
浙 江			4.8	5.3	4.7
安 徽	20.1	16.1	16.4	16.7	23.6
福 建		13.6	6.3	7.2	6.3
江 西	17.0	15.1	14.1	18.4	20.1
山 东					
河 南	21.1	18.0	15.9	15.9	22.1
湖 北	21.0	23.6	21.7	21.5	21.4
湖 南	24.1	22.1	21.4	23.6	28.5
广 东			1.9	2.0	2.0
广 西	14.6	29.2	26.3	25.7	25.5
海 南		12.8	12.2	20.3	20.3
重 庆	27.2	67.0	26.4	63.3	62.6
四 川	19.5	47.3	45.0	44.6	56.9
贵 州	67.0	68.5	66.9	70.2	71.0
云 南	60.9	89.2	84.6	85.0	85.6
西 藏	55.6	133.2	91.7	46.5	90.8
陕 西	27.5	66.7	62.9	66.0	64.8
甘 肃	66.4	75.8	62.9	62.5	62.2
青 海	53.8	58.9	55.9	54.6	53.9
宁 夏	29.8	28.4	24.8	24.4	24.0
新 疆	30.7	34.8	35.9	43.4	46.4

注：2014年包含国家级试点学校学生数。

2-1-9 各地区小学学龄儿童净入学率

单位：%

地 区	2010年	2014年	2015年	2016年	2017年
全 国	**99.7**	**99.8**	**99.9**	**99.9**	**99.9**
北 京	100.0	100.0	100.0	100.0	99.9
天 津	99.8	99.7	99.8	99.8	100.0
河 北	99.8	99.7	99.8	100.1	99.5
山 西	99.0	99.9	99.9	99.9	99.9
内蒙古	100.0	100.0	100.0	100.0	100.0
辽 宁	99.9	99.9	99.9	99.9	99.9
吉 林	99.8	99.7	99.8	99.8	99.9
黑龙江	99.1	100.0	100.0	100.0	100.0
上 海	100.0	100.0	100.0	99.9	100.0
江 苏	100.0	100.0	100.0	100.0	100.0
浙 江	100.0	100.0	100.0	100.0	100.0
安 徽	99.9	100.0	100.0	100.0	100.0
福 建	100.0	100.0	100.0	100.0	100.0
江 西	99.9	99.8	99.9	99.7	100.0
山 东	100.0	100.0	100.0	100.0	100.0
河 南	99.9	100.0	100.0	100.0	100.0
湖 北	100.0	100.0	100.0	100.0	100.0
湖 南	99.9	100.0	100.0	100.0	100.0
广 东	100.0	100.0	100.0	100.0	100.0
广 西	99.4	99.6	99.4	99.6	99.8
海 南	98.8	99.4	99.2	99.9	99.6
重 庆	99.9	100.0	100.0	100.0	100.0
四 川	99.4	99.2	99.7	99.8	99.8
贵 州	97.9	98.5	99.5	99.6	99.6
云 南	99.7	99.5	99.7	99.7	99.8
西 藏	99.2	100.0	98.9	99.1	99.5
陕 西	99.6	99.9	99.9	99.9	100.0
甘 肃	99.5	99.0	99.8	100.2	99.8
青 海	99.6	99.7	99.8	99.8	99.8
宁 夏	99.9	99.2	100.0	100.0	99.9
新 疆	99.8	99.8	99.8	99.9	99.9

2-1-10　各地区初中升学率

单位：%

地　区	2010年	2014年	2015年	2016年	2017年
全　国	**87.5**	**95.1**	**93.9**	**93.7**	**94.9**
北　京	123.0	104.7	99.4	100.5	100.6
天　津	110.3	116.3	115.2	113.8	104.8
河　北	88.9	102.2	92.4	89.4	90.7
山　西	86.1	90.3	91.8	93.0	93.8
内蒙古	103.6	101.8	98.8	99.8	99.0
辽　宁	96.3	95.3	93.4	92.8	92.4
吉　林	97.7	91.0	91.2	91.7	95.1
黑龙江	88.4	106.4	97.0	94.1	94.4
上　海	96.4	96.7	94.5	95.1	94.8
江　苏	101.7	102.7	102.9	101.0	101.9
浙　江	76.6	99.7	100.7	100.9	102.1
安　徽	80.2	98.8	99.8	100.8	100.5
福　建	84.3	95.1	94.9	94.2	95.2
江　西	88.9	89.9	92.1	87.6	86.5
山　东	79.4	100.1	96.3	96.8	97.2
河　南	91.3	93.2	90.2	87.8	88.8
湖　北	80.2	94.6	95.2	97.7	96.6
湖　南	82.7	94.8	92.7	91.1	93.7
广　东	94.5	96.1	93.6	95.4	97.8
广　西	95.3	84.4	86.6	90.6	93.6
海　南	79.6	92.5	93.6	94.8	98.0
重　庆	92.0	106.5	105.2	106.8	105.8
四　川	89.1	95.3	96.2	98.2	98.6
贵　州	58.2	83.7	82.8	80.8	83.7
云　南	67.8	81.9	83.5	83.7	87.2
西　藏	46.3	60.0	61.9	71.6	71.7
陕　西	104.2	109.5	105.7	104.1	113.8
甘　肃	79.7	86.7	86.1	89.5	88.3
青　海	100.7	103.2	96.2	96.2	92.4
宁　夏	93.8	91.2	90.8	87.0	85.2
新　疆	74.1	88.4	97.5	97.6	101.7

2-1-11 各地区九年义务教育专任教师数

单位：万人

地 区	2010年	2014年	2015年	2016年	2017年
全 国	**914.2**	**912.2**	**916.1**	**927.7**	**949.4**
东 部	337.3	346.1	350.8	359.1	369.8
中 部	303.0	295.3	294.2	294.4	299.8
西 部	273.9	270.9	271.1	274.2	279.7
北 京	8.0	8.9	9.2	9.5	9.9
天 津	6.3	6.5	6.7	6.8	7.0
河 北	49.7	50.4	51.3	53.1	55.3
山 西	31.0	29.3	28.6	28.2	27.7
内蒙古	17.8	16.8	16.1	15.6	15.7
辽 宁	24.8	24.0	23.9	23.9	24.0
吉 林	19.2	18.0	17.5	17.4	17.3
黑龙江	25.3	22.7	22.0	21.0	20.4
上 海	7.9	8.9	9.0	9.1	9.4
江 苏	43.6	44.5	45.1	46.6	48.2
浙 江	29.2	31.0	31.5	32.2	33.0
安 徽	40.9	39.3	38.9	39.2	40.0
福 建	25.6	25.7	26.0	26.5	26.9
江 西	32.3	33.2	33.7	33.9	34.8
山 东	64.8	65.4	66.1	67.7	69.8
河 南	76.7	77.7	78.7	79.3	82.6
湖 北	35.3	33.3	33.1	33.1	33.2
湖 南	42.3	41.8	41.7	42.3	43.7
广 东	69.7	73.3	74.4	76.2	78.8
广 西	33.9	33.5	34.1	35.6	37.7
海 南	7.7	7.6	7.5	7.5	7.6
重 庆	19.3	19.2	19.4	19.8	20.1
四 川	51.0	50.6	50.7	51.3	52.6
贵 州	30.8	31.2	31.7	32.4	33.0
云 南	35.8	34.8	34.9	35.4	35.6
西 藏	2.8	3.0	3.1	3.1	3.0
陕 西	29.2	26.7	26.1	25.8	25.9
甘 肃	22.4	22.5	22.4	22.3	22.3
青 海	4.1	4.1	4.3	4.3	4.3
宁 夏	5.2	5.2	5.3	5.4	5.4
新 疆	21.8	23.2	23.1	23.1	23.9

2-1-12 各地区普通小学专任教师数

地 区	专任教师数(万人)				
	2010年	2014年	2015年	2016年	2017年
全 国	**561.7**	**563.4**	**568.5**	**578.9**	**594.5**
东 部	204.6	213.5	218.1	224.8	232.2
中 部	185.2	181.1	181.3	182.2	186.0
西 部	171.9	168.8	169.1	171.9	176.3
北 京	4.9	5.7	5.9	6.2	6.5
天 津	3.7	3.9	4.0	4.2	4.3
河 北	31.9	33.4	33.9	35.1	36.6
山 西	19.1	17.7	17.3	17.2	16.9
内蒙古	11.4	10.7	10.2	9.9	10.0
辽 宁	14.7	14.1	14.0	14.0	14.0
吉 林	12.5	11.3	11.0	11.0	10.8
黑龙江	15.1	13.2	12.6	11.9	11.4
上 海	4.5	5.1	5.2	5.3	5.5
江 苏	25.0	27.0	27.8	28.9	30.0
浙 江	17.2	19.0	19.5	20.0	20.5
安 徽	24.6	23.8	23.8	24.0	24.5
福 建	15.7	15.9	16.2	16.6	16.9
江 西	20.3	21.0	21.6	21.9	22.7
山 东	38.7	38.9	39.6	40.9	42.2
河 南	49.0	49.4	50.1	50.6	52.7
湖 北	19.6	19.9	20.0	20.2	20.3
湖 南	25.0	24.8	24.9	25.4	26.6
广 东	43.1	45.4	46.9	48.7	50.8
广 西	22.0	21.7	22.2	23.3	24.7
海 南	5.2	5.0	5.0	4.9	5.0
重 庆	11.6	11.6	11.9	12.3	12.5
四 川	30.6	30.5	30.8	31.4	32.5
贵 州	19.8	19.3	19.4	19.7	20.2
云 南	23.8	22.6	22.5	22.7	22.7
西 藏	1.9	2.0	2.1	2.1	2.0
陕 西	17.5	15.9	15.6	15.6	15.9
甘 肃	14.0	14.0	14.0	14.1	14.2
青 海	2.7	2.5	2.6	2.6	2.7
宁 夏	3.3	3.3	3.4	3.4	3.4
新 疆	13.4	14.5	14.5	14.6	15.3

2-1-12 续表

地区	比上年增长(%)				
	2010年	2014年	2015年	2016年	2017年
全国	**-0.3**	**0.9**	**0.9**	**1.8**	**2.7**
东部	0.2	2.8	2.1	3.1	3.3
中部	-0.4	-0.2	0.1	0.5	2.1
西部	-0.3	-0.3	0.2	1.6	2.6
北京	0.5	3.4	4.2	4.3	4.4
天津	-1.6	1.8	3.2	3.3	3.6
河北	-0.7	4.6	1.6	3.7	4.1
山西	-1.6	-2.1	-2.2	-0.8	-1.4
内蒙古	-1.1	-3.0	-5.2	-2.3	0.3
辽宁	-1.9	-1.1	-0.7	0.3	-0.1
吉林	-3.0	-2.1	-2.4	-0.4	-1.1
黑龙江	-2.4	-3.6	-4.3	-5.1	-4.1
上海	2.2	3.4	1.6	2.0	2.4
江苏	-2.0	4.7	2.8	4.1	3.8
浙江	1.1	3.8	2.3	2.7	2.6
安徽	-1.2	-0.1	0.2	0.9	1.9
福建	-0.1	2.7	2.4	2.1	1.8
江西	0.7	1.5	2.7	1.5	3.6
山东	-0.6	0.5	1.9	3.2	3.2
河南	0.3	-0.1	1.4	1.0	4.1
湖北	-1.1	1.3	0.5	0.9	0.6
湖南	-0.1	0.7	0.4	1.8	4.8
广东	3.0	3.9	3.1	3.8	4.4
广西	-0.3	0.8	2.1	4.8	6.3
海南	-0.6	-0.5	-0.9	-1.4	1.5
重庆	-1.2	1.0	2.2	3.5	1.8
四川	-0.3	-0.2	1.0	2.1	3.4
贵州	-0.6	-0.1	0.3	1.8	2.5
云南	1.6	-1.9	-0.5	1.0	0.1
西藏	1.2	7.6	3.1	0.9	-3.1
陕西	-1.8	-2.1	-2.1	0.1	1.8
甘肃	0.3	0.0	-0.1	0.6	0.6
青海	-0.8	-6.5	5.0	-0.3	3.4
宁夏	-0.6	-2.2	1.3	1.0	0.4
新疆	-0.2	3.2	-0.2	1.1	4.8

2-1-13 各地区初中专任教师数

地 区	专任教师数(万人)				
	2010年	2014年	2015年	2016年	2017年
全 国	**352.5**	**348.8**	**347.6**	**348.8**	**354.9**
东 部	132.7	132.6	132.7	134.3	137.6
中 部	117.8	114.2	112.9	112.2	113.8
西 部	102.0	102.1	102.0	102.3	103.5
北 京	3.0	3.3	3.3	3.3	3.4
天 津	2.6	2.6	2.6	2.7	2.7
河 北	17.8	17.0	17.4	17.9	18.8
山 西	11.9	11.6	11.3	11.0	10.8
内蒙古	6.4	6.1	5.9	5.7	5.8
辽 宁	10.1	9.9	9.9	9.9	9.9
吉 林	6.8	6.7	6.5	6.5	6.5
黑龙江	10.2	9.5	9.4	9.0	9.0
上 海	3.4	3.7	3.8	3.8	3.9
江 苏	18.6	17.5	17.3	17.7	18.2
浙 江	12.1	11.9	12.0	12.2	12.5
安 徽	16.3	15.5	15.1	15.2	15.5
福 建	9.9	9.8	9.8	9.9	10.0
江 西	12.0	12.1	12.1	12.0	12.1
山 东	26.1	26.5	26.5	26.8	27.6
河 南	27.7	28.3	28.6	28.6	29.9
湖 北	15.7	13.4	13.1	12.9	12.9
湖 南	17.3	17.0	16.8	16.9	17.2
广 东	26.6	27.9	27.6	27.6	28.0
广 西	11.9	11.8	11.9	12.3	13.0
海 南	2.5	2.5	2.6	2.6	2.6
重 庆	7.7	7.6	7.6	7.5	7.6
四 川	20.5	20.1	19.9	19.8	20.1
贵 州	11.0	12.0	12.4	12.7	12.8
云 南	12.0	12.3	12.4	12.7	12.9
西 藏	0.9	1.0	1.0	1.0	1.0
陕 西	11.7	10.7	10.5	10.2	10.0
甘 肃	8.3	8.5	8.4	8.2	8.1
青 海	1.4	1.5	1.6	1.6	1.6
宁 夏	1.9	1.9	1.9	2.0	2.0
新 疆	8.4	8.7	8.6	8.5	8.6

2-1-13 续表

地　区	比上年增长(%)				
	2010年	2014年	2015年	2016年	2017年
全　国	**0.2**	**0.2**	**-0.4**	**0.3**	**1.7**
东　部	0.1	0.8	0.1	1.2	2.4
中　部	-0.4	-0.3	-1.2	-0.6	1.5
西　部	1.3	0.1	-0.1	0.3	1.1
北　京	-0.6	2.0	1.1	1.9	2.9
天　津	-2.2	0.8	0.6	1.1	0.9
河　北	-4.6	3.2	2.2	3.1	4.7
山　西	-1.4	-1.3	-2.4	-2.6	-1.7
内蒙古	-1.3	-1.9	-2.7	-3.4	0.9
辽　宁	-0.9	-0.5	-0.1	0.1	0.5
吉　林	-1.4	0.2	-3.4	0.0	-0.1
黑龙江	-1.3	-1.9	-1.7	-3.6	-0.9
上　海	1.2	3.0	1.2	1.4	3.1
江　苏	-1.0	-1.2	-0.8	1.9	3.0
浙　江	0.7	1.0	0.9	1.4	2.3
安　徽	1.4	-1.9	-2.8	0.7	2.4
福　建	-0.1	1.0	0.0	0.8	1.1
江　西	2.1	-0.1	-0.5	-1.0	0.9
山　东	0.3	0.8	-0.2	1.1	3.0
河　南	-0.5	1.3	0.9	0.2	4.4
湖　北	-2.6	-1.4	-1.7	-1.7	-0.1
湖　南	-0.9	0.6	-1.1	0.6	1.4
广　东	3.8	0.6	-1.0	0.0	1.4
广　西	0.4	0.7	1.0	3.7	5.1
海　南	1.2	0.1	1.6	0.6	0.2
重　庆	0.8	-0.6	-0.2	-0.3	1.2
四　川	1.0	-0.9	-1.0	-0.2	1.5
贵　州	1.3	3.7	3.4	2.8	0.3
云　南	3.7	0.6	1.1	2.1	1.9
西　藏	1.1	4.9	2.2	3.6	-0.2
陕　西	-0.5	-2.8	-2.6	-2.6	-1.9
甘　肃	3.4	0.6	-1.2	-1.8	-1.6
青　海	3.8	-1.6	5.1	0.2	-0.6
宁　夏	1.9	-1.6	1.5	1.9	2.2
新　疆	2.8	1.1	-1.5	-1.0	1.2

2-1-14 各地区九年义务教育城镇专任教师数

地 区	城镇专任教师数(万人)				
	2010年	2014年	2015年	2016年	2017年
全 国	**467.9**	**632.1**	**648.0**	**669.4**	**700.1**
东 部	204.8	271.0	278.0	287.6	299.5
中 部	132.6	191.0	195.1	200.2	209.6
西 部	130.5	170.1	174.8	181.6	191.1
北 京	6.6	8.1	8.4	8.6	9.0
天 津	4.7	5.5	5.6	5.8	6.0
河 北	22.5	31.6	32.8	34.5	36.8
山 西	14.5	20.1	20.1	20.1	20.1
内蒙古	12.0	13.8	13.5	13.2	13.4
辽 宁	11.4	19.3	19.3	19.5	19.7
吉 林	10.2	12.0	12.0	12.2	12.2
黑龙江	12.1	16.5	16.4	16.2	16.3
上 海	7.8	8.5	8.6	8.8	9.1
江 苏	28.1	39.8	40.5	41.9	43.7
浙 江	23.4	26.6	27.1	28.0	28.6
安 徽	17.6	23.9	24.5	25.3	26.7
福 建	16.8	18.4	19.3	19.9	20.7
江 西	11.3	21.0	21.9	22.6	23.9
山 东	33.2	48.7	50.1	52.3	55.2
河 南	28.5	46.3	48.3	49.5	52.7
湖 北	17.5	24.2	24.5	25.2	25.7
湖 南	20.9	26.8	27.5	29.1	32.0
广 东	46.0	58.9	60.6	62.5	64.9
广 西	17.3	19.9	20.9	22.7	24.7
海 南	4.1	5.7	5.7	5.8	5.9
重 庆	12.4	15.2	15.5	16.1	16.6
四 川	30.3	34.6	35.5	36.9	38.8
贵 州	12.9	17.5	19.0	20.3	22.7
云 南	13.6	17.0	17.6	18.1	18.7
西 藏	1.6	1.7	1.7	1.8	1.8
陕 西	9.1	20.9	20.8	20.9	21.5
甘 肃	8.6	11.0	11.4	12.3	13.2
青 海	2.1	2.7	2.9	2.9	2.9
宁 夏	2.8	3.5	3.6	3.7	3.8
新 疆	7.8	12.3	12.4	12.6	12.9

2-1-14 续表

地 区	占全部专任教师数比重(%)				
	2010年	2014年	2015年	2016年	2017年
全 国	**51.2**	**69.3**	**70.7**	**72.2**	**73.7**
东 部	60.7	78.3	79.3	80.1	81.0
中 部	43.8	64.7	66.3	68.0	69.9
西 部	47.7	62.8	64.5	66.2	68.3
北 京	82.5	90.8	90.8	90.7	90.6
天 津	74.0	84.7	84.8	85.2	85.7
河 北	45.3	62.7	64.0	65.0	66.5
山 西	46.7	68.8	70.1	71.4	72.7
内蒙古	67.8	82.0	83.6	84.7	85.0
辽 宁	46.0	80.3	80.8	81.3	82.0
吉 林	53.1	67.0	68.5	70.0	70.8
黑龙江	48.0	72.9	74.5	77.0	79.7
上 海	98.9	95.9	96.0	95.9	96.9
江 苏	64.6	89.3	89.8	90.0	90.7
浙 江	80.1	85.8	85.9	87.0	86.7
安 徽	43.0	60.8	63.0	64.5	66.6
福 建	65.7	71.8	74.0	75.3	76.9
江 西	35.1	63.4	65.0	66.8	68.8
山 东	51.2	74.4	75.7	77.3	79.1
河 南	37.2	59.6	61.4	62.5	63.8
湖 北	49.5	72.7	74.0	76.2	77.3
湖 南	49.5	64.2	65.9	68.7	73.1
广 东	66.0	80.4	81.5	81.9	82.4
广 西	50.9	59.4	61.3	63.9	65.5
海 南	53.7	75.8	76.1	76.9	77.4
重 庆	64.4	79.3	80.0	81.2	82.4
四 川	59.4	68.3	70.1	72.0	73.6
贵 州	41.8	56.1	59.7	62.6	69.0
云 南	38.1	48.7	50.5	51.1	52.6
西 藏	56.1	56.5	57.1	57.1	58.1
陕 西	31.3	78.4	79.6	81.1	83.2
甘 肃	38.4	48.9	50.9	54.9	59.2
青 海	50.5	65.9	67.3	68.0	67.5
宁 夏	53.7	67.4	68.4	68.4	69.9
新 疆	35.9	52.9	53.9	54.6	54.1

2-1-15 各地区九年义务教育农村专任教师数

地区	农村专任教师数(万人)				
	2010年	2014年	2015年	2016年	2017年
全国	**446.3**	**280.1**	**268.1**	**258.3**	**249.2**
东部	132.6	75.1	72.8	71.5	70.3
中部	170.4	104.3	99.1	94.2	90.2
西部	143.4	100.8	96.3	92.6	88.7
北京	1.4	0.8	0.8	0.9	0.9
天津	1.6	1.0	1.0	1.0	1.0
河北	27.2	18.8	18.5	18.6	18.5
山西	16.5	9.1	8.6	8.1	7.6
内蒙古	5.7	3.0	2.6	2.4	2.4
辽宁	13.4	4.7	4.6	4.5	4.3
吉林	9.0	5.9	5.5	5.2	5.1
黑龙江	13.2	6.2	5.6	4.8	4.1
上海	0.1	0.4	0.4	0.4	0.3
江苏	15.5	4.7	4.6	4.6	4.5
浙江	5.8	4.4	4.4	4.2	4.4
安徽	23.3	15.4	14.4	13.9	13.4
福建	8.8	7.2	6.8	6.5	6.2
江西	21.0	12.1	11.8	11.2	10.8
山东	31.6	16.8	16.1	15.3	14.6
河南	48.2	31.4	30.4	29.8	29.9
湖北	17.8	9.1	8.6	7.9	7.5
湖南	21.4	15.0	14.2	13.2	11.8
广东	23.7	14.4	13.8	13.8	13.8
广西	16.6	13.6	13.2	12.9	13.0
海南	3.6	1.8	1.8	1.7	1.7
重庆	6.9	4.0	3.9	3.7	3.6
四川	20.7	16.0	15.2	14.4	13.9
贵州	17.9	13.7	12.8	12.1	10.2
云南	22.1	17.9	17.3	17.3	16.9
西藏	1.2	1.3	1.3	1.3	1.3
陕西	20.1	5.8	5.3	4.9	4.4
甘肃	13.8	11.5	11.0	10.1	9.1
青海	2.0	1.4	1.4	1.4	1.4
宁夏	2.4	1.7	1.7	1.7	1.6
新疆	14.0	10.9	10.6	10.5	11.0

2-1-15 续表

地区	占全部专任教师数比重(%)				
	2010年	2014年	2015年	2016年	2017年
全 国	**48.8**	**30.7**	**29.3**	**27.8**	**26.3**
东 部	39.3	21.7	20.7	19.9	19.0
中 部	56.2	35.3	33.7	32.0	30.1
西 部	52.3	37.2	35.5	33.8	31.7
北 京	17.5	9.2	9.2	9.3	9.4
天 津	26.0	15.3	15.2	14.8	14.3
河 北	54.7	37.3	36.0	35.0	33.5
山 西	53.3	31.2	29.9	28.6	27.3
内蒙古	32.2	18.0	16.4	15.3	15.0
辽 宁	54.0	19.7	19.2	18.7	18.0
吉 林	46.9	33.0	31.5	30.0	29.2
黑龙江	52.0	27.1	25.5	23.0	20.3
上 海	1.1	4.1	4.0	4.1	3.1
江 苏	35.4	10.7	10.2	10.0	9.3
浙 江	19.9	14.2	14.1	13.0	13.3
安 徽	57.0	39.2	37.0	35.5	33.4
福 建	34.3	28.2	26.0	24.7	23.1
江 西	64.9	36.6	35.0	33.2	31.2
山 东	48.8	25.6	24.3	22.7	20.9
河 南	62.8	40.4	38.6	37.5	36.2
湖 北	50.5	27.3	26.0	23.8	22.7
湖 南	50.5	35.8	34.1	31.3	26.9
广 东	34.0	19.6	18.5	18.1	17.6
广 西	49.1	40.6	38.7	36.1	34.5
海 南	46.3	24.2	23.9	23.1	22.6
重 庆	35.6	20.7	20.0	18.8	17.6
四 川	40.6	31.7	29.9	28.0	26.4
贵 州	58.2	43.9	40.3	37.4	31.0
云 南	61.9	51.3	49.5	48.9	47.4
西 藏	43.9	43.5	42.9	42.9	41.9
陕 西	68.7	21.6	20.4	18.9	16.8
甘 肃	61.6	51.1	49.1	45.1	40.8
青 海	49.5	34.1	32.7	32.0	32.5
宁 夏	46.3	32.6	31.6	31.6	30.1
新 疆	64.1	47.1	46.1	45.4	45.9

2-1-16　各地区九年义务教育学历合格高一级教师数

地　区	学历合格高一级教师数(万人)				
	2010年	2014年	2015年	2016年	2017年
全　国	**665.5**	**777.8**	**801.3**	**829.8**	**866.6**
东　部	261.9	308.3	319.0	332.4	348.0
中　部	206.8	241.2	247.6	254.6	266.0
西　部	196.9	228.3	234.6	242.8	252.7
北　京	7.6	8.8	9.1	9.5	9.8
天　津	5.4	6.1	6.3	6.6	6.8
河　北	37.9	44.6	46.4	48.8	51.7
山　西	22.2	24.6	24.7	24.8	24.9
内蒙古	14.2	15.0	14.7	14.7	14.9
辽　宁	19.0	21.1	21.5	22.0	22.3
吉　林	15.8	16.1	15.8	15.9	16.0
黑龙江	19.1	19.5	19.3	18.8	18.6
上　海	7.4	8.7	8.9	9.0	9.3
江　苏	35.3	41.6	42.9	44.9	47.0
浙　江	25.0	29.4	30.2	31.1	32.1
安　徽	27.4	32.4	33.4	34.7	36.4
福　建	19.0	21.9	22.8	23.6	24.3
江　西	19.8	25.4	26.8	28.2	29.9
山　东	47.8	56.1	57.9	60.9	64.1
河　南	51.3	63.1	65.9	68.3	73.0
湖　北	22.8	26.5	27.1	27.8	28.6
湖　南	28.3	33.7	34.7	36.2	38.6
广　东	52.2	63.9	66.6	69.7	73.8
广　西	23.6	27.7	28.8	30.7	33.1
海　南	5.3	6.2	6.3	6.4	6.6
重　庆	15.1	17.3	17.8	18.6	19.1
四　川	35.8	41.6	42.9	44.6	46.8
贵　州	20.4	25.4	26.7	28.0	29.1
云　南	26.1	29.5	30.2	31.3	32.1
西　藏	2.2	2.7	2.8	2.9	2.9
陕　西	21.7	23.5	23.6	24.0	24.6
甘　肃	14.9	18.4	18.9	19.3	19.8
青　海	3.2	3.6	3.8	3.9	4.0
宁　夏	4.0	4.7	4.9	5.1	5.1
新　疆	15.6	19.0	19.4	19.8	21.1

注：义务教育学历合格高一级教师：普通小学为高中阶段毕业以上学历教师，初中为专科毕业以上学历教师。

2-1-16 续表

地 区	占全部专任教师数比重(%)				
	2010年	2014年	2015年	2016年	2017年
全 国	**72.8**	**85.3**	**87.5**	**89.4**	**91.3**
东 部	77.6	89.1	90.9	92.6	94.1
中 部	68.2	81.7	84.2	86.5	88.7
西 部	71.9	84.3	86.6	88.5	90.3
北 京	94.9	98.6	99.0	99.2	99.4
天 津	85.0	93.5	95.3	96.3	97.1
河 北	76.3	88.5	90.5	92.0	93.4
山 西	71.8	84.1	86.2	88.1	90.0
内蒙古	79.8	89.2	91.4	93.9	94.6
辽 宁	76.8	87.8	89.9	91.7	93.1
吉 林	82.0	89.4	90.7	91.2	92.3
黑龙江	75.7	85.8	87.8	89.5	91.0
上 海	93.8	98.1	98.6	98.9	99.1
江 苏	80.9	93.5	95.1	96.5	97.5
浙 江	85.6	94.9	96.0	96.7	97.4
安 徽	67.0	82.4	85.7	88.3	90.8
福 建	74.4	85.4	87.5	89.0	90.5
江 西	61.3	76.7	79.7	83.4	86.0
山 东	73.7	85.7	87.6	89.9	91.9
河 南	66.8	81.2	83.7	86.1	88.4
湖 北	64.6	79.5	81.7	83.8	86.2
湖 南	67.0	80.5	83.1	85.6	88.3
广 东	74.9	87.2	89.5	91.4	93.7
广 西	69.6	82.5	84.5	86.2	87.9
海 南	68.7	82.0	84.1	84.9	87.3
重 庆	78.3	89.9	91.8	93.7	94.7
四 川	70.2	82.2	84.7	87.0	89.0
贵 州	66.2	81.4	84.1	86.3	88.4
云 南	72.9	84.7	86.6	88.6	90.2
西 藏	80.8	91.5	92.1	93.6	94.6
陕 西	74.4	87.9	90.5	92.8	94.9
甘 肃	66.5	81.7	84.4	86.4	88.6
青 海	78.6	88.0	89.6	90.4	91.6
宁 夏	77.4	90.4	92.2	93.9	94.5
新 疆	71.9	82.0	84.1	85.7	88.1

注：义务教育学历合格高一级教师：普通小学为高中阶段毕业以上学历教师，初中为专科毕业以上学历教师。

2-1-17 各地区普通小学学历合格高一级教师数

地 区	学历合格高一级教师数(万人)				
	2010年	2014年	2015年	2016年	2017年
全 国	**439.7**	**506.1**	**522.4**	**542.2**	**566.3**
东 部	167.1	196.5	204.7	214.2	224.2
中 部	139.5	159.0	163.5	168.3	175.7
西 部	133.2	150.6	154.3	159.7	166.5
北 京	4.7	5.6	5.9	6.1	6.4
天 津	3.2	3.7	3.8	4.0	4.2
河 北	26.2	30.9	32.0	33.7	35.5
山 西	15.5	16.2	16.1	16.1	16.2
内蒙古	9.7	10.1	9.7	9.7	9.7
辽 宁	12.0	12.9	13.1	13.4	13.5
吉 林	10.6	10.4	10.2	10.3	10.3
黑龙江	12.3	12.0	11.7	11.3	10.9
上 海	4.2	5.1	5.2	5.3	5.4
江 苏	21.1	25.5	26.7	28.2	29.6
浙 江	14.9	18.3	18.9	19.6	20.2
安 徽	17.5	20.7	21.5	22.4	23.4
福 建	11.6	13.6	14.4	14.9	15.5
江 西	13.4	17.3	18.5	19.7	20.9
山 东	29.3	34.2	35.6	37.8	39.8
河 南	37.2	43.7	45.4	46.9	49.8
湖 北	14.4	17.2	17.7	18.3	18.9
湖 南	18.6	21.6	22.4	23.4	25.2
广 东	36.0	42.4	44.6	46.9	49.5
广 西	16.2	18.8	19.6	20.9	22.7
海 南	3.8	4.3	4.4	4.3	4.5
重 庆	9.5	10.8	11.2	11.8	12.2
四 川	23.6	27.2	28.2	29.4	31.0
贵 州	14.5	16.9	17.4	18.0	18.8
云 南	18.1	19.8	20.1	20.7	21.1
西 藏	1.6	1.9	2.0	2.0	2.0
陕 西	14.2	14.8	14.8	15.1	15.6
甘 肃	10.0	11.9	12.3	12.6	13.0
青 海	2.3	2.4	2.5	2.5	2.6
宁 夏	2.5	3.1	3.2	3.2	3.3
新 疆	10.8	13.1	13.3	13.6	14.5

2-1-17 续表

地 区	占小学专任教师数比重(%)				
	2010年	2014年	2015年	2016年	2017年
全 国	**78.3**	**89.8**	**91.9**	**93.7**	**95.3**
东 部	81.6	92.1	93.9	95.3	96.6
中 部	75.3	87.8	90.2	92.4	94.4
西 部	77.5	89.2	91.2	92.9	94.4
北 京	95.2	98.8	99.1	99.4	99.5
天 津	84.9	93.7	95.7	96.7	97.6
河 北	82.3	92.6	94.5	95.8	97.1
山 西	81.3	91.5	92.9	94.1	95.8
内蒙古	85.4	93.8	95.6	97.2	97.8
辽 宁	81.8	91.8	93.8	95.4	96.5
吉 林	85.5	92.3	93.1	93.8	94.9
黑龙江	81.4	91.2	93.1	94.4	95.4
上 海	93.4	98.2	98.7	99.1	99.3
江 苏	84.3	94.5	96.1	97.4	98.4
浙 江	86.9	96.0	97.3	97.9	98.6
安 徽	71.2	86.8	90.1	93.1	95.7
福 建	74.2	86.0	88.3	90.1	91.9
江 西	65.8	82.4	85.6	89.7	92.2
山 东	75.7	87.8	89.8	92.4	94.4
河 南	75.9	88.4	90.6	92.7	94.6
湖 北	73.5	86.2	88.5	90.5	92.8
湖 南	74.2	87.2	89.7	92.1	94.8
广 东	83.5	93.3	95.3	96.4	97.4
广 西	73.7	86.3	88.3	90.0	91.7
海 南	73.5	85.7	87.8	88.2	90.8
重 庆	81.7	92.6	94.3	95.9	97.0
四 川	77.3	89.2	91.6	93.6	95.3
贵 州	73.5	87.6	89.7	91.6	93.3
云 南	76.4	87.7	89.6	91.3	92.8
西 藏	83.2	94.8	95.4	96.7	97.7
陕 西	80.9	92.7	94.8	96.4	98.0
甘 肃	71.2	84.5	87.3	89.3	91.7
青 海	86.5	94.4	95.6	96.0	96.5
宁 夏	76.5	91.8	93.5	95.2	96.1
新 疆	81.0	90.0	91.9	92.7	94.3

2-1-18 各地区初中学历合格高一级教师数

地 区	学历合格高一级教师数(万人)				
	2010年	2014年	2015年	2016年	2017年
全 国	**225.8**	**271.7**	**278.9**	**287.6**	**300.3**
东 部	94.8	111.8	114.4	118.2	123.8
中 部	67.3	82.2	84.1	86.3	90.4
西 部	63.7	77.8	80.3	83.1	86.2
北 京	2.9	3.2	3.2	3.3	3.4
天 津	2.2	2.4	2.5	2.5	2.6
河 北	11.7	13.7	14.4	15.2	16.2
山 西	6.8	8.4	8.6	8.7	8.8
内蒙古	4.5	4.9	5.0	5.0	5.1
辽 宁	7.0	8.1	8.3	8.6	8.8
吉 林	5.1	5.7	5.6	5.6	5.7
黑龙江	6.8	7.5	7.6	7.5	7.7
上 海	3.2	3.6	3.7	3.8	3.9
江 苏	14.2	16.1	16.2	16.8	17.5
浙 江	10.1	11.1	11.3	11.5	11.9
安 徽	9.9	11.7	11.9	12.3	12.9
福 建	7.4	8.3	8.4	8.6	8.8
江 西	6.5	8.1	8.3	8.6	9.0
山 东	18.4	21.9	22.3	23.1	24.3
河 南	14.0	19.5	20.5	21.3	23.2
湖 北	8.4	9.3	9.4	9.5	9.8
湖 南	9.8	12.0	12.3	12.8	13.4
广 东	16.2	21.5	22.0	22.8	24.3
广 西	7.3	8.9	9.2	9.8	10.5
海 南	1.5	1.9	2.0	2.0	2.1
重 庆	5.6	6.5	6.6	6.8	6.9
四 川	12.2	14.4	14.7	15.2	15.9
贵 州	5.8	8.5	9.3	9.9	10.3
云 南	7.9	9.7	10.1	10.6	11.0
西 藏	0.7	0.8	0.8	0.9	0.9
陕 西	7.5	8.7	8.8	8.9	9.0
甘 肃	4.9	6.5	6.7	6.7	6.7
青 海	0.9	1.2	1.3	1.3	1.3
宁 夏	1.5	1.7	1.7	1.8	1.9
新 疆	4.8	6.0	6.1	6.2	6.6

2-1-18 续表

地 区	占初中专任教师数比重(%)				
	2010年	2014年	2015年	2016年	2017年
全 国	**64.0**	**77.9**	**80.2**	**82.5**	**84.6**
东 部	71.4	84.3	86.2	88.0	90.0
中 部	57.1	72.0	74.5	76.9	79.4
西 部	62.4	76.2	78.8	81.2	83.3
北 京	94.3	98.2	98.7	98.9	99.1
天 津	85.0	93.1	94.7	95.6	96.4
河 北	65.7	80.4	82.8	84.7	86.3
山 西	56.6	72.8	76.0	78.8	80.9
内蒙古	69.9	81.0	84.2	88.1	89.0
辽 宁	69.5	82.1	84.4	86.5	88.4
吉 林	75.6	84.5	86.6	86.8	88.1
黑龙江	67.3	78.3	80.7	83.0	85.5
上 海	94.5	97.9	98.3	98.6	98.9
江 苏	76.3	91.9	93.6	95.0	96.0
浙 江	83.8	93.2	93.9	94.6	95.4
安 徽	60.6	75.6	78.8	80.8	83.1
福 建	74.7	84.4	86.2	87.2	88.1
江 西	53.7	66.9	69.1	71.8	74.4
山 东	70.7	82.5	84.2	86.2	88.1
河 南	50.7	68.6	71.5	74.5	77.4
湖 北	53.6	69.4	71.4	73.3	75.7
湖 南	56.6	70.7	73.2	75.9	78.3
广 东	60.9	77.2	79.7	82.8	87.0
广 西	61.9	75.5	77.5	79.0	80.7
海 南	58.8	74.5	76.9	78.6	80.6
重 庆	73.2	85.6	87.8	90.0	91.0
四 川	59.5	71.5	74.1	76.4	78.8
贵 州	53.1	71.4	75.2	78.2	80.8
云 南	66.2	79.3	81.3	83.8	85.6
西 藏	75.8	84.4	85.1	87.0	88.3
陕 西	64.6	80.9	84.0	87.4	90.1
甘 肃	58.4	77.0	79.6	81.5	83.2
青 海	64.0	77.5	79.6	81.3	83.4
宁 夏	79.1	88.1	90.0	91.6	91.8
新 疆	57.3	68.6	71.0	73.4	77.1

2-1-19 各地区九年义务教育生师比

(教师=1)

地 区	全 国				
	2010年	2014年	2015年	2016年	2017年
全 国	**16.6**	**15.2**	**15.3**	**15.4**	**15.3**
东 部	15.7	15.2	15.3	15.3	15.3
中 部	17.1	15.1	15.3	15.6	15.5
西 部	17.2	15.3	15.3	15.2	15.1
北 京	12.1	12.6	12.3	11.9	11.5
天 津	12.3	12.9	13.0	13.0	13.0
河 北	14.8	15.7	16.2	16.3	16.2
山 西	14.9	11.8	11.9	11.9	12.1
内蒙古	12.6	11.7	12.1	12.5	12.4
辽 宁	14.0	12.7	12.6	12.4	12.1
吉 林	11.8	10.5	10.7	10.7	10.7
黑龙江	12.5	10.6	10.8	11.2	11.2
上 海	14.2	13.9	13.5	13.2	12.7
江 苏	14.5	14.8	15.2	15.4	15.5
浙 江	17.1	16.3	16.0	15.7	15.5
安 徽	18.1	15.5	15.7	15.9	16.0
福 建	14.3	15.1	15.4	15.6	16.0
江 西	19.4	17.7	17.8	17.8	17.7
山 东	15.1	14.7	14.9	14.9	14.9
河 南	20.1	17.1	17.1	17.4	17.1
湖 北	16.5	13.8	14.2	14.7	15.1
湖 南	16.4	16.6	17.0	17.2	16.9
广 东	19.3	16.5	16.4	16.4	16.5
广 西	18.6	18.7	18.7	18.3	17.7
海 南	15.6	14.4	14.6	14.9	15.1
重 庆	17.0	15.7	15.6	15.4	15.3
四 川	18.3	15.6	15.5	15.5	15.2
贵 州	21.0	17.7	17.2	16.7	16.5
云 南	18.0	16.4	16.3	15.9	15.8
西 藏	15.8	14.1	13.4	13.6	14.4
陕 西	14.6	12.7	13.0	13.4	13.8
甘 肃	16.8	12.3	12.1	12.1	12.2
青 海	18.1	16.6	15.7	15.6	15.5
宁 夏	18.5	16.5	16.1	15.9	15.8
新 疆	13.5	12.3	12.8	13.2	13.3

2-1-19 续表 1 (教师=1)

地区	城镇				
	2010年	2014年	2015年	2016年	2017年
全国	**17.3**	**15.9**	**16.0**	**16.0**	**15.9**
东部	16.4	15.6	15.6	15.6	15.6
中部	17.9	16.2	16.4	16.6	16.4
西部	18.1	16.1	16.0	15.9	15.7
北京	12.6	12.9	12.6	12.2	11.8
天津	12.7	12.8	12.9	13.0	13.0
河北	15.8	16.5	16.8	16.9	16.8
山西	17.2	13.5	13.5	13.5	13.6
内蒙古	14.6	12.8	13.0	13.2	13.0
辽宁	15.1	13.2	13.2	12.9	12.7
吉林	14.4	12.1	12.2	12.1	12.1
黑龙江	14.6	12.0	12.2	12.4	12.1
上海	14.1	13.8	13.5	13.2	12.8
江苏	14.9	14.7	15.1	15.3	15.4
浙江	17.1	16.4	16.2	15.9	15.6
安徽	19.2	16.8	16.9	16.9	17.0
福建	15.8	16.4	16.6	16.7	16.9
江西	20.6	19.1	19.2	19.2	18.9
山东	15.6	14.8	15.0	15.0	15.0
河南	20.1	18.1	18.1	18.4	18.0
湖北	16.9	14.5	14.9	15.3	15.7
湖南	17.2	17.8	18.3	18.3	17.7
广东	19.5	17.1	17.0	16.9	16.9
广西	18.5	19.2	19.2	18.6	18.1
海南	18.5	15.9	16.1	16.3	16.5
重庆	17.8	16.3	16.2	16.0	16.0
四川	18.4	16.3	16.2	16.1	15.8
贵州	21.1	18.9	18.1	17.5	17.2
云南	18.2	17.1	16.9	16.6	16.4
西藏	15.2	13.5	12.9	13.1	13.7
陕西	18.7	13.7	14.0	14.3	14.6
甘肃	17.9	14.4	14.2	13.9	13.9
青海	19.0	17.4	16.3	16.3	16.2
宁夏	19.4	17.7	17.3	17.1	16.8
新疆	15.6	13.4	13.6	13.8	13.8

2-1-19 续表 2 (教师=1)

地 区	农 村				
	2010年	2014年	2015年	2016年	2017年
全 国	**16.0**	**13.6**	**13.7**	**13.8**	**13.7**
东 部	14.7	13.7	14.1	14.1	14.1
中 部	16.6	13.1	13.2	13.5	13.5
西 部	16.5	13.9	13.9	13.8	13.7
北 京	9.5	9.9	9.7	9.1	8.6
天 津	11.3	13.4	13.4	13.4	13.1
河 北	13.9	14.5	15.2	15.2	15.0
山 西	12.9	8.1	8.0	8.0	8.1
内蒙古	8.5	6.9	7.7	8.5	8.5
辽 宁	13.0	10.4	10.2	10.1	9.7
吉 林	8.9	7.3	7.6	7.4	7.2
黑龙江	10.7	6.7	6.8	7.1	7.3
上 海	21.9	15.0	13.5	12.7	11.6
江 苏	13.8	15.0	15.9	16.3	16.4
浙 江	17.0	15.4	15.3	14.6	14.3
安 徽	17.3	13.4	13.7	14.1	14.2
福 建	11.5	11.7	12.1	12.4	12.7
江 西	18.7	15.4	15.1	14.9	14.9
山 东	14.6	14.3	14.6	14.5	14.5
河 南	20.1	15.5	15.4	15.8	15.4
湖 北	16.2	12.0	12.3	12.8	13.1
湖 南	15.7	14.4	14.7	14.7	14.8
广 东	19.1	14.0	14.1	14.3	14.4
广 西	18.7	18.0	17.9	17.6	17.0
海 南	12.3	9.7	9.9	10.2	10.4
重 庆	15.4	13.2	13.1	12.9	12.2
四 川	18.3	14.1	14.0	13.8	13.5
贵 州	21.0	16.2	15.8	15.4	15.1
云 南	17.9	15.8	15.6	15.3	15.1
西 藏	16.5	14.8	14.0	14.3	15.4
陕 西	12.7	9.0	9.2	9.7	10.0
甘 肃	16.1	10.3	10.0	9.8	9.7
青 海	17.1	15.0	14.2	14.3	14.0
宁 夏	17.5	14.2	13.7	13.5	13.5
新 疆	12.3	11.1	11.9	12.4	12.7

2-1-20 各地区九年义务教育教学及辅助用房面积

地 区	用房面积(万平方米)				
	2010年	2014年	2015年	2016年	2017年
全 国	**52430.0**	**57776.7**	**59901.9**	**62109.2**	**65220.6**
东 部	20271.6	23567.0	24518.9	25113.1	26469.6
中 部	17032.1	17940.9	18450.8	19065.4	19989.0
西 部	15126.3	16268.7	16932.2	17930.7	18761.9
北 京	389.0	473.6	480.8	485.3	507.0
天 津	310.4	360.2	371.9	377.0	383.2
河 北	2748.0	3142.4	3308.3	3469.6	3631.9
山 西	1459.8	1406.4	1454.1	1463.5	1468.2
内蒙古	784.5	908.0	965.6	1070.6	1106.4
辽 宁	1300.9	1242.0	1247.0	1281.0	1304.6
吉 林	854.4	853.0	903.2	913.2	913.4
黑龙江	1208.5	1028.5	1025.3	994.0	1031.5
上 海	494.9	599.2	629.8	654.3	685.5
江 苏	2858.8	3644.2	3758.3	3821.5	4025.1
浙 江	2095.5	2412.8	2559.2	2663.4	2962.3
安 徽	2321.4	2620.7	2772.2	2971.7	3173.6
福 建	1532.0	1600.4	1635.8	1720.6	1756.9
江 西	1984.5	2159.6	2237.2	2387.0	2502.9
山 东	3364.6	3890.7	4054.2	4148.7	4486.6
河 南	4386.1	4823.9	4893.3	5103.1	5479.1
湖 北	2112.6	2181.9	2209.6	2269.3	2339.7
湖 南	2704.8	2867.0	2956.0	2963.7	3080.7
广 东	4798.7	5782.4	6009.4	6019.6	6228.3
广 西	2241.1	2368.3	2540.7	2858.7	3207.2
海 南	378.9	419.1	464.2	472.1	498.2
重 庆	1272.2	1396.4	1396.4	1377.1	1423.4
四 川	2862.4	3057.9	3216.9	3335.8	3488.6
贵 州	1705.9	1851.4	1874.9	1947.7	1987.8
云 南	1983.9	2009.8	2023.1	2217.9	2305.0
西 藏	132.5	163.6	180.9	193.0	208.8
陕 西	1521.5	1482.8	1522.0	1530.6	1537.4
甘 肃	1199.4	1233.7	1256.9	1283.0	1291.7
青 海	231.9	293.5	301.0	312.9	317.7
宁 夏	300.5	377.9	388.6	412.1	421.5
新 疆	890.7	1125.4	1265.2	1391.4	1466.3

2-1-20 续表

地区	生均用房面积(平方米)				
	2010年	2014年	2015年	2016年	2017年
全国	**3.4**	**4.2**	**4.3**	**4.4**	**4.5**
东部	3.8	4.5	4.6	4.6	4.7
中部	3.3	4.0	4.1	4.2	4.3
西部	3.2	3.9	4.1	4.3	4.4
北京	4.0	4.2	4.2	4.3	4.4
天津	4.0	4.3	4.3	4.2	4.2
河北	3.7	4.0	4.0	4.0	4.0
山西	3.2	4.1	4.3	4.4	4.4
内蒙古	3.5	4.6	4.9	5.5	5.7
辽宁	3.8	4.1	4.1	4.3	4.5
吉林	3.8	4.5	4.8	4.9	4.9
黑龙江	3.8	4.3	4.3	4.2	4.5
上海	4.4	4.9	5.2	5.4	5.7
江苏	4.5	5.5	5.5	5.3	5.4
浙江	4.2	4.8	5.1	5.3	5.8
安徽	3.1	4.3	4.5	4.8	4.9
福建	4.2	4.1	4.1	4.2	4.1
江西	3.2	3.7	3.7	4.0	4.1
山东	3.4	4.0	4.1	4.1	4.3
河南	2.8	3.6	3.6	3.7	3.9
湖北	3.6	4.8	4.7	4.7	4.6
湖南	3.9	4.1	4.2	4.1	4.2
广东	3.6	4.8	4.9	4.8	4.8
广西	3.6	3.8	4.0	4.4	4.8
海南	3.2	3.8	4.2	4.2	4.4
重庆	3.9	4.6	4.6	4.5	4.6
四川	3.1	3.9	4.1	4.2	4.4
贵州	2.6	3.3	3.4	3.6	3.6
云南	3.1	3.5	3.6	3.9	4.1
西藏	3.0	3.9	4.4	4.6	4.7
陕西	3.6	4.4		4.4	4.3
甘肃	3.2	4.4	4.6	4.8	4.8
青海	3.1	4.4	4.5	4.7	4.7
宁夏	3.1	4.4	4.5	4.8	4.9
新疆	3.0	3.9	4.3	4.6	4.6

2-1-21 各地区九年义务教育城镇教学及辅助用房面积

地 区	用房面积(万平方米)				
	2010年	2014年	2015年	2016年	2017年
全 国	**25037.7**	**38379.5**	**40662.5**	**42853.0**	**45914.7**
东 部	12035.0	18013.1	18917.6	19512.0	20801.8
中 部	6576.6	10752.0	11388.2	12072.2	12986.5
西 部	6426.1	9614.4	10356.7	11268.8	12126.3
北 京	310.5	407.3	419.7	421.1	442.5
天 津	215.4	288.8	300.3	305.1	312.0
河 北	1121.3	1826.2	1952.1	2074.3	2208.7
山 西	607.9	911.6	980.2	1017.5	1038.6
内蒙古	545.1	768.1	830.3	925.9	960.9
辽 宁	609.5	982.2	988.7	1019.6	1044.8
吉 林	457.4	565.2	629.3	641.6	649.9
黑龙江	569.6	734.6	744.3	753.1	805.7
上 海	490.6	574.4	603.4	623.1	658.4
江 苏	1871.0	3262.3	3376.3	3432.9	3633.5
浙 江	1682.3	2073.9	2203.6	2323.4	2577.0
安 徽	871.4	1504.0	1671.2	1833.0	2011.5
福 建	864.2	1036.9	1093.1	1176.5	1232.1
江 西	572.3	1231.2	1311.2	1443.6	1573.9
山 东	1744.2	2878.2	3018.6	3132.9	3452.6
河 南	1453.0	2659.0	2742.7	2885.9	3154.8
湖 北	905.6	1500.6	1549.0	1639.2	1701.9
湖 南	1139.4	1645.7	1760.1	1858.2	2050.4
广 东	2957.3	4388.3	4630.6	4667.6	4879.8
广 西	879.8	1168.3	1326.9	1587.5	1848.4
海 南	168.6	294.6	331.4	335.5	360.3
重 庆	743.7	1044.8	1062.0	1092.6	1156.9
四 川	1495.3	1974.4	2157.4	2292.2	2442.0
贵 州	595.5	923.2	1011.4	1116.2	1278.0
云 南	675.3	901.4	942.7	1032.6	1072.3
西 藏	78.7	92.8	101.0	104.8	110.3
陕 西	438.8	1086.3	1143.8	1180.5	1220.1
甘 肃	392.5	563.0	605.6	665.7	719.1
青 海	106.6	178.0	184.0	195.2	195.7
宁 夏	155.1	252.7	259.6	272.5	281.6
新 疆	319.8	661.4	731.8	803.1	841.0

2-1-21 续表

地 区	生均用房面积(平方米)				
	2010年	2014年	2015年	2016年	2017年
全 国	**3.1**	**3.8**	**3.9**	**4.0**	**4.1**
东 部	3.6	4.3	4.4	4.4	4.5
中 部	2.8	3.5	3.6	3.6	3.8
西 部	2.7	3.5	3.7	3.9	4.0
北 京	3.7	3.9	4.0	4.0	4.2
天 津	3.6	4.1	4.1	4.1	4.0
河 北	3.1	3.5	3.5	3.6	3.6
山 西	2.4	3.3	3.6	3.7	3.8
内蒙古	3.1	4.4	4.7	5.3	5.5
辽 宁	3.5	3.9	3.9	4.1	4.2
吉 林	3.1	3.9	4.3	4.3	4.4
黑龙江	3.2	3.7	3.7	3.8	4.1
上 海	4.4	4.9	5.2	5.4	5.7
江 苏	4.5	5.6	5.5	5.4	5.4
浙 江	4.2	4.7	5.0	5.2	5.8
安 徽	2.6	3.7	4.0	4.3	4.4
福 建	3.3	3.4	3.4	3.5	3.5
江 西	2.4	3.1	3.1	3.3	3.5
山 东	3.4	4.0	4.0	4.0	4.2
河 南	2.5	3.2	3.1	3.2	3.3
湖 北	3.1	4.3	4.2	4.2	4.2
湖 南	3.2	3.4	3.5	3.5	3.6
广 东	3.3	4.4	4.5	4.4	4.4
广 西	2.8	3.1	3.3	3.7	4.1
海 南	2.2	3.2	3.6	3.6	3.7
重 庆	3.3	4.2	4.2	4.2	4.4
四 川	2.7	3.5	3.7	3.8	4.0
贵 州	2.2	2.8	2.9	3.1	3.3
云 南	2.7	3.1	3.2	3.4	3.5
西 藏	3.3	4.1	4.5	4.5	4.5
陕 西	2.6	3.8	3.9	3.9	3.9
甘 肃	2.6	3.6	3.8	3.9	3.9
青 海	2.7	3.8	3.9	4.1	4.1
宁 夏	2.9	4.0	4.1	4.3	4.4
新 疆	2.6	4.0	4.3	4.6	4.7

2-1-22 各地区九年义务教育农村教学及辅助用房面积

地 区	用房面积(万平方米)				
	2010年	2014年	2015年	2016年	2017年
全 国	**27392.3**	**19397.2**	**19239.4**	**19256.2**	**19305.9**
东 部	8236.6	5554.0	5601.3	5601.1	5667.8
中 部	10455.5	7188.9	7062.6	6993.1	7002.5
西 部	8700.2	6654.3	6575.6	6662.0	6635.6
北 京	78.5	66.2	61.1	64.2	64.5
天 津	95.0	71.5	71.6	71.9	71.1
河 北	1626.6	1316.2	1356.2	1395.3	1423.2
山 西	851.9	494.8	473.9	446.0	429.6
内蒙古	239.3	139.9	135.3	144.7	145.5
辽 宁	691.4	259.8	258.4	261.4	259.8
吉 林	397.0	287.8	273.8	271.5	263.6
黑龙江	638.9	293.9	281.0	240.9	225.8
上 海	4.3	24.9	26.4	31.2	27.0
江 苏	987.8	381.9	382.0	388.7	391.6
浙 江	413.1	338.9	355.6	340.0	385.3
安 徽	1450.0	1116.6	1101.0	1138.6	1162.1
福 建	667.8	563.6	542.7	544.0	524.8
江 西	1412.2	928.3	925.9	943.4	929.0
山 东	1620.3	1012.5	1035.6	1015.7	1034.0
河 南	2933.1	2164.9	2150.6	2217.2	2324.3
湖 北	1207.0	681.3	660.6	630.1	637.8
湖 南	1565.4	1221.3	1195.8	1105.4	1030.3
广 东	1841.4	1394.1	1378.8	1352.0	1348.5
广 西	1361.4	1200.0	1213.7	1271.2	1358.8
海 南	210.3	124.4	132.8	136.7	137.9
重 庆	528.5	351.6	334.5	284.4	266.5
四 川	1367.1	1083.4	1059.5	1043.7	1046.7
贵 州	1110.4	928.2	863.5	831.5	709.8
云 南	1308.6	1108.4	1080.3	1185.3	1232.8
西 藏	53.8	70.8	79.9	88.3	98.6
陕 西	1082.6	396.5	378.2	350.1	317.3
甘 肃	806.9	670.6	651.3	617.2	572.6
青 海	125.3	115.5	116.9	117.7	122.0
宁 夏	145.4	125.2	128.9	139.6	139.9
新 疆	570.9	464.1	533.5	588.3	625.3

2-1-22 续表

地　区	生均用房面积(平方米)				
	2010年	2014年	2015年	2016年	2017年
全　国	**3.8**	**5.1**	**5.2**	**5.4**	**5.6**
东　部	4.2	5.4	5.5	5.5	5.7
中　部	3.7	5.3	5.4	5.5	5.8
西　部	3.7	4.7	4.9	5.2	5.5
北　京	5.9	8.1	7.5	8.0	8.1
天　津	5.1	5.3	5.3	5.3	5.5
河　北	4.3	4.8	4.8	4.9	5.1
山　西	4.0	6.7	6.9	7.0	7.0
内蒙古	4.9	6.7	6.6	7.1	7.3
辽　宁	4.0	5.3	5.5	5.8	6.2
吉　林	4.9	6.7	6.6	7.0	7.3
黑龙江	4.6	7.2	7.4	7.0	7.5
上　海	2.3	4.5	5.5	6.6	8.0
江　苏	4.6	5.4	5.2	5.1	5.3
浙　江	4.2	5.0	5.2	5.6	6.1
安　徽	3.6	5.4	5.6	5.8	6.1
福　建	6.6	6.7	6.6	6.7	6.6
江　西	3.6	5.0	5.2	5.6	5.8
山　东	3.5	4.2	4.4	4.6	4.9
河　南	3.0	4.4	4.6	4.7	5.0
湖　北	4.2	6.2	6.2	6.2	6.5
湖　南	4.7	5.7	5.7	5.7	5.9
广　东	4.1	6.9	7.1	6.9	6.8
广　西	4.4	4.9	5.1	5.6	6.2
海　南	4.8	7.0	7.4	7.7	7.7
重　庆	5.0	6.7	6.5	5.9	6.1
四　川	3.6	4.8	5.0	5.3	5.6
贵　州	2.9	4.2	4.3	4.5	4.6
云　南	3.3	3.9	4.0	4.5	4.8
西　藏	2.7	3.7	4.3	4.6	5.0
陕　西	4.2	7.7	7.7	7.4	7.3
甘　肃	3.6	5.6	5.9	6.3	6.5
青　海	3.6	5.6	5.9	6.0	6.2
宁　夏	3.5	5.2	5.6	6.1	6.3
新　疆	3.3	3.8	4.2	4.5	4.5

2-1-23 各地区6岁及以上受小学教育人口数

单位：人

地 区	2011年	2014年	2015年	2016年	2017年
全 国	**294235**	**274858**	**5199574**	**275939**	**268406**
北 京	1742	1772	32650	1631	1520
天 津	1837	1962	35688	1902	1614
河 北	14771	14382	274871	14776	13450
山 西	6518	6185	110913	5620	5221
内蒙古	5082	5046	89268	4312	4466
辽 宁	7869	6759	131839	6838	6541
吉 林	6163	5171	100760	5106	4731
黑龙江	7505	6968	134603	6952	6952
上 海	2633	2519	46582	2528	2238
江 苏	15096	14189	270803	14012	13433
浙 江	12682	12175	239672	12079	11975
安 徽	13720	12497	245444	13091	13465
福 建	9413	8745	160778	9407	8309
江 西	10562	10003	195947	10875	10917
山 东	19602	17650	345693	18766	18637
河 南	19191	18146	350004	17933	17886
湖 北	11150	11160	203950	10885	11070
湖 南	14722	14146	259381	13315	12956
广 东	19618	18495	352377	18686	17773
广 西	11836	10547	210679	10350	10502
海 南	1563	1420	27457	1570	1402
重 庆	7869	7385	139397	7581	7475
四 川	22847	21926	399659	21287	21122
贵 州	10837	8758	172357	9233	9012
云 南	15759	14943	255239	14306	13232
西 藏	1032	844	16848	786	871
陕 西	7339	6663	126830	6847	7119
甘 肃	6885	6573	115600	6813	6216
青 海	1699	1514	29610	1602	1772
宁 夏	1546	1515	26334	1394	1343
新 疆	5147	4799	98351	5455	5187

注：本表为全国人口变动情况抽样调查数据，抽样比2011年0.850‰、2012年0.831‰、2013年和2014年0.822‰、2016年0.837‰、2017年为0.824‰，2015年为全国1%人口抽样调查样本数据，抽样比为1.55%。

2-1-24 各地区6岁及以上受初中教育人口数

单位：人

地 区	2011年	2014年	2015年	2016年	2017年
全 国	**441906**	**420432**	**7600489**	**418395**	**404872**
北 京	5201	4658	80272	4070	3768
天 津	4059	4158	85899	4169	3949
河 北	28324	26964	468196	25765	25999
山 西	13699	13048	230264	12675	12353
内蒙古	7977	8186	138368	7552	7038
辽 宁	16810	15573	293115	15399	15209
吉 林	9588	9189	174513	9333	8754
黑龙江	15248	13826	257250	13491	13455
上 海	7809	6729	120392	6199	5674
江 苏	26449	24496	425735	22540	23092
浙 江	17195	15978	284255	15554	15863
安 徽	20595	18727	352751	20802	19196
福 建	11043	10598	189992	10339	10165
江 西	14420	14194	252488	13502	13316
山 东	33569	31654	569311	30835	29957
河 南	33086	30610	579625	32979	31332
湖 北	18884	16854	310274	17461	16182
湖 南	21941	21688	369554	20403	19232
广 东	35612	35212	630674	33330	32421
广 西	14642	15202	277465	16376	16127
海 南	3295	3130	57970	3197	3140
重 庆	7955	7386	146462	8112	8111
四 川	23843	22054	406996	23637	22131
贵 州	9004	9483	174867	9951	9478
云 南	11906	12096	220696	12135	12311
西 藏	378	304	6639	466	415
陕 西	12936	11578	207427	11835	11026
甘 肃	6803	6948	112808	6337	6066
青 海	1261	1223	22619	1390	1248
宁 夏	1955	1882	32026	1821	1769
新 疆	6419	6805	121585	6743	6093

注：本表为全国人口变动情况抽样调查数据，抽样比2011年0.850‰、2012年0.831‰、2013年和2014年0.822‰、2016年0.837‰，2015年为全国1%人口抽样调查样本数据，抽样比为1.55%。

2-2-1 全国中等职业教育与普通高中在校生数之比

年 份	中等职业教育在校生数（万人）	普通高中在校生数（万人）	中等职业教育与普通高中在校生数之比（普通高中=1）
2005	1600.0	2409.1	0.66
2010	2238.5	2427.3	0.92
2011	2205.3	2454.8	0.90
2012	2113.7	2467.2	0.86
2013	1923.0	2435.9	0.79
2014	1755.3	2400.5	0.73
2015	1656.7	2374.4	0.70
2016	1599.0	2366.6	0.68
2017	1592.5	2374.5	0.67

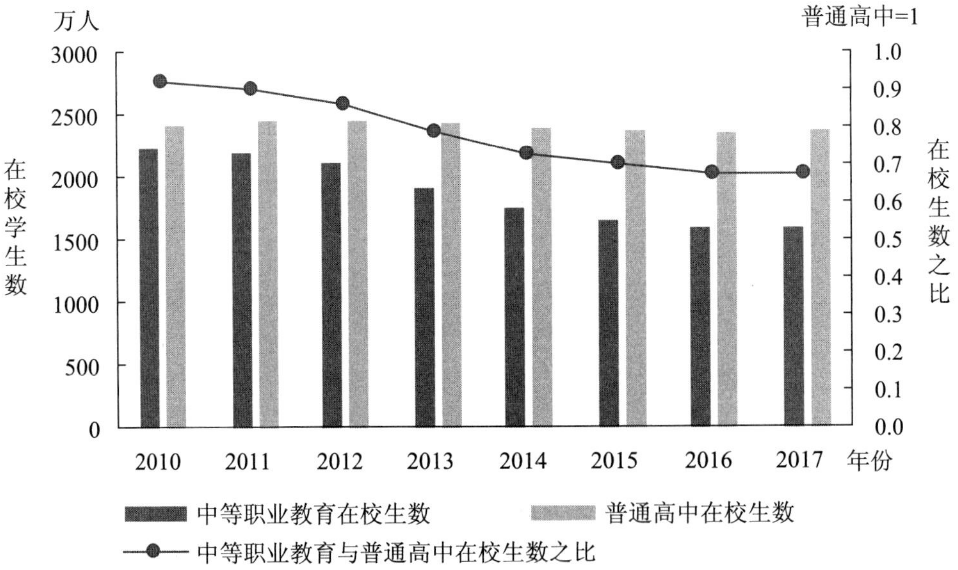

2-2-2 各地区普通高中在校学生数

单位：万人

地　区	2010年	2014年	2015年	2016年	2017年
全　国	**2427.3**	**2400.5**	**2374.4**	**2366.6**	**2374.5**
东　部	926.1	874.5	858.1	848.4	848.0
中　部	810.4	778.8	771.2	770.8	776.3
西　部	690.8	747.2	745.1	747.5	750.3
北　京	19.8	17.8	16.9	16.3	16.4
天　津	18.5	17.0	16.6	16.4	16.4
河　北	127.5	110.4	115.8	121.3	129.1
山　西	82.3	82.8	79.4	75.4	72.0
内蒙古	49.9	48.4	46.3	44.9	43.6
辽　宁	71.5	65.3	63.5	62.5	63.0
吉　林	47.1	41.6	40.6	40.4	41.4
黑龙江	61.7	56.7	55.4	55.0	55.6
上　海	16.9	15.7	15.8	15.8	15.9
江　苏	135.7	103.4	97.8	95.2	94.3
浙　江	88.0	79.1	77.3	76.6	77.3
安　徽	127.6	120.1	113.6	110.7	108.5
福　建	70.6	62.9	62.6	63.5	63.7
江　西	74.0	90.5	92.9	94.3	96.7
山　东	152.5	171.3	169.1	166.5	165.5
河　南	192.2	189.5	194.3	199.6	205.5
湖　北	123.7	91.9	87.6	84.5	81.9
湖　南	101.9	105.7	107.4	110.9	114.6
广　东	208.9	214.0	205.4	197.4	189.3
广　西	75.4	83.8	86.6	91.9	97.5
海　南	16.0	17.7	17.2	17.0	17.1
重　庆	62.6	64.8	62.3	60.7	60.2
四　川	146.2	149.0	147.1	144.7	141.3
贵　州	62.0	94.3	97.9	99.4	101.1
云　南	63.3	76.8	78.3	80.6	83.4
西　藏	4.1	5.6	5.8	5.7	5.9
陕　西	95.6	85.1	80.5	78.3	75.7
甘　肃	64.7	65.4	62.9	60.3	57.7
青　海	10.8	11.3	11.7	12.0	12.4
宁　夏	14.2	16.4	16.0	15.2	14.9
新　疆	41.9	46.3	49.8	53.8	56.7

2-2-3 各地区普通高中家庭经济困难受资助学生数

地 区	受资助学生数(万人次)				
	2010年	2014年	2015年	2016年	2017年
全 国	**481.6**	**494.8**	**494.9**	**1158.5**	**1247.5**
北 京	2.0	0.3	0.2	0.7	0.8
天 津	1.9	1.4	1.3	1.8	4.1
河 北	26.2	22.5	22.5	38.4	40.2
山 西	16.1	16.8	16.7	42.2	42.0
内蒙古	15.6	15.1	14.8	107.5	65.0
辽 宁	7.2	9.5	8.8	12.0	9.7
吉 林	9.4	8.6	8.0	12.4	9.8
黑龙江	12.2	11.7	11.5	18.4	16.7
上 海	1.8	0.7	0.6	1.0	0.8
江 苏	14.2	11.6	10.5	20.6	16.6
浙 江	8.6	7.8	6.9	10.1	10.5
安 徽	26.1	25.6	24.0	40.6	38.0
福 建	7.2	4.9	4.5	7.0	16.5
江 西	15.4	17.0	17.8	29.4	35.9
山 东	15.7	18.0	17.8	29.5	25.5
河 南	40.2	35.2	35.8	67.1	77.7
湖 北	25.7	19.7	18.2	29.9	28.0
湖 南	21.3	20.6	21.8	41.8	44.1
广 东	19.2	21.1	20.7	35.1	27.5
广 西	22.6	24.3	25.4	73.5	78.4
海 南	3.1	3.5	3.5	12.1	15.2
重 庆	17.8	21.9	21.5	36.7	37.4
四 川	43.1	45.7	45.7	112.9	110.8
贵 州	17.4	25.6	28.2	77.5	106.7
云 南	18.3	24.7	25.0	45.9	67.6
西 藏	1.2	4.8	4.9	11.3	11.1
陕 西	28.3	27.6	26.8	116.4	102.8
甘 肃	18.9	20.1	19.0	45.9	38.9
青 海	3.2	3.0	3.4	9.3	13.0
宁 夏	4.2	5.5	4.8	15.7	15.8
新 疆	17.3	19.9	24.2	55.7	140.5

注：2010-2015年年度数据为国家助学金资助学生人数，指标单位为万人，2016年包含国家助学金资助学生数、建档立卡免学杂费学生数、地方政府资助学生数、学校资助学生数和社会资助学生数，指标单位为万人次。

2-2-4 各地区中等职业教育在校生数

单位：万人

地区	2010年	2014年	2015年	2016年	2017年
全国	**2238.5**	**1755.3**	**1656.7**	**1599.0**	**1592.5**
东部	905.4	705.5	656.8	637.0	633.7
中部	721.2	517.3	488.9	473.1	479.7
西部	611.9	532.4	510.9	489.0	479.1
北京	21.2	16.7	13.4	12.1	10.7
天津	14.6	11.4	11.9	12.3	12.1
河北	127.9	76.7	71.4	75.9	81.7
山西	68.7	51.0	47.3	43.8	42.9
内蒙古	35.9	25.1	23.3	22.0	20.9
辽宁	53.1	39.8	38.8	38.1	37.9
吉林	34.0	19.0	16.2	15.9	16.6
黑龙江	50.2	33.9	29.3	27.2	26.0
上海	17.5	13.1	12.0	11.2	10.6
江苏	133.5	97.7	92.1	89.6	90.5
浙江	75.1	65.5	64.6	65.9	67.4
安徽	95.6	95.9	88.2	83.8	85.0
福建	62.0	51.4	45.1	44.0	41.6
江西	78.8	57.9	55.3	48.8	47.9
山东	152.9	127.8	117.5	114.5	112.6
河南	191.5	137.8	130.7	128.3	133.0
湖北	108.7	46.6	45.4	45.5	44.9
湖南	93.7	75.0	76.5	79.7	83.3
广东	230.3	190.5	176.1	159.8	154.8
广西	91.8	89.7	84.6	81.0	80.8
海南	17.1	15.0	13.9	13.7	14.1
重庆	51.5	49.4	45.4	40.9	40.6
四川	137.8	119.5	110.8	102.1	97.4
贵州	41.0	60.6	67.6	63.6	58.9
云南	66.9	58.9	59.8	61.8	64.2
西藏	2.3	1.7	1.6	1.8	1.9
陕西	89.9	50.3	43.7	41.2	41.6
甘肃	43.9	31.5	27.2	25.0	23.1
青海	11.3	9.7	9.6	9.1	9.2
宁夏	11.4	8.3	8.4	8.2	8.1
新疆	28.3	27.8	29.0	32.2	32.3

注：本表中职教育在校生数包含技工学校在校生数。

2-2-5 各地区中等职业教育免费学生数

地 区	免费学生数(万人)				
	2010年	2014年	2015年	2016年	2017年
全 国	**440.0**	**1234.1**	**1050.3**	**1000.5**	**995.6**
东 部	106.9	517.2	445.3	422.8	424.7
中 部	148.4	342.6	280.2	269.0	277.0
西 部	184.8	374.3	324.7	308.7	293.9
北 京	2.0	6.9	4.4	2.0	4.2
天 津	1.9	7.3	6.7	6.9	7.4
河 北	33.4	46.9	51.0	46.2	48.1
山 西	13.2	41.0	39.0	31.6	31.8
内蒙古	13.2	15.0	18.2	14.3	15.5
辽 宁	5.9	25.5	21.6	22.1	22.0
吉 林	10.7	11.0	8.3	8.2	8.7
黑龙江	12.6	23.4	16.5	13.7	13.0
上 海	1.3	9.3	6.1	6.2	5.6
江 苏	12.5	72.3	60.5	61.1	59.1
浙 江	5.0	65.5	50.4	47.8	48.3
安 徽	16.0	49.8	32.5	31.5	32.8
福 建	6.6	31.2	27.9	27.0	28.4
江 西	15.0	40.0	33.4	32.8	32.6
山 东	15.8	95.1	86.3	86.0	89.3
河 南	32.7	73.6	66.6	69.1	71.8
湖 北	27.5	38.5	31.2	30.7	31.6
湖 南	20.7	65.3	52.8	51.3	54.6
广 东	18.1	147.5	121.1	109.3	103.1
广 西	22.9	43.4	37.1	36.7	35.7
海 南	4.4	10.0	9.4	8.2	9.1
重 庆	15.9	43.2	37.1	33.0	30.8
四 川	43.1	92.8	77.1	74.1	69.0
贵 州	15.8	39.1	31.5	29.8	27.6
云 南	19.5	48.8	46.4	49.3	42.3
西 藏	0.9	1.5	1.5	1.5	1.7
陕 西	23.9	36.7	24.9	22.5	23.5
甘 肃	13.5	22.4	20.6	15.6	16.3
青 海	2.4	3.9	3.3	3.2	2.7
宁 夏	3.6	5.3	6.3	5.7	5.9
新 疆	10.0	22.3	20.8	23.1	23.0

2-2-5 续表

地区	占在校生数比重(%)				
	2010年	2014年	2015年	2016年	2017年
全国	**19.7**	**70.3**	**63.4**	**62.6**	**62.5**
东部	11.8	73.3	67.8	66.4	67.0
中部	20.6	66.2	57.3	56.9	57.7
西部	30.2	70.3	63.6	63.1	61.3
北京	9.5	41.1	32.9	16.3	39.4
天津	13.2	64.3	55.9	56.2	61.7
河北	26.1	61.1	71.4	60.9	58.9
山西	19.2	80.3	82.5	72.0	74.2
内蒙古	36.9	59.9	78.3	65.1	74.2
辽宁	11.1	63.9	55.7	58.0	58.1
吉林	31.4	57.5	51.3	51.7	52.2
黑龙江	25.2	69.1	56.3	50.4	50.0
上海	7.2	70.7	51.3	55.2	53.2
江苏	9.3	74.1	65.7	68.2	65.3
浙江	6.7	100.0	78.0	72.6	71.7
安徽	16.7	51.9	36.8	37.6	38.6
福建	10.6	60.6	61.8	61.5	68.3
江西	19.0	69.0	60.4	67.3	68.0
山东	10.3	74.4	73.4	75.1	79.3
河南	17.1	53.4	50.9	53.9	54.0
湖北	25.3	82.6	68.7	67.5	70.4
湖南	22.1	87.0	69.0	64.4	65.5
广东	7.9	77.4	68.8	68.4	66.6
广西	25.0	48.4	43.8	45.2	44.1
海南	25.6	66.3	67.2	59.7	64.6
重庆	30.8	87.5	81.9	80.5	75.8
四川	31.3	77.6	69.6	72.6	70.9
贵州	38.6	64.5	46.6	46.9	46.8
云南	29.1	82.8	77.6	79.8	65.9
西藏	41.2	90.7	94.5	81.9	88.9
陕西	26.6	73.0	57.0	54.5	56.5
甘肃	30.8	70.9	75.7	62.3	70.5
青海	21.0	39.7	34.7	35.5	29.1
宁夏	31.9	63.6	74.1	69.9	72.3
新疆	35.2	80.4	71.6	71.7	71.1

2-2-6 各地区中等职业教育受资助学生数

地 区	受资助学生数(万人)				
	2010年	2014年	2015年	2016年	2017年
全 国	**1136.1**	**314.6**	**264.9**	**249.2**	**254.9**
东 部	415.0	70.1	57.3	53.9	53.7
中 部	387.4	99.7	78.1	74.7	77.1
西 部	333.7	144.8	129.5	120.5	124.1
北 京	4.3	1.1	1.0	0.3	0.5
天 津	6.0	0.9	0.8	0.8	0.7
河 北	57.1	12.4	11.3	11.0	12.0
山 西	36.6	8.1	6.9	6.4	6.5
内蒙古	24.8	3.8	10.9	9.0	10.8
辽 宁	24.8	3.7	3.4	2.9	2.7
吉 林	20.1	2.6	1.7	1.5	1.8
黑龙江	28.2	11.5	4.4	2.9	2.8
上 海	8.2	1.6	6.2	5.9	5.4
江 苏	78.3	9.1	5.7	5.3	5.0
浙 江	42.2	6.4	6.2	5.9	5.5
安 徽	36.0	12.8	8.6	8.4	9.0
福 建	28.9	3.8	2.2	2.1	2.2
江 西	41.2	11.5	9.6	9.4	8.8
山 东	77.9	13.4	9.7	8.5	8.2
河 南	93.0	20.7	18.0	17.2	18.4
湖 北	78.2	11.9	10.7	11.7	10.9
湖 南	54.1	20.7	18.2	17.3	19.0
广 东	77.4	16.2	9.4	9.8	10.2
广 西	34.5	11.5	7.1	8.3	8.5
海 南	9.9	1.5	1.5	1.3	1.4
重 庆	32.7	16.8	8.7	8.5	8.3
四 川	76.2	26.5	21.0	18.8	19.2
贵 州	23.9	22.8	19.6	16.5	17.4
云 南	37.7	23.3	24.6	24.8	23.3
西 藏	1.6	1.1	1.0	1.1	1.1
陕 西	49.3	12.7	9.9	8.6	8.2
甘 肃	27.4	11.7	11.2	8.5	8.8
青 海	4.3	2.3	2.1	2.1	2.0
宁 夏	5.2	2.3	2.4	2.0	2.2
新 疆	16.1	10.0	11.0	12.3	14.2

2-2-6 续表

地 区	占在校生数比重(%)				
	2010年	2014年	2015年	2016年	2017年
全 国	**50.8**	**17.9**	**16.0**	**15.6**	**16.0**
东 部	45.8	9.9	8.7	8.5	8.5
中 部	53.7	19.3	16.0	15.8	16.1
西 部	54.5	27.2	25.3	24.6	25.9
北 京	20.4	6.5	7.5	2.5	5.0
天 津	41.0	8.2	6.4	6.7	6.2
河 北	44.6	16.1	15.9	14.5	14.7
山 西	53.3	15.9	14.7	14.6	15.1
内蒙古	69.0	15.3	46.7	41.0	51.7
辽 宁	46.7	9.4	8.6	7.6	7.0
吉 林	59.3	13.7	10.5	9.6	10.6
黑龙江	56.1	33.9	15.2	10.5	10.9
上 海	47.1	12.5	51.4	52.8	50.5
江 苏	58.6	9.4	6.2	5.9	5.5
浙 江	56.1	9.8	9.6	9.0	8.1
安 徽	37.7	13.3	9.7	10.0	10.5
福 建	46.6	7.5	4.9	4.9	5.2
江 西	52.3	19.9	17.3	19.2	18.3
山 东	50.9	10.5	8.2	7.4	7.3
河 南	48.5	15.0	13.8	13.4	13.8
湖 北	72.0	25.4	23.5	25.6	24.3
湖 南	57.7	27.6	23.8	21.8	22.8
广 东	33.6	8.5	5.4	6.2	6.6
广 西	37.6	12.9	8.4	10.3	10.5
海 南	57.8	9.9	10.7	9.5	9.9
重 庆	63.5	34.1	19.3	20.8	20.3
四 川	55.2	22.2	18.9	18.5	19.7
贵 州	58.4	37.6	29.1	25.9	29.5
云 南	56.3	39.5	41.2	40.0	36.4
西 藏	70.0	62.3	61.9	60.7	59.1
陕 西	54.8	25.2	22.7	20.9	19.8
甘 肃	62.6	37.0	41.0	33.8	37.9
青 海	37.9	23.8	21.7	23.7	21.6
宁 夏	45.2	27.2	28.1	24.1	27.0
新 疆	57.0	36.0	38.1	38.2	44.1

2-2-7 各地区中等职业教育专任教师数

地 区	专任教师数(万人)				
	2010年	2014年	2015年	2016年	2017年
全 国	**87.1**	**85.8**	**84.4**	**84.0**	**83.9**
东 部	37.5	36.9	36.7	36.8	37.0
中 部	27.9	26.3	25.2	24.7	24.5
西 部	21.7	22.7	22.6	22.6	22.4
北 京	1.0	0.9	0.9	0.9	0.8
天 津	1.0	0.9	0.8	0.8	0.8
河 北	5.8	5.4	5.3	5.4	5.6
山 西	2.8	3.1	3.1	3.1	3.1
内蒙古	1.7	1.9	1.9	1.9	1.9
辽 宁	2.9	2.7	2.7	2.7	2.6
吉 林	2.4	2.2	1.9	1.7	1.6
黑龙江	2.6	2.5	2.2	2.2	2.1
上 海	0.9	0.8	0.8	0.8	0.8
江 苏	5.7	5.7	5.6	5.6	5.7
浙 江	3.6	4.1	4.1	4.2	4.3
安 徽	2.9	3.7	3.5	3.4	3.3
福 建	2.1	2.0	2.0	2.0	2.0
江 西	2.8	2.3	2.1	2.1	2.0
山 东	7.7	7.2	7.2	7.1	7.1
河 南	7.0	6.3	6.2	6.0	6.0
湖 北	3.7	2.8	2.7	2.6	2.7
湖 南	3.6	3.4	3.5	3.4	3.6
广 东	6.3	6.6	6.6	6.6	6.8
广 西	2.4	2.5	2.5	2.5	2.5
海 南	0.5	0.6	0.6	0.6	0.6
重 庆	1.8	2.0	1.8	1.8	1.8
四 川	4.3	4.7	4.7	4.7	4.6
贵 州	1.3	2.0	2.5	2.2	2.3
云 南	2.4	2.5	2.5	2.6	2.6
西 藏	0.1	0.1	0.1	0.1	0.2
陕 西	3.5	2.6	2.2	2.3	2.1
甘 肃	1.8	1.9	1.9	1.8	1.7
青 海	0.4	0.4	0.4	0.4	0.4
宁 夏	0.4	0.4	0.5	0.5	0.5
新 疆	1.6	1.7	1.8	1.8	1.8

2-2-7　续表

地　区	生师比(教师=1)				
	2010年	2014年	2015年	2016年	2017年
全　国	**25.7**	**20.4**	**19.6**	**19.8**	**19.0**
东　部	24.1	19.1	17.9	17.5	17.1
中　部	25.8	19.7	19.4	20.1	19.5
西　部	28.2	23.5	22.6	23.3	21.4
北　京	20.3	17.9	14.7	12.8	13.1
天　津	14.6	13.2	14.5	15.6	15.8
河　北	22.1	14.3	13.4	14.7	14.6
山　西	24.2	16.5	15.2	13.3	13.6
内蒙古	20.9	13.1	12.4	14.7	10.9
辽　宁	18.3	14.7	14.6	15.5	14.6
吉　林	14.1	8.6	8.5	8.9	10.2
黑龙江	19.1	13.6	13.2	15.3	12.1
上　海	19.9	15.6	14.4	13.6	13.1
江　苏	23.5	17.3	16.4	15.7	16.0
浙　江	20.9	16.1	15.6	15.5	15.6
安　徽	33.2	26.1	25.4	27.3	25.4
福　建	28.9	25.3	22.5	22.7	21.0
江　西	27.7	24.8	25.9	26.8	23.6
山　东	20.0	17.7	16.4	16.8	15.8
河　南	27.3	21.9	21.1	20.2	22.3
湖　北	29.2	16.7	17.1	18.2	16.8
湖　南	26.1	22.3	22.1	25.8	23.1
广　东	36.4	28.8	26.7	23.8	22.8
广　西	38.1	35.8	34.3	33.7	31.7
海　南	36.9	25.4	23.8	25.9	24.8
重　庆	28.4	25.3	24.9	21.0	22.4
四　川	31.8	25.6	23.6	23.6	21.0
贵　州	30.4	29.6	27.5	31.1	25.2
云　南	28.0	23.2	23.7	22.7	24.6
西　藏	38.3	17.1	13.8	14.0	12.7
陕　西	25.9	19.7	20.1	18.0	19.6
甘　肃	24.3	16.7	14.5	13.7	13.7
青　海	27.8	23.5	27.0	30.1	26.3
宁　夏	29.7	21.8	18.4	29.2	17.8
新　疆	17.9	16.2	16.4	24.3	18.4

2-2-8 各地区中等职业教育双师型教师数

地 区	双师型教师数(万人)				
	2010年	2014年	2015年	2016年	2017年
全 国	**14.5**	**18.3**	**18.7**	**19.0**	**19.2**
东 部	6.9	8.9	9.3	9.6	9.6
中 部	4.1	5.0	4.8	4.8	4.9
西 部	3.6	4.5	4.6	4.5	4.7
北 京	0.2	0.2	0.2	0.2	0.2
天 津	0.2	0.2	0.2	0.2	0.2
河 北	0.9	0.9	0.9	1.0	1.0
山 西	0.2	0.3	0.4	0.4	0.4
内蒙古	0.2	0.3	0.3	0.3	0.3
辽 宁	0.5	0.5	0.6	0.6	0.7
吉 林	0.4	0.4	0.3	0.4	0.3
黑龙江	0.3	0.3	0.3	0.3	0.3
上 海	0.2	0.2	0.2	0.2	0.2
江 苏	1.3	1.6	1.6	1.6	1.6
浙 江	0.9	1.3	1.4	1.4	1.5
安 徽	0.5	1.4	1.3	1.4	1.3
福 建	0.4	0.6	0.6	0.6	0.6
江 西	0.4	0.3	0.3	0.2	0.2
山 东	1.2	1.5	1.6	1.6	1.7
河 南	1.0	1.1	1.1	1.0	1.0
湖 北	0.6	0.6	0.5	0.5	0.5
湖 南	0.7	0.6	0.6	0.6	0.7
广 东	1.0	1.7	1.8	1.9	1.9
广 西	0.6	0.7	0.7	0.7	0.7
海 南	0.1	0.1	0.2	0.1	0.1
重 庆	0.3	0.4	0.4	0.4	0.4
四 川	0.9	1.1	1.1	1.1	1.2
贵 州	0.3	0.5	0.5	0.5	0.6
云 南	0.3	0.5	0.4	0.5	0.5
西 藏	0.0	0.0	0.0	0.0	0.0
陕 西	0.4	0.4	0.3	0.3	0.3
甘 肃	0.2	0.3	0.3	0.3	0.3
青 海	0.1	0.1	0.1	0.1	0.1
宁 夏	0.1	0.1	0.1	0.1	0.1
新 疆	0.3	0.3	0.3	0.3	0.3

2-2-8 续表

地 区	占专任教师比重(%)				
	2010年	2014年	2015年	2016年	2017年
全 国	**16.7**	**21.4**	**22.2**	**22.6**	**22.9**
东 部	18.3	24.1	25.4	26.1	26.0
中 部	14.7	18.9	19.2	19.6	19.8
西 部	16.4	19.8	20.3	20.1	21.0
北 京	20.3	23.7	23.6	22.8	23.6
天 津	21.6	26.2	28.3	27.1	30.6
河 北	16.1	16.3	17.4	18.4	17.0
山 西	8.3	11.2	11.6	12.9	13.9
内蒙古	10.7	14.0	14.9	15.5	14.6
辽 宁	15.6	20.2	22.7	24.4	25.3
吉 林	14.7	16.8	17.1	21.1	21.1
黑龙江	10.4	12.5	14.3	14.6	15.9
上 海	21.2	29.3	27.8	28.6	29.4
江 苏	22.5	27.5	27.6	28.6	28.3
浙 江	25.8	32.1	33.1	34.0	34.7
安 徽	18.3	37.6	38.3	40.6	39.1
福 建	18.6	27.1	29.3	29.8	29.7
江 西	13.5	13.0	13.8	10.9	12.1
山 东	15.5	21.3	22.2	23.1	23.6
河 南	14.9	16.9	17.6	16.6	17.1
湖 北	16.9	20.0	19.7	20.0	18.3
湖 南	18.5	18.9	17.3	17.5	18.9
广 东	15.5	25.3	27.9	28.1	27.4
广 西	24.8	29.0	29.0	28.8	26.8
海 南	17.5	21.9	25.9	23.9	25.2
重 庆	17.0	18.5	23.6	22.9	23.8
四 川	20.0	23.2	23.4	23.2	26.3
贵 州	20.0	22.6	21.3	22.5	24.1
云 南	14.0	18.2	17.1	17.8	19.0
西 藏	3.2	16.8	14.0	19.2	29.0
陕 西	10.3	15.7	16.1	13.3	13.6
甘 肃	12.9	14.9	15.4	16.1	15.8
青 海	16.8	19.9	24.1	22.2	23.5
宁 夏	19.6	19.3	16.7	17.5	18.3
新 疆	17.0	15.9	16.3	15.2	15.0

2-3-1 全国学前教育情况

年份	学前教育在园幼儿数（万人）	学前三年毛入园率（%）	公办幼儿园在园幼儿数（万人）	公办幼儿园占全部在园幼儿数比重（%）
2000	2244.2	35.0	1959.9	87.3
2005	2179.0	41.4	1510.9	69.3
2010	2976.7	56.6	1577.2	53.0
2011	3424.4	62.3	1730.2	50.5
2012	3685.8	64.5	1833.0	49.7
2013	3894.7	67.5	1904.4	48.9
2014	4050.7	70.5	1925.3	47.5
2015	4264.8	75.0	1962.4	46.0
2016	4413.9	77.4	1976.2	44.8
2017	4600.1	79.6	2027.8	44.1

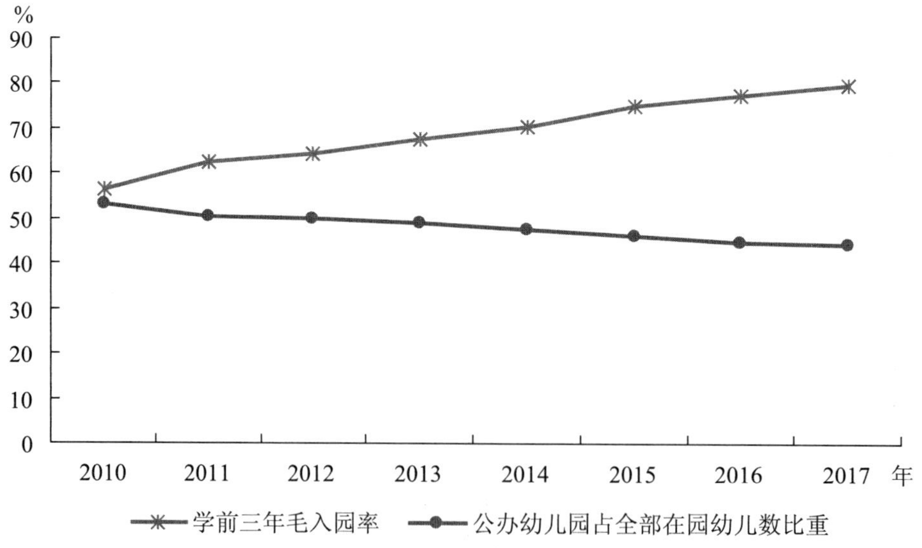

2-3-2 各地区学前教育在园幼儿数

地 区	在园幼儿数(万人)				
	2010年	2014年	2015年	2016年	2017年
全 国	**2976.7**	**4050.7**	**4264.8**	**4413.9**	**4600.1**
东 部	1361.2	1654.0	1739.3	1786.6	1837.8
中 部	829.2	1255.1	1322.4	1353.5	1396.0
西 部	786.3	1141.6	1203.2	1273.7	1366.4
北 京	27.7	36.5	39.4	41.7	44.6
天 津	21.8	24.0	25.3	26.7	26.2
河 北	168.0	216.8	231.7	234.1	237.5
山 西	71.0	96.8	98.3	99.1	102.8
内蒙古	38.1	55.9	59.3	60.8	64.0
辽 宁	83.4	87.4	91.1	91.3	95.4
吉 林	34.3	46.2	46.4	46.3	45.5
黑龙江	49.2	53.6	53.2	52.8	55.9
上 海	40.0	50.3	53.6	55.7	57.3
江 苏	205.7	234.0	250.7	257.2	260.5
浙 江	183.1	185.8	190.2	191.8	195.8
安 徽	100.8	172.9	185.7	192.7	200.9
福 建	116.6	145.6	151.3	156.6	165.5
江 西	123.5	159.4	166.3	159.0	160.9
山 东	219.4	262.8	271.8	275.2	277.3
河 南	196.7	369.2	393.4	408.7	424.9
湖 北	111.8	153.8	162.6	170.0	176.0
湖 南	141.9	203.2	216.6	224.9	229.0
广 东	277.2	379.3	402.3	421.7	441.4
广 西	118.5	197.3	206.9	209.6	214.0
海 南	18.2	31.4	32.0	34.8	36.4
重 庆	70.9	89.5	91.6	93.3	95.9
四 川	188.8	240.8	248.2	259.3	262.5
贵 州	76.9	119.9	130.5	144.6	153.4
云 南	98.7	124.6	129.4	131.5	139.4
西 藏	2.3	8.1	8.8	9.7	10.6
陕 西	70.5	132.8	139.7	143.1	145.1
甘 肃	38.7	62.0	70.1	89.2	93.0
青 海	11.2	17.5	18.4	20.0	20.7
宁 夏	13.8	18.1	19.3	20.6	23.1
新 疆	57.9	75.2	81.0	92.0	144.7

2-3-2 续表

地 区	比上年增长(%)				
	2010年	2014年	2015年	2016年	2017年
全 国	**12.0**	**4.0**	**5.3**	**3.5**	**4.2**
东 部	11.3	2.4	5.2	2.7	2.9
中 部	15.0	4.3	5.4	2.4	3.1
西 部	10.1	6.1	5.4	5.9	7.3
北 京	11.8	4.7	8.0	5.8	6.8
天 津	5.5	2.8	5.3	5.6	-1.9
河 北	11.1	1.8	6.9	1.0	1.4
山 西	10.5	1.8	1.5	0.8	3.7
内蒙古	12.6	8.4	6.1	2.4	5.3
辽 宁	7.1	2.1	4.2	0.2	4.5
吉 林	5.2	4.5	0.4	0.0	-1.8
黑龙江	15.8	-0.9	-0.7	-0.8	5.9
上 海	13.1	0.4	6.6	3.8	2.9
江 苏	6.5	1.0	7.1	2.6	1.3
浙 江	9.6	-0.6	2.4	0.9	2.1
安 徽	7.5	3.0	7.4	3.8	4.2
福 建	8.3	1.6	3.9	3.5	5.7
江 西	10.0	1.9	4.3	-4.3	1.2
山 东	21.2	0.2	3.4	1.2	0.8
河 南	14.6	6.4	6.5	3.9	4.0
湖 北	34.5	4.4	5.7	4.5	3.6
湖 南	17.5	6.2	6.6	3.8	1.8
广 东	11.1	7.0	6.0	4.8	4.7
广 西	5.1	8.6	4.8	1.3	2.1
海 南	27.1	5.1	2.0	8.6	4.8
重 庆	12.1	0.2	2.3	1.9	2.8
四 川	10.6	4.0	3.1	4.5	1.2
贵 州	2.9	11.2	8.8	10.8	6.1
云 南	7.1	4.7	3.9	1.6	6.0
西 藏	45.7	10.5	8.4	10.0	9.9
陕 西	22.9	4.4	5.2	2.5	1.3
甘 肃	8.0	12.8	13.1	27.2	4.2
青 海	10.4	5.0	5.3	8.5	3.7
宁 夏	10.4	7.0	6.6	6.9	11.8
新 疆	18.0	4.6	7.7	13.5	57.4

2-3-3 各地区公办幼儿园在园幼儿数

地 区	公办幼儿园在园幼儿数(万人)				
	2010年	2014年	2015年	2016年	2017年
全 国	**1577.2**	**1925.3**	**1962.4**	**1976.2**	**2027.8**
东 部	756.8	870.0	885.1	880.4	879.6
中 部	383.6	490.1	494.3	482.0	484.0
西 部	436.8	565.2	583.0	613.8	664.2
北 京	19.3	23.8	25.4	26.6	28.5
天 津	17.2	15.9	16.2	15.8	15.0
河 北	129.8	142.8	142.1	135.5	126.7
山 西	46.3	59.1	59.8	58.5	58.2
内蒙古	23.6	29.2	30.2	30.3	31.2
辽 宁	34.2	35.3	35.9	34.7	34.9
吉 林	19.0	20.3	19.3	18.2	17.5
黑龙江	26.1	23.6	23.6	21.7	22.0
上 海	30.1	35.3	36.8	38.4	39.9
江 苏	152.0	169.8	173.6	174.7	173.6
浙 江	63.3	70.1	71.3	73.6	78.7
安 徽	55.7	75.9	77.1	74.1	78.3
福 建	61.6	66.5	69.3	71.8	76.1
江 西	36.5	42.9	44.4	44.0	45.5
山 东	135.2	164.1	166.1	159.9	155.9
河 南	94.8	141.0	140.2	139.9	137.7
湖 北	56.1	67.7	68.4	66.6	66.2
湖 南	49.1	59.7	61.4	58.9	58.7
广 东	108.5	139.2	141.2	141.6	141.7
广 西	66.0	85.2	83.1	79.3	72.6
海 南	5.5	7.0	7.1	7.8	8.6
重 庆	35.8	35.6	33.5	31.9	30.9
四 川	90.3	109.5	108.4	113.3	111.5
贵 州	51.6	69.4	71.6	77.1	81.3
云 南	57.1	61.3	61.1	60.6	64.0
西 藏	1.7	6.5	7.1	8.0	9.0
陕 西	27.3	51.5	59.1	65.8	63.0
甘 肃	23.4	37.4	43.2	53.2	54.2
青 海	6.3	9.2	9.6	10.2	10.7
宁 夏	8.0	8.3	8.8	9.0	9.7
新 疆	45.6	62.0	67.2	75.3	126.2

2-3-3 续表

地 区	占全部在园幼儿数比重(%)				
	2010年	2014年	2015年	2016年	2017年
全 国	**53.0**	**47.5**	**46.0**	**44.8**	**44.1**
东 部	55.6	52.6	50.9	49.3	47.9
中 部	46.3	39.1	37.4	35.6	34.7
西 部	55.5	49.5	48.5	48.2	48.6
北 京	69.8	65.2	64.6	63.8	64.0
天 津	78.8	66.5	64.3	59.1	57.4
河 北	77.3	65.9	61.3	57.9	53.4
山 西	65.2	61.1	60.9	59.0	56.7
内蒙古	62.1	52.2	50.9	49.9	48.8
辽 宁	41.0	40.4	39.4	38.1	36.6
吉 林	55.3	44.0	41.6	39.3	38.3
黑龙江	53.1	44.0	44.4	41.1	39.3
上 海	75.2	70.2	68.6	69.0	69.7
江 苏	73.9	72.6	69.2	67.9	66.6
浙 江	34.6	37.8	37.5	38.3	40.2
安 徽	55.3	43.9	41.5	38.5	39.0
福 建	52.8	45.6	45.8	45.9	46.0
江 西	29.6	26.9	26.7	27.7	28.3
山 东	61.6	62.5	61.1	58.1	56.2
河 南	48.2	38.2	35.6	34.2	32.4
湖 北	50.2	44.0	42.1	39.2	37.6
湖 南	34.6	29.4	28.3	26.2	25.6
广 东	39.1	36.7	35.1	33.6	32.1
广 西	55.7	43.2	40.2	37.8	33.9
海 南	30.1	22.3	22.3	22.4	23.6
重 庆	50.5	39.8	36.6	34.2	32.2
四 川	47.8	45.5	43.7	43.7	42.5
贵 州	67.1	57.9	54.9	53.3	53.0
云 南	57.9	49.2	47.2	46.1	45.9
西 藏	73.8	80.3	81.2	82.6	84.3
陕 西	38.7	38.8	42.3	45.9	43.4
甘 肃	60.3	60.3	61.6	59.6	58.3
青 海	56.2	52.8	52.0	50.9	51.5
宁 夏	58.0	46.2	45.6	43.5	42.2
新 疆	78.8	82.4	83.0	81.9	87.2

2-4-1 各地区一般公共预算教育经费支出情况

单位：亿元

地 区	2010年	2014年	2015年	2016年	2017年
全 国	**14163.9**	**22576.0**	**25861.9**	**27700.6**	**28300.0**
北 京	505.8	758.5	847.4	882.3	955.7
天 津	225.3	517.0	464.2	425.8	434.6
河 北	543.7	802.3	1001.1	1115.6	1246.6
山 西	341.3	495.8	598.9	607.6	618.1
内蒙古	351.4	459.3	518.6	543.3	545.8
辽 宁	465.0	604.1	609.5	632.8	647.4
吉 林	270.2	403.4	470.5	495.9	503.8
黑龙江	302.7	502.2	573.0	596.0	595.1
上 海	435.8	674.4	739.5	802.0	835.7
江 苏	877.8	1485.2	1743.6	1841.9	1979.3
浙 江	639.3	1018.6	1220.9	1313.7	1413.1
安 徽	437.8	743.1	856.7	910.9	1012.5
福 建	379.0	628.1	747.3	789.4	850.5
江 西	311.0	696.2	783.4	840.2	939.4
山 东	773.7	1460.2	1686.9	1823.2	1888.8
河 南	674.6	1097.6	1150.6	1245.0	1441.4
湖 北	373.5	690.6	860.2	979.8	1037.1
湖 南	443.6	823.7	913.9	1027.4	1119.8
广 东	1033.7	1779.5	2042.8	2243.9	2522.6
广 西	386.9	659.4	789.3	850.8	911.9
海 南	107.7	170.7	206.5	213.9	220.7
重 庆	280.7	447.1	519.9	565.3	614.5
四 川	661.9	1051.4	1243.9	1277.5	1397.2
贵 州	307.0	631.8	766.1	840.3	906.7
云 南	442.6	669.1	758.0	864.1	988.8
西 藏	63.4	142.6	178.9	175.8	216.4
陕 西	370.4	694.7	746.8	776.3	814.1
甘 肃	259.0	401.1	499.9	548.8	567.4
青 海	97.3	156.2	163.2	168.8	186.6
宁 夏	82.0	119.6	139.2	149.7	166.8
新 疆	316.6	558.3	641.5	664.6	721.7

2-4-2 各地区一般公共预算教育经费支出占一般公共预算支出比例

单位：%

地区	2010年	2014年	2015年	2016年	2017年
全国	**15.8**	**14.9**	**14.7**	**14.8**	**14.7**
北京	18.6	16.8	14.8	13.8	14.0
天津	16.4	17.9	14.4	11.5	13.3
河北	19.3	17.2	17.8	18.4	18.8
山西	17.7	16.1	17.5	17.7	16.5
内蒙古	15.5	11.8	12.2	12.0	12.1
辽宁	14.6	11.9	13.6	13.8	13.4
吉林	15.1	13.9	14.6	13.8	13.5
黑龙江	13.4	14.6	14.3	14.1	12.8
上海	13.2	13.7	11.9	11.6	11.1
江苏	17.9	17.5	18.0	18.5	18.6
浙江	19.9	19.7	18.4	18.8	18.8
安徽	16.9	15.9	16.4	16.5	16.3
福建	22.4	19.0	18.7	18.5	18.0
江西	16.2	17.9	17.8	18.2	18.3
山东	18.7	20.3	20.5	20.8	20.4
河南	19.8	18.2	16.9	16.7	17.5
湖北	14.9	14.0	14.0	15.3	15.2
湖南	16.4	16.4	16.0	16.2	15.8
广东	19.1	19.4	15.9	16.7	16.8
广西	19.3	19.0	19.4	19.2	18.6
海南	18.5	15.5	16.7	15.5	15.3
重庆	16.4	13.5	13.7	14.1	14.2
四川	15.5	15.5	16.6	16.0	16.1
贵州	18.8	17.8	19.5	19.7	19.7
云南	19.4	15.1	16.1	17.2	17.3
西藏	11.5	12.0	13.0	11.1	12.9
陕西	16.7	17.5	17.1	17.7	16.8
甘肃	17.6	15.8	16.9	17.4	17.2
青海	13.1	11.6	10.8	11.1	12.2
宁夏	14.7	12.0	12.2	11.9	12.1
新疆	18.6	16.8	16.9	16.1	15.6

2-4-3 各地区普通小学生均一般公共预算教育事业费

单位：元

地 区	2010年	2014年	2015年	2016年	2017年
全 国	**4012.5**	**7681.0**	**8838.4**	**9557.9**	**10199.1**
北 京	14482.4	23441.8	23757.5	25793.6	30016.8
天 津	11505.4	17233.9	18128.2	18284.4	18683.8
河 北	3783.1	5349.1	6752.7	7300.2	7914.2
山 西	4049.3	7359.2	9269.2	9450.6	10151.8
内蒙古	6691.9	10181.4	11972.3	13109.3	13110.0
辽 宁	5174.2	8354.3	9138.2	9735.8	10218.5
吉 林	6220.6	10192.6	12136.7	13087.7	13846.9
黑龙江	5484.5	11063.0	12939.5	14066.5	14383.6
上 海	16143.9	19519.9	20688.4	22125.1	20676.5
江 苏	7252.4	11175.1	11988.8	12503.0	13081.6
浙 江	6732.4	9811.9	11599.8	12908.6	13937.1
安 徽	3192.1	6658.2	7766.5	8573.6	9035.6
福 建	4785.9	8175.6	9102.8	9636.5	10110.6
江 西	2470.3	6851.8	7462.0	7989.5	8500.6
山 东	3936.3	7253.5	8135.3	8790.8	9151.6
河 南	2186.1	4447.6	4575.3	5036.3	5759.2
湖 北	3208.3	7020.7	8791.0	10076.7	11031.0
湖 南	3014.0	6363.4	7154.5	7861.3	8378.1
广 东	3487.0	7738.6	8758.0	9997.3	11267.6
广 西	3355.6	5946.0	7061.4	7690.5	7897.9
海 南	5578.5	8825.6	10460.9	11353.0	11296.3
重 庆	3634.0	7259.9	8431.7	9180.1	10533.2
四 川	3372.6	7530.4	8984.5	9003.2	9620.8
贵 州	2758.6	6789.8	8645.8	9659.2	9753.1
云 南	3286.2	6200.7	7532.2	8931.4	10491.5
西 藏	8164.3	17905.9	25750.2	24237.5	26246.8
陕 西	4723.9	10197.0	10896.4	11172.1	11016.9
甘 肃	3306.4	7289.2	9118.3	10321.9	10776.1
青 海	5011.8	9438.5	10472.8	11948.8	13191.5
宁 夏	3819.1	6470.1	8034.9	8719.9	9503.4
新 疆	5868.6	11292.2	12929.8	12133.4	11738.7

2-4-4 各地区普通初中生均公共财政预算教育事业费

单位：元

地 区	2010年	2014年	2015年	2016年	2017年
全 国	**5213.9**	**10359.3**	**12105.1**	**13416.0**	**14641.2**
北 京	20023.0	36507.2	40443.7	45516.4	57636.1
天 津	14819.5	26956.4	28208.7	29961.9	30949.8
河 北	5227.2	7749.4	9557.8	10532.6	11441.4
山 西	4739.4	9016.9	11403.2	12267.0	13523.8
内蒙古	7684.3	11954.8	14362.6	16301.7	16380.2
辽 宁	6978.0	11163.2	12706.6	13710.0	14564.4
吉 林	6826.6	12707.7	15539.6	16879.0	17746.7
黑龙江	5594.0	12187.7	14435.9	15514.7	15920.8
上 海	19810.0	25456.6	27636.2	30284.7	30573.4
江 苏	8385.9	16690.4	19048.6	21194.7	22364.6
浙 江	8382.5	14204.9	16616.2	18798.3	20564.1
安 徽	3963.6	9210.8	11114.7	12435.3	13239.5
福 建	5715.6	11544.5	13199.2	14692.3	16100.4
江 西	3375.2	9002.6	9665.4	10513.4	11346.2
山 东	6137.1	11333.9	13409.0	14630.3	15227.8
河 南	3410.0	7139.8	7263.0	7812.0	8997.6
湖 北	4514.4	11347.7	14435.8	17272.0	18636.0
湖 南	4932.6	10068.2	10473.0	11878.7	12574.6
广 东	3921.0	9264.1	11456.7	13726.0	16084.4
广 西	4299.7	7360.6	8746.0	9507.6	10028.8
海 南	5801.6	10594.6	13205.9	14585.9	14982.9
重 庆	4297.9	9224.8	10834.5	11917.4	14692.0
四 川	4077.0	9111.1	11477.0	12063.0	13394.0
贵 州	3204.2	6924.7	8704.9	10131.8	11273.1
云 南	4349.1	7586.9	9335.8	10822.1	12730.8
西 藏	7242.8	16631.7	23845.2	24605.6	27341.6
陕 西	5256.9	12330.5	13619.4	14155.1	15163.9
甘 肃	4129.9	8377.7	10187.1	11721.5	12551.1
青 海	7423.2	11949.6	13295.0	14915.3	16910.9
宁 夏	6009.4	9689.5	11047.2	11929.4	12920.4
新 疆	7788.7	14452.2	16999.8	17410.1	17949.1

2-4-5 各地区普通中等职业学校生均公共财政预算教育事业费

单位：元

地 区	2010年	2014年	2015年	2016年	2017年
全 国	**4842.5**	**9128.8**	**10961.1**	**12227.7**	**13272.7**
北 京	15583.8	28765.5	34433.4	38661.5	53256.0
天 津	10322.8	22753.1	26481.0	26651.7	22927.2
河 北	4195.8	8031.6	12007.5	13524.0	14111.7
山 西	4278.1	8975.9	11350.0	13682.3	15119.2
内蒙古	8231.7	13393.4	16168.2	16390.0	16962.3
辽 宁	6536.1	10083.0	11124.8	12005.5	11907.3
吉 林	7266.1	15439.9	18410.4	22112.2	25260.4
黑龙江	6029.7	12049.2	13435.5	15734.4	16395.7
上 海	12609.8	20710.2	25295.3	28302.3	29080.0
江 苏	4314.3	9885.4	12551.0	13668.1	15701.2
浙 江	6643.1	13456.1	16237.5	18789.6	19688.7
安 徽	2972.1	7516.9	8366.7	10115.0	10985.9
福 建	4433.3	9302.3	11828.4	14416.4	16121.0
江 西	3192.2	7231.6	7015.9	8527.8	10705.4
山 东	5436.0	10412.4	12408.6	13761.1	14128.5
河 南	3609.5	5941.6	6690.3	7375.6	8422.6
湖 北	2728.0	8586.9	13223.9	15398.4	16252.9
湖 南	3963.3	7466.6	8316.2	9722.8	9931.2
广 东	4815.3	7996.6	9977.9	11598.2	13861.4
广 西	5278.7	6978.8	8746.7	9754.1	9907.0
海 南	4904.0	9277.0	12425.0	13056.9	13570.7
重 庆	3666.6	7388.0	9157.3	10441.6	11409.2
四 川	3792.7	7910.8	8933.5	9344.5	10637.0
贵 州	3974.3	7135.9	6995.9	6425.0	6451.4
云 南	4728.4	7286.8	9645.0	11220.0	10859.9
西 藏	7618.7	25538.2	32957.2	30228.2	44896.6
陕 西	4607.5	7147.5	8540.0	9264.3	9928.5
甘 肃	4347.9	8954.2	11364.9	12083.4	13958.8
青 海	6496.3	8653.9	10526.8	12867.5	12933.3
宁 夏	4426.9	8608.7	9951.0	10561.8	13269.5
新 疆	7996.7	12209.2	12440.8	13332.9	12421.9

3 劳动就业服务

“十三五”时期，政府提供如下劳动就业公共服务：

◆为全体劳动者免费提供就业信息、就业政策咨询、职业指导和职业介绍、就业失业登记等服务；

◆为有创业需求的劳动者提供创业服务；

◆为就业困难人员和零就业家庭提供就业援助；

◆为高校毕业生提供就业见习服务、大中城市联合招聘服务；

◆为失业人员、农民工、残疾人、新成长劳动力等提供职业技能培训和技能鉴定补贴；

◆为全体劳动者免费提供劳动关系协调、劳动人事争议调解仲裁和劳动保障监察执法维权等服务。

3-1-1 全国登记求职人员构成

单位：%

类　　别	2010年	2014年	2015年	2016年	2017年
本期登记求职人数	**100.0**	**100.0**	**100.0**	**100.0**	**100.0**
建档立卡贫困人员①	22.7	25.2	24.4	24.9	3.1
高校毕业生	13.5	11.1	10.5	10.7	11.3
农村劳动者	42.9	39.5	35.5	36.4	35.7
其他	20.9	24.2	29.6	28.0	49.8

注：①2016年及以前年份为城镇登记求职人员。

3-1-2 全国职业介绍人员构成①

单位：%

类　　别	2010年	2014年	2015年	2016年	2017年
职业介绍人数	**100.0**	**100.0**	**100.0**	**100.0**	**100.0**
建档立卡贫困人员②	25.8	30.0	29.1	29.3	6.3
高校毕业生	10.7	9.9	10.7	11.3	11.4
农村劳动者	48.8	42.5	41.4	40.5	38.5
其他	14.7	17.6	18.8	18.8	43.8

注：①2016年及以前年份为职业介绍成功人数构成；②2016年及以前年份为城镇登记求职人员。

3-1-3 全国公共就业服务工作情况(2015年)

单位：人

项目		本期单位登记招聘人数	本期登记求职人数	本期职业指导人数	本期接受创业服务人数
总计		**52326259**	**40446304**	**16997185**	**3611696**
公共就业人才服务机构	市(地、州)及以上	18128391	13981793	4542655	1237998
	区(县)	26211764	19215054	8009196	1567287
	街道（乡镇）	6249143	5413263	2821926	545733
公共就业人才服务窗口	社区（行政村）	1736961	1836194	1623408	260678

3-1-4 全国公共就业服务工作情况(2017年)

单位：人

项目		本期单位登记招聘人数	本期登记求职人数	本期职业指导人数	本期接受创业服务人数
总计		**55984664**	**40026976**	**16393780**	**3877246**
公共就业人才服务机构	市(地、州)及以上	23970900	16904310	4894420	1176027
	区(县)	24533350	16574239	8613081	1971341
	街道（乡镇）	5731066	4706282	1914178	472899
公共就业人才服务窗口	社区（行政村）	1749348	1842145	972101	256979

3-1-5 各地区城镇单位就业人数

单位：万人

地 区	2010年	2014年	2015年	2016年	2017年
全 国	**13051.6**	**18277.8**	**18062.5**	**17888.1**	**17643.8**
东 部	6593.4	9722.5	9555.0	9406.6	9238.0
中 部	3560.0	4638.0	4610.5	4598.9	4518.5
西 部	2898.2	3917.2	3897.0	3882.7	3887.1
北 京	646.6	755.9	777.3	791.5	812.9
天 津	205.7	295.5	294.8	286.0	269.5
河 北	519.6	656.2	643.6	639.6	535.3
山 西	394.4	452.1	440.3	430.6	428.7
内蒙古	249.2	301.5	298.3	293.2	280.6
辽 宁	518.1	665.2	618.4	560.4	519.5
吉 林	267.6	334.4	325.1	322.1	307.1
黑龙江	460.0	450.9	433.5	424.9	413.0
上 海	392.9	648.9	637.2	627.8	632.3
江 苏	763.8	1602.4	1552.1	1497.3	1484.6
浙 江	883.6	1102.7	1083.4	1060.9	1054.5
安 徽	372.9	521.7	513.8	517.1	516.2
福 建	507.1	654.6	663.1	668.8	672.5
江 西	297.4	465.3	480.5	471.5	463.5
山 东	956.2	1266.3	1236.7	1215.5	1192.9
河 南	751.7	1108.9	1125.9	1145.0	1129.3
湖 北	510.3	706.8	712.3	719.3	695.0
湖 南	505.7	597.9	579.1	568.4	565.7
广 东	1118.5	1973.3	1948.0	1957.6	1963.1
广 西	316.7	401.5	405.4	401.4	398.0
海 南	81.3	101.5	100.4	101.2	100.9
重 庆	266.4	414.5	415.6	412.9	406.4
四 川	570.6	808.7	795.5	787.5	792.2
贵 州	224.3	304.7	307.5	310.5	315.2
云 南	322.8	419.6	414.7	419.0	422.4
西 藏	22.2	32.5	33.4	31.5	33.3
陕 西	364.8	516.5	511.8	511.4	510.4
甘 肃	194.3	264.7	261.8	261.0	259.2
青 海	52.6	63.2	62.7	63.1	63.3
宁 夏	59.3	73.2	73.1	70.7	71.1
新 疆	255.0	316.6	317.2	320.5	335.0

注：全国城镇数据不含私营单位。

3-1-6 各地区城镇登记失业人数

地区	城镇登记失业人数(万人)				
	2010年	2014年	2015年	2016年	2017年
全国	**908.0**	**952.0**	**966.0**	**982.0**	**972.0**
北京	7.7	7.4	7.8	8.0	8.1
天津	16.1	22.5	25.1	25.8	26.0
河北	35.1	38.3	39.4	39.7	39.9
山西	20.4	24.5	25.6	26.1	26.5
内蒙古	20.8	24.8	25.9	26.7	27.1
辽宁	38.9	41.0	46.2	47.3	42.7
吉林	22.7	23.2	23.9	25.7	26.3
黑龙江	36.2	39.9	41.0	39.6	39.7
上海	27.6	25.6	24.8	24.3	22.1
江苏	40.6	36.6	36.0	35.2	34.7
浙江	31.1	33.1	33.7	33.9	33.8
安徽	26.9	31.5	30.9	30.4	29.0
福建	14.5	14.3	15.4	16.3	17.1
江西	26.3	29.4	29.9	31.3	32.3
山东	44.5	43.1	43.7	45.8	45.7
河南	38.2	40.0	42.5	43.6	40.7
湖北	55.7	37.9	33.4	32.9	37.1
湖南	43.2	47.3	45.1	44.9	44.5
广东	39.3	36.8	37.0	38.0	37.1
广西	19.1	18.7	18.1	18.1	14.7
海南	4.8	4.3	4.8	5.1	5.5
重庆	13.0	13.4	14.3	15.7	14.3
四川	34.6	54.4	54.6	56.3	55.8
贵州	12.2	14.1	14.5	14.8	14.9
云南	15.7	19.2	19.5	20.1	19.8
西藏	2.1	1.7	1.8	1.8	1.9
陕西	21.4	22.3	22.3	22.7	23.4
甘肃	10.7	9.7	9.5	9.8	9.6
青海	4.2	4.2	4.4	4.6	4.7
宁夏	4.8	5.0	4.9	5.1	5.1
新疆	11.0	14.0	13.6	12.8	13.9

3-1-6 续表

地 区	城镇登记失业率(%)				
	2010年	2014年	2015年	2016年	2017年
全 国	**4.1**	**4.09**	**4.05**	**4.02**	**3.90**
北 京	1.4	1.3	1.4	1.4	1.4
天 津	3.6	3.5	3.5	3.5	3.5
河 北	3.9	3.6	3.6	3.7	3.7
山 西	3.6	3.4	3.5	3.5	3.4
内蒙古	3.9	3.6	3.7	3.7	3.6
辽 宁	3.6	3.4	3.4	3.8	3.8
吉 林	3.8	3.4	3.5	3.5	3.5
黑龙江	4.3	4.5	4.5	4.2	4.2
上 海	4.4	4.1	4.0	4.1	3.9
江 苏	3.2	3.0	3.0	3.0	3.0
浙 江	3.2	3.0	2.9	2.9	2.7
安 徽	3.7	3.2	3.1	3.2	2.9
福 建	3.8	3.5	3.7	3.9	3.9
江 西	3.3	3.3	3.4	3.4	3.3
山 东	3.4	3.3	3.4	3.5	3.4
河 南	3.4	3.0	3.0	3.0	2.8
湖 北	4.2	3.1	2.6	2.4	2.6
湖 南	4.2	4.1	4.1	4.2	4.0
广 东	2.5	2.4	2.5	2.5	2.5
广 西	3.7	3.2	2.9	2.9	2.2
海 南	3.0	2.3	2.3	2.4	2.3
重 庆	3.9	3.5	3.6	3.7	3.4
四 川	4.1	4.2	4.1	4.2	4.0
贵 州	3.6	3.3	3.3	3.2	3.2
云 南	4.2	4.0	4.0	3.6	3.2
西 藏	4.0	2.5	2.5	2.6	2.7
陕 西	3.9	3.3	3.4	3.3	3.3
甘 肃	3.2	2.2	2.1	2.2	2.7
青 海	3.8	3.2	3.2	3.1	3.1
宁 夏	4.4	4.0	4.0	3.9	3.9
新 疆	3.2	3.2	2.9	4.8	

3-1-7　各地区登记求职人数

单位：万人

地　区	2010年	2014年	2015年	2016年	2017年
全　国	**5388.5**	**4555.5**	**4044.6**	**4042.6**	**4002.7**
东　部	3085.1	2646.5	2168.1	2208.7	2343.9
中　部	1170.5	1064.1	1022.2	1004.3	952.2
西　部	1120.3	845.0	854.3	829.6	706.5
北　京	33.5	44.3	7.7	31.1	24.2
天　津	153.0	98.8	101.1	101.5	98.8
河　北	161.8	214.9	114.8	105.1	117.0
山　西	146.6	105.2	138.4	107.1	111.4
内蒙古	90.7	60.4	39.8	46.4	43.0
辽　宁	440.7	276.7	204.1	259.7	204.1
吉　林	98.1	73.6	63.4	57.6	55.9
黑龙江	145.9	131.4	126.1	123.8	108.6
上　海	181.1	75.4	59.1	46.7	43.1
江　苏	502.8	654.8	587.9	539.5	610.3
浙　江	299.1	267.8	286.0	243.5	277.8
安　徽	166.7	202.8	169.2	171.5	178.8
福　建	307.5	423.1	188.5	349.0	408.1
江　西	116.2	114.6	102.9	78.0	102.8
山　东	236.3	254.7	207.8	199.4	199.4
河　南	117.6	124.0	120.2	159.6	146.3
湖　北	190.6	147.9	137.4	142.2	126.9
湖　南	188.7	164.5	164.5	164.5	121.5
广　东	730.7	325.8	397.1	311.7	346.8
广　西	168.6	164.8	194.1	137.8	132.8
海　南	38.6	10.2	14.1	21.5	14.3
重　庆	80.0	85.7	83.1	71.5	52.3
四　川	138.0	111.7	104.1	123.2	119.3
贵　州	53.1	55.8	98.8	102.6	75.8
云　南	61.8	56.0	56.0	61.2	53.0
西　藏	4.0	3.7	4.7	3.5	4.5
陕　西	280.8	132.8	134.1	121.9	88.5
甘　肃	41.8	35.4	39.5	40.6	35.9
青　海	55.1	59.9	37.3	39.8	42.6
宁　夏	95.5	25.5	14.4	26.7	5.9
新　疆	51.1	53.3	48.5	54.5	52.8

3-1-8 各地区建档立卡贫困人员登记求职人数

地 区	建档立卡贫困人员登记求职人数(万人)				
	2010年	2014年	2015年	2016年	2017年
全 国	**1222.5**	**1146.8**	**986.2**	**1007.6**	**125.9**
东 部	551.1	574.6	435.4	473.4	51.4
中 部	385.1	351.7	330.5	317.2	41.3
西 部	282.8	220.5	220.3	213.4	33.2
北 京	17.4	5.1	3.0	2.3	0.6
天 津	27.7	20.4	19.9	19.6	7.2
河 北	27.1	22.0	21.7	23.3	3.8
山 西	37.6	24.5	24.8	24.2	3.2
内蒙古	45.1	25.1	18.2	15.9	1.8
辽 宁	113.0	103.6	60.7	97.0	0.9
吉 林	37.9	28.0	25.3	21.1	4.2
黑龙江	82.3	76.1	72.7	65.9	
上 海					
江 苏	129.8	161.5	143.8	124.1	10.6
浙 江	36.0	38.4	33.7	35.1	0.2
安 徽	56.8	54.0	49.3	49.5	6.7
福 建	46.9	58.0	29.6	53.7	2.2
江 西	32.4	34.8	28.4	21.4	8.8
山 东	77.9	85.5	70.2	68.4	1.7
河 南	16.3	28.1	26.6	57.8	7.5
湖 北	59.5	40.0	37.2	11.2	6.0
湖 南	62.5	66.1	66.1	66.1	21.5
广 东	71.8	76.8	51.1	48.3	2.5
广 西	29.3	23.2	20.0	14.2	3.4
海 南	3.5	3.3	1.8	1.7	1.6
重 庆	29.0	40.2	50.1	45.7	1.8
四 川	61.4	41.7	40.1	40.1	7.0
贵 州	12.7	10.4	8.7	8.3	4.6
云 南	17.4	19.3	19.1	21.9	2.4
西 藏	1.5	1.5	1.8	1.0	0.3
陕 西	26.6	17.9	24.2	23.2	7.5
甘 肃	16.6	18.2	14.6	18.8	1.7
青 海	6.3	4.9	3.7	4.3	1.5
宁 夏	9.5	1.9	2.0	1.3	0.5
新 疆	27.5	16.4	17.7	22.2	4.3

注：2016年及以前年份数据为城镇登记求职人数。

3-1-8 续表

地 区	占本期全部登记求职人数比重(%)				
	2010年	2014年	2015年	2016年	2017年
全 国	**22.7**	**25.2**	**24.4**	**24.9**	**3.1**
东 部	17.9	21.7	20.1	21.4	10.9
中 部	32.9	33.1	32.3	31.6	13.0
西 部	25.2	26.1	25.8	25.7	15.6
北 京	52.0	11.6	38.7	7.5	25.3
天 津	18.1	20.6	19.6	19.3	36.5
河 北	16.8	10.2	18.9	22.2	16.4
山 西	25.6	23.3	17.9	22.6	13.1
内蒙古	49.7	41.5	45.8	34.4	11.1
辽 宁	25.6	37.5	29.8	37.3	0.9
吉 林	38.6	38.1	39.9	36.7	20.0
黑龙江	56.4	57.9	57.7	53.2	
上 海					
江 苏	25.8	24.7	24.5	23.0	8.5
浙 江	12.0	14.3	11.8	14.4	0.5
安 徽	34.1	26.6	29.1	28.8	13.5
福 建	15.3	13.7	15.7	15.4	4.2
江 西	27.8	30.4	27.6	27.4	41.1
山 东	32.9	33.6	33.8	34.3	2.5
河 南	13.8	22.7	22.1	36.2	12.9
湖 北	31.2	27.0	27.1	7.9	53.8
湖 南	33.1	40.2	40.2	40.2	32.4
广 东	9.8	23.6	12.9	15.5	5.2
广 西	17.4	14.0	10.3	10.3	23.8
海 南	9.0	32.0	12.8	7.9	93.9
重 庆	36.3	46.9	60.3	64.0	4.0
四 川	44.5	37.3	38.5	32.5	17.5
贵 州	23.8	18.6	8.8	8.1	55.6
云 南	28.1	34.5	34.2	35.8	10.9
西 藏	37.2	39.6	37.7	29.3	30.3
陕 西	9.5	13.4	18.0	19.1	32.3
甘 肃	39.8	51.4	36.9	46.4	9.2
青 海	11.4	8.1	10.0	10.9	34.3
宁 夏	9.9	7.3	13.9	4.8	35.9
新 疆	53.9	30.9	36.5	40.7	19.5

3-1-9 各地区高校毕业生登记求职人数

地 区	高校毕业生登记求职人数(万人)				
	2010年	2014年	2015年	2016年	2017年
全 国	**728.2**	**505.4**	**424.6**	**432.7**	**453.9**
东 部	445.7	265.5	215.3	228.2	222.5
中 部	147.8	123.7	108.2	105.0	120.5
西 部	133.5	116.1	101.0	98.6	111.0
北 京	2.3	7.6	0.0	5.7	5.2
天 津	35.9	6.6	6.7	6.5	6.6
河 北	36.0	31.8	33.4	30.4	24.4
山 西	34.2	20.2	24.7	20.5	22.3
内蒙古	7.6	8.0	3.5	3.6	5.1
辽 宁	185.5	34.8	24.4	34.0	8.3
吉 林	16.9	5.5	4.1	3.6	2.5
黑龙江	22.4	11.0	10.4	9.8	9.3
上 海	0.9				0.9
江 苏	40.6	68.4	59.2	62.2	69.4
浙 江	44.3	16.1	17.1	20.8	24.0
安 徽	17.9	21.0	17.7	21.2	32.6
福 建	10.7	26.0	8.0	12.0	14.2
江 西	9.6	10.3	9.3	4.6	7.2
山 东	34.1	42.5	35.2	33.5	37.4
河 南	1.5	24.1	16.1	15.4	19.3
湖 北	16.1	11.3	5.7	9.6	7.1
湖 南	29.1	20.3	20.3	20.3	20.2
广 东	48.4	28.2	29.5	21.3	30.6
广 西	18.6	37.4	29.7	19.5	26.9
海 南	6.9	3.5	1.9	1.7	1.5
重 庆	6.5	1.4	2.0	7.4	0.9
四 川	10.5	8.3	7.4	7.4	8.9
贵 州	18.8	5.9	4.4	14.1	15.1
云 南	6.0	6.9	7.7	7.8	9.3
西 藏	0.8	0.1	0.1	0.2	0.8
陕 西	48.7	37.7	33.9	24.2	24.1
甘 肃	3.4	5.1	6.7	6.2	6.9
青 海	1.7	0.9	0.8	1.0	7.9
宁 夏	0.9	0.4	0.6	2.5	0.7
新 疆	10.1	3.9	4.1	5.5	4.5

3-1-9 续表

地 区	占本期全部登记求职人数比重(%)				
	2010年	2014年	2015年	2016年	2017年
全 国	**13.5**	**11.1**	**10.5**	**10.7**	**11.3**
东 部	14.4	10.0	9.9	10.3	9.5
中 部	12.6	11.6	10.6	10.5	12.7
西 部	11.9	13.7	11.8	11.9	15.7
北 京	7.0	17.2	0.1	18.3	21.6
天 津	23.5	6.6	6.6	6.4	6.6
河 北	22.2	14.8	29.1	28.9	20.9
山 西	23.3	19.2	17.8	19.2	20.0
内蒙古	8.4	13.2	8.8	7.8	11.9
辽 宁	42.1	12.6	12.0	13.1	4.1
吉 林	17.3	7.5	6.5	6.2	4.5
黑龙江	15.3	8.4	8.3	8.0	8.5
上 海	0.5				2.0
江 苏	8.1	10.5	10.1	11.5	11.4
浙 江	14.8	6.0	6.0	8.5	8.6
安 徽	10.8	10.3	10.4	12.4	18.2
福 建	3.5	6.2	4.2	3.4	3.5
江 西	8.3	9.0	9.0	5.9	7.0
山 东	14.4	16.7	16.9	16.8	18.7
河 南	1.3	19.4	13.4	9.7	13.2
湖 北	8.5	7.7	4.1	6.8	5.6
湖 南	15.4	12.3	12.3	12.3	16.6
广 东	6.6	8.7	7.4	6.8	8.8
广 西	11.0	22.7	15.3	14.2	20.2
海 南	17.8	34.4	13.2	8.0	10.4
重 庆	8.2	1.7	2.4	10.3	1.6
四 川	7.6	7.4	7.1	6.0	7.4
贵 州	35.4	10.6	4.4	13.8	19.9
云 南	9.8	12.3	13.8	12.7	17.4
西 藏	18.9	2.4	3.2	6.8	16.8
陕 西	17.3	28.4	25.3	19.8	27.3
甘 肃	8.1	14.5	17.0	15.3	19.3
青 海	3.0	1.5	2.1	2.5	18.7
宁 夏	0.9	1.7	4.1	9.4	11.4
新 疆	19.9	7.3	8.6	10.0	8.5

3-1-10 各地区农村劳动者登记求职人数

地 区	求职人数(万人)				
	2010年	2014年	2015年	2016年	2017年
全 国	**2311.5**	**1797.7**	**1436.5**	**1470.6**	**1429.9**
东 部	1300.5	1124.7	844.9	886.0	896.9
中 部	462.6	324.4	299.8	312.2	312.1
西 部	541.3	348.7	291.8	266.4	220.8
北 京	9.0	3.8	2.8	1.6	0.1
天 津	60.2	14.1	14.3	14.3	14.1
河 北	70.8	42.8	39.4	33.9	37.7
山 西	67.6	28.7	33.6	27.4	35.4
内蒙古	38.4	14.0	9.0	9.3	7.0
辽 宁	38.7	44.6	35.8	39.7	35.8
吉 林	31.2	23.6	21.6	18.8	18.2
黑龙江	23.3	23.0	21.8	23.7	20.3
上 海					3.5
江 苏	189.3	263.6	222.6	210.8	178.1
浙 江	165.7	140.3	121.5	122.7	77.7
安 徽	64.0	60.2	49.0	50.8	55.4
福 建	245.3	333.0	146.1	283.2	331.8
江 西	54.4	46.2	42.4	35.5	57.8
山 东	80.6	94.1	70.2	70.7	64.0
河 南	74.9	43.9	35.8	53.3	41.9
湖 北	73.7	56.5	53.3	60.4	51.0
湖 南	73.4	42.4	42.4	42.4	32.2
广 东	435.8	184.0	189.8	104.8	148.7
广 西	86.9	51.4	41.3	26.5	15.1
海 南	5.1	4.4	2.4	4.2	5.5
重 庆	42.7	32.8	20.9	14.9	9.8
四 川	55.6	44.8	45.1	45.1	45.0
贵 州	12.0	18.7	19.8	19.2	28.3
云 南	30.7	25.7	25.5	24.0	22.7
西 藏	1.8	1.9	2.7	1.9	1.8
陕 西	175.6	47.6	55.2	49.9	30.7
甘 肃	16.2	7.2	8.7	7.8	10.5
青 海	15.0	52.7	32.3	32.6	26.4
宁 夏	47.1	23.0	10.8	21.9	2.8
新 疆	19.2	28.7	20.5	19.3	20.7

3-1-10 续表

地区	占本期全部登记求职人数比重(%)				
	2010年	2014年	2015年	2016年	2017年
全国	**42.9**	**39.5**	**35.5**	**36.4**	**35.7**
东部	42.2	42.5	39.0	40.1	38.3
中部	39.5	30.5	29.3	31.1	32.8
西部	48.3	41.3	34.2	32.1	31.3
北京	26.9	8.5	36.5	5.2	0.5
天津	39.3	14.2	14.2	14.1	14.2
河北	43.8	19.9	34.3	32.2	32.3
山西	46.1	27.3	24.3	25.6	31.8
内蒙古	42.4	23.2	22.6	20.0	16.4
辽宁	8.8	16.1	17.6	15.3	17.6
吉林	31.8	32.1	34.1	32.6	32.5
黑龙江	16.0	17.5	17.3	19.1	18.7
上海					8.0
江苏	37.6	40.3	37.9	39.1	29.2
浙江	55.4	52.4	42.5	50.4	28.0
安徽	38.4	29.7	29.0	29.6	31.0
福建	79.8	78.7	77.5	81.1	81.3
江西	46.8	40.3	41.2	45.5	56.2
山东	34.1	36.9	33.8	35.5	32.1
河南	63.6	35.4	29.7	33.4	28.6
湖北	38.7	38.2	38.8	42.5	40.2
湖南	38.9	25.7	25.7	25.7	26.5
广东	59.6	56.5	47.8	33.6	42.9
广西	51.6	31.2	21.3	19.3	11.4
海南	13.2	43.1	16.7	19.5	38.5
重庆	53.5	38.3	25.2	20.8	18.8
四川	40.3	40.2	43.3	36.6	37.7
贵州	22.7	33.4	20.1	18.7	37.3
云南	49.7	45.9	45.7	39.3	42.8
西藏	43.9	52.2	56.8	53.7	40.7
陕西	62.6	35.9	41.1	40.9	34.7
甘肃	38.9	20.3	22.1	19.3	29.2
青海	27.3	88.1	86.6	82.1	61.9
宁夏	49.3	90.2	75.1	82.0	47.8
新疆	37.5	54.0	42.2	35.4	39.2

3-1-11　各地区登记求职职业介绍人数

单位：万人

地　区	2010年	2014年	2015年	2016年	2017年
全　国	**2552.0**	**1913.3**	**1675.7**	**1675.0**	**1872.8**
东　部	1300.5	1031.6	821.8	822.4	912.3
中　部	621.8	497.6	501.2	502.3	599.8
西　部	617.7	384.2	352.7	350.3	360.6
北　京	20.2	8.4	2.9	4.9	4.3
天　津	116.8	47.1	48.4	49.8	47.1
河　北	80.5	65.6	55.2	46.3	57.4
山　西	68.0	49.8	59.6	48.2	44.2
内蒙古	54.2	31.3	23.9	22.7	20.8
辽　宁	160.5	124.9	84.4	116.0	58.6
吉　林	51.1	37.0	32.1	27.8	36.8
黑龙江	71.2	64.6	64.4	62.0	63.5
上　海	26.7	35.2	26.1	22.3	14.0
江　苏	208.1	223.7	193.8	176.8	218.5
浙　江	155.0	114.7	103.2	97.7	90.0
安　徽	84.0	75.9	74.3	78.0	103.5
福　建	163.4	136.3	69.2	109.3	154.9
江　西	64.8	58.8	63.4	42.4	77.8
山　东	122.8	127.7	100.4	94.1	114.6
河　南	113.3	64.0	55.5	79.0	110.7
湖　北	95.3	71.0	75.3	88.1	86.8
湖　南	74.1	76.6	76.6	76.6	76.6
广　东	238.3	144.6	134.7	101.8	148.3
广　西	80.9	47.3	44.8	43.6	31.5
海　南	8.1	3.4	3.4	3.4	4.7
重　庆	36.0	23.5	23.1	21.8	24.1
四　川	75.5	54.0	50.0	50.0	75.9
贵　州	20.7	19.6	18.7	24.7	36.7
云　南	41.4	34.2	34.9	33.0	36.9
西　藏	2.2	2.8	2.8	2.1	4.4
陕　西	114.8	37.7	42.0	44.1	39.4
甘　肃	22.4	15.4	16.0	16.4	19.0
青　海	49.7	55.0	34.2	34.8	27.8
宁　夏	86.1	24.5	22.4	15.0	4.7
新　疆	33.7	38.8	40.1	42.1	39.5

注：2016年及以前年份为登记求职介绍成功人数。

3-1-12　各地区建档立卡贫困人员登记求职职业介绍人数

地　区	职业介绍人数(万人)				
	2010年	2014年	2015年	2016年	2017年
全　国	**659.2**	**574.8**	**487.6**	**491.5**	**117.6**
东　部	305.4	299.1	211.7	226.6	16.2
中　部	205.9	173.6	175.2	158.6	61.6
西　部	146.0	102.2	100.7	102.3	39.8
北　京	12.3	2.5	1.6	1.2	
天　津	35.8	20.7	20.7	21.9	0.6
河　北	15.9	12.5	12.6	11.0	4.7
山　西	24.8	12.0	17.0	11.0	2.3
内蒙古	23.5	15.1	11.8	10.4	0.8
辽　宁	57.6	60.9	40.0	56.9	0.5
吉　林	20.2	16.4	13.7	13.4	0.7
黑龙江	43.1	40.8	38.3	34.6	2.3
上　海					
江　苏	73.5	66.3	58.1	49.1	5.8
浙　江	22.2	19.1	20.1	18.0	0.0
安　徽	25.3	25.2	25.4	24.7	6.6
福　建	18.3	22.5	9.7	16.4	1.5
江　西	19.3	17.3	18.0	10.9	8.9
山　东	39.8	44.5	29.8	32.8	0.9
河　南	14.1	14.1	13.1	30.9	8.5
湖　北	32.9	20.7	22.4	6.0	5.2
湖　南	26.3	27.2	27.2	27.2	27.2
广　东	28.1	49.6	18.9	18.7	1.2
广　西	13.7	10.6	6.9	7.3	2.8
海　南	1.9	0.5	0.3	0.5	0.9
重　庆	13.1	10.5	9.7	10.8	0.8
四　川	31.2	20.7	24.8	24.8	6.8
贵　州	5.2	4.1	4.1	3.8	11.7
云　南	11.9	10.3	10.9	12.7	6.6
西　藏	0.9	1.3	1.0	0.7	0.4
陕　西	13.3	8.2	8.9	7.7	4.1
甘　肃	7.5	6.1	6.1	6.7	1.4
青　海	4.8	3.2	2.2	2.5	0.5
宁　夏	4.2	1.2	1.1	0.7	0.4
新　疆	16.6	10.8	13.4	18.2	3.6

注：2016年及以前年份为城镇登记求职人员职业介绍成功人数。

3-1-12 续表

地 区	占本期全部职业介绍人数比重(%)				
	2010年	2014年	2015年	2016年	2017年
全 国	**25.8**	**30.0**	**29.1**	**29.3**	**6.3**
东 部	23.5	29.0	25.8	27.5	1.8
中 部	33.1	34.9	34.9	31.6	10.3
西 部	23.6	26.6	28.5	29.2	11.0
北 京	61.2	30.0	54.5	25.3	
天 津	30.6	43.8	42.7	44.1	1.2
河 北	19.7	19.1	22.8	23.7	8.2
山 西	36.4	24.0	28.5	22.8	5.1
内蒙古	43.4	48.4	49.2	45.7	4.0
辽 宁	35.9	48.7	47.4	49.1	0.8
吉 林	39.5	44.3	42.8	48.0	1.9
黑龙江	60.5	63.2	59.4	55.7	3.6
上 海					
江 苏	35.3	29.7	30.0	27.8	2.6
浙 江	14.3	16.6	19.5	18.5	0.1
安 徽	30.1	33.1	34.2	31.7	6.4
福 建	11.2	16.5	14.0	15.0	1.0
江 西	29.7	29.4	28.4	25.7	11.4
山 东	32.4	34.8	29.7	34.8	0.8
河 南	12.5	22.1	23.5	39.1	7.7
湖 北	34.5	29.1	29.7	6.8	5.9
湖 南	35.5	35.5	35.5	35.5	35.5
广 东	11.8	34.3	14.0	18.4	0.8
广 西	17.0	22.4	15.3	16.8	8.7
海 南	23.8	15.3	9.2	15.8	19.8
重 庆	36.4	44.8	41.9	49.6	3.2
四 川	41.3	38.4	49.5	49.5	8.9
贵 州	25.1	21.0	21.8	15.3	31.8
云 南	28.7	30.2	31.3	38.4	17.8
西 藏	43.3	45.1	35.1	31.5	8.9
陕 西	11.5	21.6	21.1	17.6	10.5
甘 肃	33.2	39.3	38.0	41.0	7.3
青 海	9.8	5.8	6.3	7.3	1.9
宁 夏	4.9	5.1	4.9	4.9	7.8
新 疆	49.3	27.9	33.5	43.1	9.2

3-1-13 各地区高校毕业生登记求职职业介绍人数

地 区	职业介绍人数(万人)				
	2010年	2014年	2015年	2016年	2017年
全 国	**272.1**	**189.6**	**178.5**	**190.0**	**213.1**
东 部	164.6	114.9	115.9	102.5	112.9
中 部	53.3	44.3	45.3	47.8	58.5
西 部	53.6	30.4	31.4	39.1	41.6
北 京	0.1	1.0	0.0	0.9	0.6
天 津	19.5	6.4	6.5	6.8	6.4
河 北	17.4	13.4	14.5	11.1	10.5
山 西	6.3	8.4	10.3	6.8	6.0
内蒙古	4.9	3.8	4.2	2.8	2.2
辽 宁	51.0	16.5	12.3	14.8	3.4
吉 林	6.7	1.9	1.4	1.2	1.4
黑龙江	5.7	4.5	5.9	6.3	4.7
上 海					0.3
江 苏	16.9	32.8	26.2	28.6	36.9
浙 江	19.7	7.8	7.5	8.2	8.8
安 徽	8.3	9.1	7.6	8.9	13.6
福 建	3.8	9.8	2.8	6.5	5.5
江 西	5.6	1.7	3.7	3.6	9.5
山 东	17.1	19.7	15.3	15.5	20.4
河 南	3.1	7.1	5.8	6.3	11.4
湖 北	8.1	5.2	5.5	8.3	5.6
湖 南	9.4	6.4	6.4	6.4	6.4
广 东	17.5	6.8	12.8	9.1	19.5
广 西	7.6	4.6	5.0	5.4	5.2
海 南	1.6	0.6	0.7	0.9	0.6
重 庆	3.6	0.8	0.8	1.0	0.4
四 川	5.6	4.5	4.9	4.9	5.1
贵 州	6.9	2.6	2.1	4.4	5.3
云 南	3.5	3.9	4.6	6.7	5.9
西 藏	0.2	0.0	0.1	0.1	0.7
陕 西	12.4	5.4	6.4	7.4	8.3
甘 肃	1.5	1.7	1.9	2.9	3.6
青 海	1.2	0.4	0.4	0.4	1.3
宁 夏	0.6	0.3	0.5	0.2	0.5
新 疆	5.6	2.3	2.7	3.4	3.0

3-1-13 续表

地区	占本期全部职业介绍人数比重(%)				
	2010年	2014年	2015年	2016年	2017年
全国	**10.7**	**9.9**	**10.7**	**11.3**	**11.4**
东部	12.7	11.1	14.1	12.5	12.4
中部	8.6	8.9	9.0	9.5	9.7
西部	8.7	7.9	8.9	11.2	11.5
北京	0.6	11.6	0.1	19.1	14.9
天津	16.7	13.6	13.5	13.7	13.6
河北	21.6	20.5	26.3	24.1	18.2
山西	9.3	16.9	17.4	14.0	13.5
内蒙古	9.0	12.3	17.7	12.4	10.5
辽宁	31.8	13.3	14.5	12.8	5.8
吉林	13.2	5.2	4.3	4.3	3.7
黑龙江	8.0	7.0	9.2	10.1	7.3
上海					1.8
江苏	8.1	14.7	13.5	16.2	16.9
浙江	12.7	6.8	7.3	8.4	9.8
安徽	9.9	12.0	10.2	11.5	13.2
福建	2.3	7.2	4.0	5.9	3.6
江西	8.6	2.8	5.8	8.4	12.2
山东	13.9	15.5	15.2	16.5	17.8
河南	2.7	11.1	10.4	8.0	10.3
湖北	8.5	7.3	7.3	9.4	6.4
湖南	12.7	8.3	8.3	8.3	8.3
广东	7.4	4.7	9.5	8.9	13.1
广西	9.4	9.7	11.2	12.5	16.6
海南	19.9	18.6	19.3	25.8	13.6
重庆	10.0	3.5	3.5	4.6	1.7
四川	7.4	8.3	9.7	9.7	6.8
贵州	33.4	13.2	11.1	17.8	14.5
云南	8.5	11.4	13.1	20.3	16.1
西藏	10.2	0.9	4.0	5.1	16.8
陕西	10.8	14.4	15.3	16.8	21.0
甘肃	6.6	10.8	11.6	17.7	19.1
青海	2.4	0.7	1.2	1.1	4.6
宁夏	0.7	1.4	2.0	1.5	9.9
新疆	16.5	5.9	6.7	8.2	7.7

3-1-14 各地区农村劳动者登记求职职业介绍人数

地 区	职业介绍人数(万人)				
	2010年	2014年	2015年	2016年	2017年
全 国	**1246.6**	**812.5**	**693.4**	**678.9**	**721.9**
东 部	622.8	429.7	353.7	352.1	356.5
中 部	278.9	173.0	163.8	164.7	211.3
西 部	336.2	209.7	175.9	157.1	154.1
北 京	5.1	1.3	1.1	0.7	0.1
天 津	52.0	13.5	13.2	13.4	13.5
河 北	38.2	25.0	19.2	21.2	21.9
山 西	36.6	17.8	18.0	14.4	21.1
内蒙古	23.5	10.2	5.6	5.9	4.2
辽 宁	23.0	25.4	16.9	23.4	12.0
吉 林	16.1	11.1	10.3	8.3	11.1
黑龙江	12.1	12.5	11.9	11.7	12.6
上 海					1.1
江 苏	95.8	91.7	83.7	75.3	73.7
浙 江	85.7	59.9	50.3	48.1	24.4
安 徽	36.0	29.5	26.6	29.6	41.6
福 建	134.5	106.6	53.3	88.3	120.9
江 西	33.4	28.1	25.9	20.2	38.8
山 东	49.2	42.5	38.4	34.3	45.4
河 南	73.0	25.2	21.2	25.6	31.8
湖 北	41.5	30.2	31.1	36.3	35.7
湖 南	30.3	18.7	18.7	18.7	18.7
广 东	137.1	62.8	76.5	45.6	41.2
广 西	45.2	23.9	17.2	16.7	14.9
海 南	2.0	1.1	1.1	1.7	2.4
重 庆	19.0	8.6	10.2	6.7	4.5
四 川	32.5	20.3	19.2	19.2	29.7
贵 州	4.3	7.0	8.3	13.5	15.5
云 南	23.7	18.1	17.9	13.8	15.8
西 藏	1.0	1.4	1.6	1.1	1.4
陕 西	83.2	19.7	22.5	22.4	18.9
甘 肃	10.7	5.6	5.3	5.1	7.6
青 海	44.1	50.6	31.5	31.3	23.3
宁 夏	35.9	22.8	20.0	12.7	2.1
新 疆	13.0	21.5	16.6	13.5	16.3

3-1-14 续表

地区	占本期全部职业介绍人数比重(%)				
	2010年	2014年	2015年	2016年	2017年
全国	**48.8**	**42.5**	**41.4**	**40.5**	**38.5**
东部	47.9	41.7	43.0	42.8	39.1
中部	44.9	34.8	32.7	32.8	35.2
西部	54.4	54.6	49.9	44.8	42.7
北京	25.4	15.3	39.4	14.5	2.1
天津	44.5	28.7	27.4	27.0	28.7
河北	47.5	38.1	34.8	45.9	38.1
山西	53.8	35.7	30.2	29.8	47.8
内蒙古	43.4	32.7	23.5	26.2	20.3
辽宁	14.3	20.3	20.0	20.1	20.4
吉林	31.5	30.1	32.2	29.8	30.1
黑龙江	16.9	19.3	18.6	18.8	19.8
上海					7.6
江苏	46.0	41.0	43.2	42.6	33.7
浙江	55.3	52.2	48.8	49.2	27.2
安徽	42.9	38.8	35.8	38.0	40.2
福建	82.3	78.2	77.0	80.8	78.0
江西	51.5	47.7	40.9	47.7	49.8
山东	40.1	33.3	38.3	36.5	39.6
河南	64.5	39.4	38.2	32.4	28.7
湖北	43.6	42.6	41.3	41.1	41.1
湖南	40.8	24.4	24.4	24.4	24.4
广东	57.5	43.4	56.8	44.8	27.8
广西	55.9	50.5	38.4	38.4	47.3
海南	24.9	31.8	31.9	50.2	50.8
重庆	52.8	36.7	44.3	30.9	18.7
四川	43.1	37.6	38.4	38.4	39.1
贵州	20.6	35.6	44.5	54.6	42.2
云南	57.2	52.8	51.2	42.0	42.8
西藏	46.5	50.4	56.4	51.5	31.4
陕西	72.5	52.2	53.5	50.9	48.0
甘肃	47.7	36.5	32.9	31.0	39.7
青海	88.7	92.0	92.2	89.8	83.8
宁夏	41.7	93.4	89.4	84.7	45.6
新疆	38.7	55.5	41.4	32.1	41.2

3-1-15 各地区接受职业指导人数

单位：万人

地区	2010年	2014年	2015年	2016年	2017年
全国	**2486.5**	**1810.6**	**1662.2**	**1684.6**	**1639.4**
东部	1124.8	883.2	814.2	778.0	731.6
中部	651.2	531.3	477.2	551.8	554.9
西部	704.2	396.1	370.9	354.8	352.9
北京	77.8	38.6	30.3	27.0	25.3
天津	114.5	59.7	61.9	71.7	60.2
河北	63.7	64.6	56.4	50.0	59.7
山西	53.8	21.6	25.7	31.5	39.3
内蒙古	53.2	27.8	16.5	19.8	22.0
辽宁	69.2	77.5	39.5	75.1	7.3
吉林	58.5	38.0	36.2	26.7	31.1
黑龙江	71.2	58.8	55.2	46.2	56.9
上海	7.8	4.7	10.0	4.7	5.5
江苏	202.1	260.3	245.4	215.1	236.6
浙江	133.4	135.1	139.6	130.5	137.0
安徽	77.9	81.5	73.5	74.4	87.7
福建	72.4	55.2	27.8	33.5	35.1
江西	60.9	50.3	48.1	37.0	61.6
山东	119.6	93.0	97.8	85.8	84.4
河南	38.1	60.7	61.0	106.4	91.1
湖北	123.9	88.2	82.7	97.2	92.5
湖南	166.8	132.2	94.7	132.2	94.7
广东	254.0	90.2	102.5	81.0	75.8
广西	81.2	33.4	24.8	23.6	22.5
海南	10.2	4.3	3.0	3.5	4.5
重庆	72.2	59.5	62.8	44.5	38.4
四川	124.6	79.5	72.0	84.1	98.7
贵州	16.0	17.7	19.4	26.7	31.0
云南	45.5	30.6	29.0	29.8	35.5
西藏	4.7	5.2	5.1	3.6	3.2
陕西	106.8	41.7	41.5	41.5	35.9
甘肃	32.2	16.0	22.7	16.9	20.5
青海	46.0	49.9	34.5	13.7	5.0
宁夏	87.1	11.0	10.9	11.5	4.5
新疆	34.6	23.9	31.7	39.1	35.5

3-1-16 各地区接受创业服务人数

单位：万人

地 区	2010年	2014年	2015年	2016年	2017年
全 国	**211.2**	**414.2**	**364.9**	**409.8**	**387.7**
东 部	85.7	234.3	172.3	177.0	159.6
中 部	68.8	123.1	130.0	145.1	150.8
西 部	56.6	56.8	62.6	87.8	77.3
北 京	1.1	1.5	6.0	4.2	4.7
天 津	1.7	4.4	6.2	7.5	4.4
河 北	12.1	6.0	5.2	14.1	9.4
山 西	3.0	4.6	5.3	9.9	8.5
内蒙古	3.5	5.4	5.5	4.6	4.0
辽 宁	6.6	7.3	5.6	6.0	8.6
吉 林	10.3	5.0	4.1	3.6	5.7
黑龙江	3.5	5.5	5.3	8.0	4.7
上 海		9.0	9.8	11.4	11.2
江 苏	22.8	115.4	45.7	50.3	65.5
浙 江	6.5	10.6	18.3	30.1	20.9
安 徽	9.9	10.9	9.6	8.9	15.6
福 建	3.0	1.5	1.0	0.9	1.1
江 西	5.3	8.3	9.2	10.4	13.4
山 东	25.0	30.1	29.1	31.2	21.8
河 南	13.5	10.8	11.8	18.6	21.6
湖 北	9.5	11.3	14.3	19.0	20.8
湖 南	13.6	66.7	70.5	66.7	60.5
广 东	6.1	47.5	43.4	19.0	10.7
广 西	5.1	3.1	2.9	6.1	2.3
海 南	0.7	1.1	2.1	2.3	1.4
重 庆	9.6	3.6	4.9	7.7	7.1
四 川	12.6	11.7	13.6	26.7	22.2
贵 州	5.5	6.7	7.3	7.5	5.9
云 南	3.9	6.7	7.0	7.9	11.6
西 藏		0.2	0.2	0.1	0.4
陕 西	9.4	9.1	11.9	12.3	8.5
甘 肃	2.2	4.8	4.6	3.9	7.0
青 海	1.1	1.7	1.0	1.8	1.2
宁 夏	1.3	1.1	1.0	1.4	1.3
新 疆	2.4	2.7	2.7	7.7	5.8

3-1-17 各地区本年消除的零就业家庭户数

单位：户

地 区	2011年	2014年	2015年	2016年	2017年
全 国	**57491**	**58166**	**56778**	**49921**	**51375**
东 部	17418	31652	27838	25757	32166
中 部	23201	14849	14404	11462	8447
西 部	16872	11665	14536	12702	10762
北 京	579	621	513	710	479
天 津	3287	14093	12012	13943	16775
河 北	795	379	327	408	328
山 西	4795	2829	2913	2193	2100
内蒙古	1017	990	666	415	417
辽 宁	970	1067	1386	1671	4947
吉 林	1174	1207	1749	2045	1140
黑龙江	3485	1713	1500	1028	654
上 海	380	231	163	108	289
江 苏	1142	840	917	814	896
浙 江	483	188	129	186	189
安 徽	631	107	183	44	37
福 建	2490	1317	1271	1248	908
江 西	469	659	636	450	461
山 东	5547	12107	10692	6461	7017
河 南	4571	3739	2672	2261	2397
湖 北	3222	1257	1444	1399	687
湖 南	4854	3338	3307	2042	971
广 东	1345	489	353	201	266
广 西	3439	1510	1079	1157	924
海 南	400	320	75	7	72
重 庆	357	157	91	55	92
四 川	1262	582	569	504	408
贵 州	704	171	145	192	199
云 南	2999	2505	4340	2487	1800
西 藏	116	146	267	705	40
陕 西	1496	997	1246	1165	1298
甘 肃	2326	2380	4336	4556	3483
青 海	567	265	295	249	98
宁 夏	581	866	758	717	826
新 疆	2008	1096	744	500	1177

3-1-18 各地区社区行政村配备劳动就业和社会保障工作人员覆盖率

单位：%

地区	2010年	2014年	2015年	2016年	2017年
全国	**56.2**	**72.1**	**72.1**	**73.1**	**76.6**
北京	97.2	92.4	84.2	82.7	79.9
天津	100.0	98.5	98.4	96.6	99.6
河北	54.3	51.7	62.4	61.7	61.6
山西	20.5	27.3	30.9	30.7	31.0
内蒙古	98.9	100.0	100.0	100.0	100.0
辽宁	98.7	92.8	94.5	93.8	94.4
吉林	88.1	90.9	89.8	90.7	92.8
黑龙江	100.0	100.0	100.0	100.0	100.0
上海	100.0	93.4	88.8	68.7	69.8
江苏	83.4	98.1	98.1	97.5	97.5
浙江	57.4	94.0	94.1	95.0	95.7
安徽	94.7	99.1	99.1	97.7	96.0
福建	91.7	99.3	99.9	99.4	99.7
江西	91.0	92.2	93.7	93.3	91.5
山东	72.4	81.4	77.4	76.5	75.4
河南	14.7	36.3	39.6	39.4	65.6
湖北	68.0	78.5	79.0	77.2	74.1
湖南	50.9	84.4	77.7	95.3	92.4
广东	66.5	87.6	85.5	85.5	90.8
广西	31.7	39.8	31.5	32.0	55.6
海南	17.8	38.6	32.4	32.1	40.5
重庆	50.9	99.6	100.0	100.0	99.9
四川	23.9	80.6	81.2	81.5	86.3
贵州	53.6	90.9	86.5	92.7	97.5
云南	11.7	39.8	40.2	40.1	55.2
西藏	0.1	2.4	55.9	55.9	53.6
陕西	51.7	62.4	46.9	60.4	64.0
甘肃	35.8	22.0	23.1	22.9	24.4
青海	8.1	11.3	9.7	9.6	10.8
宁夏	89.5	80.0	73.5	76.6	74.8
新疆	55.6	45.4	60.3	65.3	67.7

3-2-1　各地区参加职业技能培训人数

单位：万人

地　区	2010年	2014年	2015年	2016年	2017年
全　国	**1821.0**	**1934.8**	**1907.6**	**1775.0**	**1689.5**
东　部	693.3	804.2	775.2	671.2	671.0
中　部	601.7	669.8	696.5	672.5	646.8
西　部	526.0	460.8	435.9	326.4	371.8
北　京	7.5	46.3	68.2	65.9	66.6
天　津	25.4	37.6	53.5	62.3	57.4
河　北	105.7	42.7	40.7	40.3	38.1
山　西	63.3	65.7	88.5	94.4	90.4
内蒙古	40.9	33.5	32.0	29.9	29.4
辽　宁	54.2	35.6	27.0	31.1	17.3
吉　林	69.3	38.3	28.7	29.4	30.3
黑龙江	54.5	65.1	63.2	36.6	35.0
上　海	26.0	39.4	39.7	48.7	97.5
江　苏	145.7	156.1	117.4	118.7	122.4
浙　江	81.2	92.7	85.9	85.1	85.8
安　徽	62.5	75.6	74.7	65.1	87.7
福　建	43.2	37.9	31.1	29.5	33.7
江　西	68.5	50.3	52.7	57.9	56.9
山　东	119.3	124.2	128.2	84.0	65.7
河　南	141.6	211.9	218.7	206.6	195.4
湖　北	51.4	102.1	95.4	103.6	79.4
湖　南	90.6	60.8	74.5	78.8	71.7
广　东	76.1	183.9	179.1	100.3	80.2
广　西	59.5	33.5	34.4	25.1	11.5
海　南	9.2	7.8	4.4	5.4	6.2
重　庆	42.0	18.4	19.0	20.8	19.0
四　川	102.3	83.0	64.8	64.3	53.3
贵　州	15.3	27.4	28.9	29.0	32.2
云　南	34.0	29.4	31.3	46.5	52.5
西　藏	2.7	11.6	6.1	6.0	5.5
陕　西	118.0	40.1	33.0	32.5	34.6
甘　肃	21.1	43.5	44.4	46.8	46.1
青　海	13.2	9.3	8.9	9.0	9.4
宁　夏	15.9	5.5	4.9	5.9	6.1
新　疆	61.1	125.6	128.4	115.6	72.0

3-2-2 各地区参加创业培训人数

单位：万人

地 区	2010年	2014年	2015年	2016年	2017年
全 国	**119.2**	**217.4**	**210.6**	**230.2**	**219.2**
东 部	45.8	84.8	84.5	81.0	80.1
中 部	40.6	71.1	67.3	83.4	78.7
西 部	32.8	61.5	58.7	60.6	60.4
北 京	0.5	0.2	0.4	0.5	0.5
天 津	2.1	5.5	6.1	5.9	5.1
河 北	5.6	7.8	7.7	7.9	7.8
山 西	3.5	4.5	4.6	6.3	7.3
内蒙古	5.4	5.5	5.5	5.4	5.3
辽 宁	2.1	2.9	2.5	2.3	1.0
吉 林	5.1	3.7	3.2	2.9	5.1
黑龙江	4.5	8.4	6.5	4.1	2.6
上 海	0.3	0.8	2.0	4.6	2.5
江 苏	10.0	31.1	25.2	25.4	31.8
浙 江	4.7	5.3	7.7	7.5	8.3
安 徽	5.0	9.8	9.6	8.5	7.1
福 建	2.7	2.7	1.9	1.5	1.1
江 西	6.6	9.3	10.4	14.4	14.5
山 东	14.0	21.0	23.4	18.2	16.4
河 南	6.0	13.8	10.1	22.1	22.5
湖 北	3.8	11.4	12.5	13.8	10.2
湖 南	6.0	10.1	10.4	11.3	9.5
广 东	3.3	6.8	6.2	5.7	4.0
广 西	2.8	4.1	4.7	6.2	2.6
海 南	0.7	0.6	1.4	1.6	1.8
重 庆	1.7	4.6	6.4	10.0	8.0
四 川	6.8	12.8	11.4	11.4	10.7
贵 州	0.8	5.7	5.4	5.2	6.0
云 南	2.1	5.4	2.6	5.2	5.4
西 藏		0.4	0.2	0.3	0.3
陕 西	5.2	9.8	8.1	8.0	8.2
甘 肃	2.1	5.0	5.3	4.4	4.7
青 海	0.5	1.2	1.0	0.9	1.0
宁 夏	1.9	1.1	1.3	1.4	1.2
新 疆	3.6	5.9	6.8	7.4	7.0

3-2-3 各地区参加职业技能鉴定考核人数

单位：万人

地 区	2010年	2014年	2015年	2016年	2017年
全 国	**1657.5**	**1854.0**	**1894.1**	**1755.5**	**1472.9**
东 部	673.5	734.7	693.1	764.9	577.2
中 部	314.4	360.9	339.2	325.6	268.5
西 部	361.6	408.3	420.7	380.9	348.0
北 京	25.1	18.0	11.3	19.2	13.1
天 津	38.1	23.3	26.7	18.9	5.9
河 北	36.6	45.1	43.1	45.5	36.0
山 西	30.3	37.7	36.5	40.1	32.4
内蒙古	14.4	23.8	22.8	22.6	19.2
辽 宁	40.3	22.9	30.1	25.4	23.2
吉 林	21.7	14.2	14.0	10.4	10.8
黑龙江	25.5	32.7	21.5	21.4	14.5
上 海	44.0	47.4	45.7	42.7	38.0
江 苏	122.8	149.7	123.4	169.2	126.5
浙 江	74.7	97.8	94.8	84.9	86.6
安 徽	56.1	65.6	68.4	62.4	37.4
福 建	44.5	50.9	51.2	55.0	29.0
江 西	35.6	31.0	23.5	30.1	31.2
山 东	83.9	123.8	112.1	169.4	111.4
河 南	50.5	62.3	59.2	53.7	49.1
湖 北	44.4	60.1	63.6	56.0	45.4
湖 南	50.4	57.2	52.5	51.5	47.7
广 东	159.8	149.2	149.9	131.3	104.5
广 西	36.3	43.7	44.4	39.8	29.7
海 南	3.9	6.7	4.7	3.5	3.0
重 庆	39.6	44.3	38.1	40.1	35.7
四 川	89.2	87.2	84.8	76.7	74.6
贵 州	8.9	18.9	18.0	20.6	21.2
云 南	45.8	54.1	62.1	56.8	62.4
西 藏	1.0	0.7	1.2	2.4	1.1
陕 西	43.5	50.7	43.2	43.7	32.7
甘 肃	20.8	35.6	50.8	53.3	24.2
青 海	4.9	5.8	6.0	5.9	5.1
宁 夏	6.7	6.0	6.3	10.2	11.1
新 疆	50.5	37.6	42.9	40.2	31.0

3-3-1 各地区劳动保障监察投诉案件结案数

地 区	结案数(件)				
	2010年	2014年	2015年	2016年	2017年
全 国	**279768**	**369053**	**360594**	**305731**	**189990**
北 京	10936	13346	14246	13993	13754
天 津	2671	4270	3252	2919	3105
河 北	7517	15821	14112	10074	8223
山 西	5834	8318	6329	2735	1662
内蒙古	3275	10250	4269	3955	1673
辽 宁	7124	11262	11248	8538	5486
吉 林	3085	3414	2230	2016	1217
黑龙江	2960	5147	4118	2957	1052
上 海	1971	9779	11537	10120	8660
江 苏	17321	20349	19139	19656	17149
浙 江	26871	26100	31383	26701	16874
安 徽	5884	12292	9611	7867	2322
福 建	11943	15270	18303	14932	1294
江 西	19084	12699	10426	5314	1977
山 东	19655	18112	22493	23032	21320
河 南	9210	15386	14306	12001	9521
湖 北	10230	12443	13199	11803	7703
湖 南	9850	27790	22682	14482	4957
广 东	41552	35748	31752	28150	22257
广 西	4466	8346	7717	5349	5347
海 南	1639	2862	3187	2442	1376
重 庆	12016	6995	8273	6074	1474
四 川	16704	18771	19479	22803	10461
贵 州	4780	19003	19941	15472	2212
云 南	6705	9706	7689	6406	1794
西 藏	1039	1224	1124	1273	1086
陕 西	4503	5380	5532	4346	3440
甘 肃	3085	9933	9031	7495	7178
青 海	1019	886	1832	2282	1479
宁 夏	1094	3106	3350	4231	1649
新 疆	6000	5045	8804	6313	1645

3-3-1 续表

地 区	结案率(%)				
	2010年	2014年	2015年	2016年	2017年
全 国	**98.7**	**99.6**	**99.7**	**99.5**	**99.7**
北 京	100.0	100.0	100.0	100.0	100.0
天 津	100.0	100.0	100.0	100.0	100.0
河 北	98.6	97.1	99.9	99.0	100.0
山 西	99.8	100.0	100.0	100.0	100.0
内蒙古	99.4	96.7	98.4	99.6	99.6
辽 宁	100.0	100.0	100.0	100.0	100.0
吉 林	98.2	100.0	100.0	100.0	99.9
黑龙江	99.5	99.3	99.6	99.8	99.6
上 海	100.0	100.0	100.0	97.2	97.3
江 苏	100.0	100.0	100.0	100.0	100.0
浙 江	99.9	100.0	100.0	100.0	100.0
安 徽	98.2	100.0	100.0	97.8	99.9
福 建	99.9	100.0	100.0	100.0	100.0
江 西	98.6	98.7	98.7	98.8	98.6
山 东	100.0	100.0	100.0	100.0	100.0
河 南	99.0	100.0	100.0	99.9	100.0
湖 北	99.7	99.8	99.7	99.5	99.2
湖 南	96.0	100.0	99.0	95.9	96.8
广 东	99.5	99.9	100.0	100.0	100.0
广 西	99.1	99.8	99.9	99.7	99.5
海 南	96.0	98.9	96.3	98.0	99.0
重 庆	99.9	100.0	100.0	100.0	100.0
四 川	100.0	99.8	99.9	99.8	99.8
贵 州	98.9	99.9	100.0	100.0	100.0
云 南	99.0	99.9	100.0	100.0	100.0
西 藏	90.7	100.0	100.0	100.0	100.0
陕 西	99.9	99.9	100.0	100.0	98.9
甘 肃	98.0	98.9	98.2	99.5	100.0
青 海	98.8	100.0	100.0	97.5	98.7
宁 夏	98.0	97.4	100.0	100.0	100.0
新 疆	98.9	99.7	99.8	99.7	100.0

3-3-2 各地区劳动人事争议仲裁结案数

地区	结案数(件)				
	2010年	2014年	2015年	2016年	2017年
全国	**635865**	**711044**	**812461**	**827889**	**790448**
北京	71365	62533	70933	80323	80713
天津	15117	16087	19392	21292	22227
河北	15522	17668	16895	18689	18039
山西	6651	5834	8528	8585	8322
内蒙古	4175	10574	12019	11793	10561
辽宁	22846	30307	39085	39919	32546
吉林	7544	5462	6754	5881	7106
黑龙江	9033	9283	11437	10683	13200
上海	51533	71838	66983	65938	58379
江苏	57850	63411	64455	64511	66986
浙江	37441	46670	51397	50172	49798
安徽	7238	17371	20991	22644	23594
福建	13166	16182	21615	26540	24055
江西	12535	10106	9728	9863	8339
山东	39308	42025	50072	50742	53454
河南	18110	21209	24639	24350	23851
湖北	21018	23812	27006	29236	26056
湖南	14487	16024	17774	17964	19186
广东	105317	95347	107128	106625	99828
广西	12170	11788	15930	17754	15978
海南	3704	3620	5030	4916	4252
重庆	28348	30320	39614	34245	28345
四川	26321	33519	45143	43028	36749
贵州	9215	14929	14088	13225	11785
云南	4693	6985	14000	14332	14222
西藏	972	271	293	314	289
陕西	7109	8723	10605	10309	11666
甘肃	3427	2807	3115	3723	3724
青海	541	1316	1262	1448	1295
宁夏	2215	3906	4639	6119	5125
新疆	6894	11117	11911	12726	9868

3-3-2 续表

地 区	结案率(%)				
	2010年	2014年	2015年	2016年	2017年
全 国	**93.4**	**95.2**	**95.2**	**95.5**	**95.9**
北 京	94.6	94.9	95.0	94.5	94.6
天 津	82.9	91.0	93.1	91.8	94.5
河 北	97.4	95.4	92.8	97.8	98.1
山 西	92.1	90.7	97.2	97.4	98.7
内蒙古	97.5	96.1	97.2	95.4	97.3
辽 宁	90.8	97.8	92.0	98.8	97.9
吉 林	90.4	96.2	97.0	94.0	97.3
黑龙江	97.2	95.0	96.5	96.4	99.4
上 海	92.5	93.2	92.5	91.6	92.1
江 苏	97.4	97.8	97.7	98.4	99.0
浙 江	96.5	92.2	94.1	93.6	94.7
安 徽	94.9	96.5	97.4	97.7	98.1
福 建	93.8	93.7	94.0	94.8	95.2
江 西	88.0	93.0	95.9	97.3	96.6
山 东	90.7	96.9	96.2	96.9	97.5
河 南	91.9	93.2	97.2	97.5	97.5
湖 北	96.3	94.7	93.1	94.4	94.1
湖 南	94.4	94.5	95.1	97.0	98.8
广 东	90.8	94.4	93.8	93.4	93.5
广 西	97.6	96.0	96.7	96.4	96.9
海 南	78.8	93.5	97.6	98.5	95.7
重 庆	98.5	97.8	97.2	96.3	96.4
四 川	97.3	97.8	97.4	97.2	96.9
贵 州	90.6	96.1	97.4	97.0	97.5
云 南	95.7	99.2	100.0	99.6	99.3
西 藏	99.1	92.5	92.4	95.4	92.9
陕 西	96.1	97.9	98.1	98.5	98.9
甘 肃	89.1	95.4	97.7	97.2	95.1
青 海	94.2	96.5	96.3	96.5	96.5
宁 夏	94.1	92.8	90.5	95.1	94.3
新 疆	90.4	98.4	95.9	98.0	96.4

4 社会保险

“十三五”时期，政府提供如下社会保险服务：

◆职工享有职工基本养老保险，城乡居民享有居民基本养老保险；

◆职工享有职工基本医疗保险，城乡居民享有居民基本医疗保险；

◆职工享有失业保险、工伤保险、生育保险。

4-1-1 全国基本养老保险参保人数

单位：万人

类　别	2010年	2011年	2012年	2013年	2014年	2015年	2016年	2017年
职工基本养老保险参保人数(不含离退休人员)	19402.3	21565.0	22981.1	24177.3	25531.0	26219.2	27826.3	29267.6
离退休人员养老保险参保人数	6305.0	6826.2	7445.7	8041.0	8593.4	9141.9	10103.4	11025.7
城乡居民基本养老保险参保人数	10276.8	33182.0	48369.5	49750.1	50107.5	50472.2	50847.1	51255.0

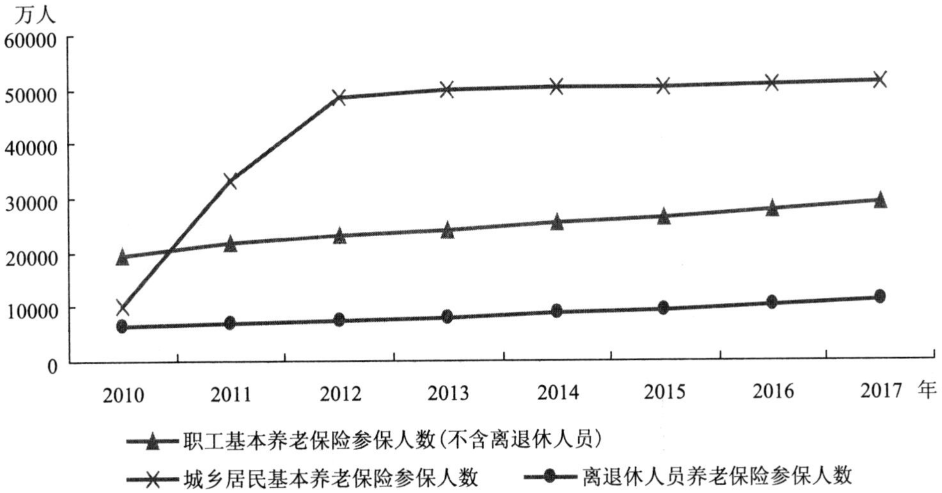

4-1-2 各地区职工基本养老保险参保人数

单位：万人

地 区	2010年	2014年	2015年	2016年	2017年
全 国	**19402.3**	**25531.0**	**26219.2**	**27826.3**	**29267.6**
东 部	11507.6	15860.9	16186	16666	17074.7
中 部	4600.6	5429.3	5593	6045	6486.6
西 部	3276.1	4223.1	4423	5097	5689.0
北 京	785.9	1163.7	1187.5	1271.2	1321.4
天 津	287.9	370.2	384.2	430.4	441.2
河 北	728.9	908.3	952.0	1011.8	1102.0
山 西	443.7	501.1	512.9	543.6	555.7
内蒙古	311.5	332.2	370.8	418.6	437.2
辽 宁	1024.2	1167.3	1139.7	1120.5	1195.5
吉 林	392.9	415.6	420.0	420.1	482.3
黑龙江	589.2	646.7	646.9	655.6	682.2
上 海	657.3	1005.0	1028.4	1050.9	1059.0
江 苏	1583.9	2054.3	2098.8	2137.3	2238.5
浙 江	1478.6	2079.2	1934.0	1843.0	1964.9
安 徽	492.0	596.9	610.9	634.3	754.1
福 建	522.0	708.1	736.6	805.7	840.1
江 西	462.1	562.8	587.9	672.7	697.6
山 东	1427.9	1858.7	1923.1	1969.0	2022.2
河 南	809.0	1089.3	1149.0	1398.1	1437.6
湖 北	738.2	847.0	874.9	897.1	1020.5
湖 南	673.5	769.8	791.1	823.8	856.6
广 东	2875.6	4363.6	4613.3	4867.9	4718.0
广 西	311.2	377.3	389.8	511.2	525.9
海 南	135.4	182.4	187.9	158.5	172.0
重 庆	391.9	532.2	544.4	605.9	628.3
四 川	861.9	1191.6	1250.1	1379.8	1519.0
贵 州	190.3	274.3	297.3	323.9	446.9
云 南	225.1	279.2	291.1	413.8	420.1
西 藏	6.8	11.6	12.4	15.1	33.7
陕 西	400.1	516.1	544.2	577.3	706.9
甘 肃	171.1	193.9	197.0	200.9	288.2
青 海	54.4	65.7	69.9	90.9	95.6
宁 夏	77.3	107.2	111.1	131.5	145.0
新 疆	274.5	341.6	344.7	428.5	442.1

注：本表职工基本养老保险参保人数不含离退休人员。

4-1-3　各地区离退休人员基本养老保险参保人数

单位：万人

地　区	2010年	2014年	2015年	2016年	2017年
全　国	**6305.0**	**8593.4**	**9141.9**	**10103.4**	**11025.7**
东　部	2979.7	4075.9	4380	4792	5176.5
中　部	1877.3	2459.4	2597	2806	3138.5
西　部	1442.6	2051.3	2157	2498	2703.0
北　京	195.5	228.9	236.7	275.4	283.1
天　津	143.6	175.3	180.9	208.6	213.8
河　北	259.5	353.6	368.5	391.3	433.8
山　西	147.3	190.9	201.4	216.6	243.0
内蒙古	119.2	192.7	208.1	236.5	257.1
辽　宁	472.7	601.9	640.5	679.7	754.4
吉　林	206.6	261.1	273.7	286.7	332.2
黑龙江	363.0	443.4	471.1	488.5	523.9
上　海	392.2	452.4	465.4	476.3	489.2
江　苏	449.1	637.6	681.1	724.2	796.1
浙　江	223.6	468.8	570.3	663.9	747.5
安　徽	177.5	232.3	246.7	257.9	322.9
福　建	113.5	140.2	147.1	174.0	182.0
江　西	145.5	221.1	235.2	284.6	307.7
山　东	345.1	511.5	554.4	607.4	638.8
河　南	270.3	342.3	359.8	450.3	460.0
湖　北	301.6	419.2	440.6	458.0	526.1
湖　南	265.4	349.0	369.0	362.9	422.7
广　东	339.6	445.9	473.3	524.6	569.0
广　西	138.1	180.3	186.9	240.7	251.9
海　南	45.4	59.9	62.0	66.5	68.9
重　庆	192.5	293.3	304.9	346.3	360.8
四　川	439.0	648.1	688.9	777.8	816.0
贵　州	67.0	87.1	94.8	99.6	141.3
云　南	92.3	118.7	121.8	168.0	171.3
西　藏	3.2	3.7	3.8	6.0	9.2
陕　西	150.3	200.3	207.5	213.6	246.4
甘　肃	71.3	105.0	109.2	114.1	141.6
青　海	20.0	28.8	30.1	41.4	42.8
宁　夏	30.5	44.2	46.4	57.8	60.2
新　疆	119.2	149.1	154.8	196.5	204.3

4-1-4　各地区城乡居民基本养老保险参保人数

单位：万人

地 区	2010年	2014年	2015年	2016年	2017年
全 国	**10276.8**	**50107.5**	**50472.2**	**50847.1**	**51255.0**
东 部	3301.2	17192.5	17284	17339	17394.7
中 部	3262.9	18521.8	18608	18764	18908.3
西 部	3712.7	14393.2	14581	14744	14952.0
北 京	168.5	186.3	187.6	215.7	213.1
天 津	79.4	106.1	121.1	134.5	156.5
河 北	840.3	3404.4	3440.3	3446.0	3474.1
山 西	249.8	1537.4	1540.3	1549.6	1554.2
内蒙古	168.8	761.9	734.1	736.1	743.4
辽 宁	146.8	1032.0	1034.7	1039.6	1036.2
吉 林	86.7	654.8	662.7	667.2	668.4
黑龙江	131.2	821.8	827.8	837.6	839.3
上 海	28.9	78.3	79.5	79.5	78.8
江 苏	333.5	2347.9	2339.0	2335.3	2338.2
浙 江	290.8	1342.1	1285.9	1233.1	1200.7
安 徽	349.3	3337.2	3396.6	3431.9	3429.5
福 建	273.9	1473.0	1480.4	1489.1	1493.7
江 西	272.3	1798.1	1829.9	1844.1	1870.0
山 东	919.2	4539.9	4534.3	4538.6	4530.6
河 南	1211.8	4843.8	4855.2	4893.7	5010.2
湖 北	380.0	2230.5	2215.0	2219.7	2214.6
湖 南	581.8	3298.3	3280.1	3320.5	3322.0
广 东	157.6	2407.7	2499.7	2543.2	2586.8
广 西	220.4	1713.9	1741.5	1770.9	1805.9
海 南	62.4	274.8	281.1	284.0	285.9
重 庆	807.4	1112.5	1111.1	1115.8	1109.0
四 川	669.6	3013.9	3020.4	3052.4	3074.9
贵 州	223.9	1586.6	1649.0	1702.2	1748.5
云 南	469.4	2160.5	2253.3	2257.5	2258.9
西 藏	80.5	140.9	157.7	158.5	183.1
陕 西	439.7	1710.8	1714.5	1720.5	1733.8
甘 肃	185.5	1240.1	1236.7	1253.7	1262.4
青 海	65.1	224.6	233.5	235.2	239.1
宁 夏	24.7	182.1	183.1	186.2	185.5
新 疆	357.9	545.2	546.1	554.6	607.4

4-1-5 各地区农村居民基本养老保险参保人数

单位：万人

地 区	2010年	2014年	2015年	2016年	2017年
全 国	**10276.8**	**47653.6**	**48140.6**	**48533.8**	**49087.9**
东 部	3301.2	16147.1	16436	16388	16641.9
中 部	3262.9	17789.2	17792	18059	18158.7
西 部	3712.7	13717.4	13912	14087	14287.4
北 京	168.5	173.5	174.0	42.9	191.1
天 津	79.4	91.6	110.1	117.0	139.1
河 北	840.3	3326.4	3358.4	3363.3	3390.8
山 西	249.8	1444.0	1447.2	1461.1	1453.1
内蒙古	168.8	710.4	684.4	686.6	693.1
辽 宁	146.8	982.4	986.1	990.5	988.0
吉 林	86.7	620.5	627.0	629.4	627.5
黑龙江	131.2	799.9	801.5	815.0	816.3
上 海	28.9	69.8	70.1	69.5	68.7
江 苏	333.5	2032.1	2190.0	2171.1	2227.6
浙 江	290.8	1243.5	1194.8	1146.2	1103.4
安 徽	349.3	3172.1	3245.9	3279.6	3276.8
福 建	273.9	1414.6	1399.7	1408.1	1413.1
江 西	272.3	1740.7	1772.4	1786.0	1803.1
山 东	919.2	4334.9	4371.7	4529.6	4530.6
河 南	1211.8	4668.6	4579.8	4633.8	4733.2
湖 北	380.0	2134.7	2123.3	2219.7	2214.6
湖 南	581.8	3208.7	3195.4	3234.5	3234.0
广 东	157.6	2232.0	2329.5	2296.4	2335.5
广 西	220.4	1674.2	1741.5	1770.9	1805.9
海 南	62.4	246.2	251.3	252.9	253.9
重 庆	807.4	999.3	991.0	998.2	993.5
四 川	669.6	2947.7	2955.5	2990.1	3013.1
贵 州	223.9	1535.6	1596.8	1660.5	1714.6
云 南	469.4	2007.5	2075.9	2078.0	2067.9
西 藏	80.5	129.5	146.7	147.6	176.7
陕 西	439.7	1638.1	1643.6	1649.2	1661.6
甘 肃	185.5	1188.9	1187.1	1203.6	1212.7
青 海	65.1	216.7	224.6	225.8	228.9
宁 夏	24.7	173.0	168.1	172.2	167.7
新 疆	357.9	496.5	497.2	504.4	551.6

4-1-6 各地区实际领取基本养老保险待遇居民人数

单位：万人

地 区	2010年	2014年	2015年	2016年	2017年
全 国	**2862.6**	**14312.7**	**14800.3**	**15270.3**	**15597.9**
东 部	1022.4	5482.2	5689	5894	6052.7
中 部	880.9	4870.8	5042	5206	5304.5
西 部	959.2	3959.7	4069	4170	4240.7
北 京	17.7	35.1	39.5	85.4	86.6
天 津	65.6	71.3	74.9	77.5	79.5
河 北	179.5	885.3	927.3	969.4	996.5
山 西	68.8	342.6	371.0	387.8	403.1
内蒙古	41.8	195.3	204.9	211.7	213.7
辽 宁	33.6	362.1	374.3	385.2	393.5
吉 林	32.2	220.9	218.0	244.7	245.7
黑龙江	27.7	245.9	258.1	270.3	266.7
上 海	14.1	47.5	48.7	49.3	50.3
江 苏	132.4	987.8	1023.0	1045.8	1069.8
浙 江	134.2	580.1	550.8	536.4	533.1
安 徽	93.0	871.8	895.1	912.8	915.0
福 建	57.7	387.3	404.1	426.9	446.3
江 西	75.2	430.3	441.3	457.2	467.5
山 东	318.0	1322.2	1401.1	1430.9	1476.6
河 南	251.1	1234.3	1305.2	1343.8	1364.0
湖 北	115.0	634.7	653.9	674.3	697.4
湖 南	217.8	890.5	899.6	915.5	945.1
广 东	51.8	737.0	776.3	816.7	847.6
广 西	59.6	511.3	538.1	555.3	570.2
海 南	17.7	66.5	69.3	70.9	72.8
重 庆	265.0	385.8	366.7	369.3	362.6
四 川	199.6	1074.4	1095.0	1114.4	1126.2
贵 州	63.5	421.2	433.0	442.3	448.9
云 南	91.7	463.6	480.7	500.3	516.6
西 藏	23.5	23.4	24.5	23.2	25.1
陕 西	97.0	417.5	441.4	460.1	479.2
甘 肃	38.0	288.0	300.1	304.5	308.7
青 海	16.8	40.6	43.3	44.7	45.3
宁 夏	4.7	36.3	37.5	38.4	39.6
新 疆	58.0	102.4	103.9	105.6	104.7

4-1-7 各地区企业退休人员月人均基本养老金

地区	基本养老金(元)				
	2010年	2014年	2015年	2016年	2017年
全国	**1362**	**2050**	**2240**	**2362**	**2490**
北京	2087	3072	3394	3622	3872
天津	1563	2316	2557	2731	2912
河北	1417	2037	2232	2387	2516
山西	1468	2391	2639	2816	3127
内蒙古	1376	1944	2127	2258	2360
辽宁	1258	1985	2155	2250	2344
吉林	1146	1672	1877	1982	2097
黑龙江	1099	1902	2048	2153	2284
上海	1818	2714	3068	3306	3587
江苏	1397	2002	2170	2269	2352
浙江	1541	2163	2292	2348	2437
安徽	1203	1783	1953	2100	2234
福建	1251	2030	2215	2330	2451
江西	1126	1696	1937	2047	2125
山东	1547	2249	2431	2504	2608
河南	1278	2015	2201	2340	2400
湖北	1214	2094	2281	2436	2601
湖南	1148	1803	1995	2134	2266
广东	1511	2248	2338	2422	2524
广西	1182	1865	2032	2182	2384
海南	1108	1760	1931	2168	2119
重庆	1142	1604	1772	1918	2000
四川	1126	1637	1804	1883	1991
贵州	1290	1947	2135	2233	2393
云南	1265	1970	2163	2325	2475
西藏	2165	3329	3891	4478	4327
陕西	1430	2185	2379	2524	2778
甘肃	1441	1962	2215	2321	2419
青海	1787	2620	3033	3233	3344
宁夏	1363	2237	2515	2685	2846
新疆	1614	2250	2498	2675	2853

4-1-7 续表

地 区	比上年增长(%)				
	2011年	2014年	2015年	2016年	2017年
全 国	**10.9**	**10.4**	**9.3**	**5.4**	**5.4**
北 京	11.6	9.6	10.5	6.7	6.9
天 津	11.7	8.7	10.4	6.8	6.6
河 北	8.0	8.7	9.6	6.9	5.4
山 西	14.3	10.2	10.4	6.7	11.0
内蒙古	10.8	6.8	9.4	6.2	4.5
辽 宁	13.5	8.9	8.6	4.4	4.2
吉 林	5.3	9.0	12.3	5.6	5.8
黑龙江	12.6	15.9	7.7	5.1	6.1
上 海	5.7	12.1	13.0	7.8	8.5
江 苏	8.4	8.4	8.4	4.6	3.7
浙 江	16.0	12.5	6.0	2.4	3.8
安 徽	10.6	9.2	9.5	7.5	6.4
福 建	12.5	9.1	9.1	5.2	5.2
江 西	9.4	16.6	14.2	5.7	3.8
山 东	10.7	11.1	8.1	3.0	4.1
河 南	14.3	10.1	9.2	6.3	2.6
湖 北	12.3	11.1	8.9	6.8	6.8
湖 南	12.4	10.2	10.6	7.0	6.2
广 东	8.6	16.9	4.0	3.6	4.2
广 西	13.8	8.8	9.0	7.4	9.3
海 南	16.9	8.5	9.7	12.3	-2.3
重 庆	8.8	9.1	10.5	8.2	4.3
四 川	11.7	7.9	10.2	4.4	5.7
贵 州	13.5	10.0	9.7	4.6	7.2
云 南	13.5	10.1	9.8	7.5	6.5
西 藏	16.8	8.8	16.9	15.1	-3.4
陕 西	18.8	7.1	8.9	6.1	10.1
甘 肃	5.7	8.4	12.9	4.8	4.2
青 海	4.1	13.4	15.8	6.6	3.4
宁 夏	13.5	11.2	12.4	6.7	6.0
新 疆	6.6	10.9	11.0	7.1	6.7

4-2-1 各地区职工基本医疗保险参保人数

单位：万人

地 区	2010年	2014年	2015年	2016年	2017年
全 国	**23734.7**	**28296.0**	**28893.1**	**29531.5**	**30322.7**
东 部	13643.7	16653.4	17046	17407	17904.5
中 部	5699.0	6349.4	6417	6507	6566.0
西 部	4391.9	5293.2	5430	5618	5852.3
北 京	1063.7	1431.3	1475.7	1517.6	1569.2
天 津	470.0	509.6	522.0	535.7	554.1
河 北	848.0	944.5	957.0	973.7	986.9
山 西	562.0	657.3	650.5	660.2	664.1
内蒙古	433.5	470.7	477.4	488.8	495.1
辽 宁	1408.7	1649.2	1651.4	1635.6	1575.9
吉 林	550.1	575.6	575.9	576.0	576.0
黑龙江	873.7	873.9	873.7	879.5	843.8
上 海	1405.9	1420.8	1446.4	1468.6	1495.1
江 苏	1848.3	2361.8	2429.0	2490.5	2601.1
浙 江	1344.4	1900.0	1992.7	2017.5	2117.4
安 徽	598.5	739.9	763.3	782.0	809.2
福 建	546.6	737.3	759.4	792.1	819.3
江 西	532.1	579.2	585.0	591.6	558.7
山 东	1541.3	1860.2	1904.4	1960.0	2013.1
河 南	957.4	1182.4	1200.7	1227.3	1228.2
湖 北	847.8	933.3	949.4	961.0	1018.9
湖 南	777.4	807.9	818.8	829.6	867.1
广 东	3000.0	3647.1	3711.8	3814.1	3962.6
广 西	413.5	482.6	505.5	530.7	556.7
海 南	166.9	191.7	196.3	201.0	209.6
重 庆	406.2	575.8	588.5	604.8	640.3
四 川	1051.9	1329.4	1378.6	1440.6	1526.4
贵 州	293.5	354.8	372.7	389.8	410.4
云 南	414.8	462.6	468.3	479.1	491.3
西 藏	23.5	33.0	34.3	36.8	40.0
陕 西	474.2	574.2	580.3	599.6	619.8
甘 肃	290.2	302.6	307.9	314.4	320.2
青 海	78.7	93.3	95.6	97.9	94.0
宁 夏	94.1	116.1	114.8	117.5	123.5
新 疆	417.7	498.0	505.9	517.7	534.6

4-2-2 各地区城乡居民基本医疗保险参保人数

单位：万人

地 区	2010年	2014年	2015年	2016年	2017年
全 国	**19528.3**	**31450.9**	**37688.5**	**44860.0**	**87358.7**
东 部	8314.9	15854.7	21485	26226	32675.4
中 部	6773.2	7577.6	7919	8012	30732.5
西 部	4440.2	8018.6	8284	10217	23950.8
北 京	143.7	173.0	181.0	191.2	202.2
天 津	490.9	514.0	532.1	531.1	534.3
河 北	670.0	753.1	706.7	5698.4	5896.2
	361.5	443.9	463.3	461.0	2551.3
内蒙古	452.8	527.4	530.6	531.0	1666.4
辽 宁	647.5	738.0	744.8	740.4	701.6
吉 林	783.7	804.4	804.7	804.9	804.9
黑龙江	687.1	712.5	721.1	720.3	2048.9
上 海	259.2	257.7	272.9	338.0	344.6
江 苏	1401.2	1435.7	1585.3	1493.9	5018.0
浙 江	619.4	2947.5	2971.4	2975.8	3134.2
安 徽	930.9	1016.5	974.3	839.6	1298.9
福 建	654.0	555.7	541.9	505.8	2949.3
江 西	794.3	915.0	945.5	1215.4	4203.7
山 东	1229.3	2127.8	7331.4	7228.8	7282.6
河 南	1086.4	1157.6	1144.2	1133.4	9182.5
湖 北	1012.3	1034.7	1022.7	1020.8	4603.3
湖 南	1117.2	1492.8	1843.6	1816.6	6039.1
广 东	2043.2	6157.1	6424.2	6336.1	6402.4
广 西	521.7	584.7	572.1	565.7	4616.5
海 南	156.4	195.2	193.4	186.2	209.9
重 庆	424.6	2681.1	2677.8	2654.5	2608.2
四 川	1011.2	1247.1	1272.1	3616.2	6188.4
贵 州	309.0	332.4	582.7	583.8	590.9
云 南	405.7	673.3	672.5	684.5	3972.5
西 藏	15.1	25.9	27.5	28.5	29.9
陕 西	473.1	671.9	667.0	648.4	631.2
甘 肃	298.6	328.1	327.0	328.9	2192.0
青 海	61.6	97.1	99.6	98.8	455.0
宁 夏	94.2	462.5	470.0	476.6	494.8
新 疆	372.7	387.1	385.2	405.5	505.0

注：2016年及以前年份全国各地仅包括城镇居民，2017年北京、天津、辽宁、吉林、上海、浙江、安徽、广东、海南、贵州、西藏、陕西、新疆等省份仅包括城镇居民。

4-2-3 各地区城镇居民基本医疗保险年人均实际财政补助金额

地 区	补助金额(元)					比上年增长(%)				
	2013年	2014年	2015年	2016年	2017年	2013年	2014年	2015年	2016年	2017年
全 国	**269**	**315**	**370**	**390**	**442**	**21.2**	**17.1**	**17.5**	**5.4**	**13.4**
北 京	558	875	1017	1015	1013	24.3	56.8	16.2	-0.2	-0.2
天 津	439	547	664	738	815	39.8	24.6	21.4	11.2	10.4
河 北	167	206	272	281	366	12.1	23.4	31.8	3.3	30.3
山 西	189	255	297	327	434	16.0	34.9	16.4	10.2	32.5
内蒙古	236	267	331	337	474	18.0	13.1	24.1	1.8	40.6
辽 宁	229	256	302	318	375	17.4	11.8	18.1	5.1	18.0
吉 林	245	274	340	290	317	7.9	11.8	24.2	-14.9	9.4
黑龙江	267	306	363	336	448	14.1	14.6	18.6	-7.5	33.5
上 海	781	790	727	1370	1614	16.6	1.2	-7.9	88.4	17.8
江 苏	326	312	345	483	496	45.5	-4.3	10.5	40.2	2.6
浙 江	398	462	542	589	676	18.5	16.1	17.4	8.7	14.6
安 徽	313	338	322	310	421	51.2	8.0	-4.8	-3.6	35.5
福 建	212	236	238	329	333	25.4	11.3	0.7	38.3	1.2
江 西	245	272	305	361	431	21.9	11.0	12.0	18.4	19.5
山 东	215	269	370	369	429	17.5	25.1	37.6	-0.2	16.2
河 南	241	263	310	325	396	13.7	9.1	17.8	4.8	22.1
湖 北	286	318	380	406	453	23.8	11.2	19.4	7.0	11.5
湖 南	225	259	312	348	410	8.7	15.1	20.3	11.7	17.8
广 东	218	274	320	405	430	17.8	25.7	16.9	26.6	6.1
广 西	236	251	310	355	461	21.6	6.4	23.4	14.6	29.7
海 南	271	326	361	394	450	8.0	20.3	10.7	9.1	14.4
重 庆	280	320	380	417	450	17.6	14.3	18.8	9.7	8.0
四 川	270	312	367	414	409	11.1	15.6	17.6	12.7	-1.0
贵 州	167	172	335	347	397	19.3	3.0	94.7	3.7	14.4
云 南	293	328	394	435	440	18.1	11.9	20.1	10.4	1.3
西 藏	326	366	406	446	488	14.8	12.3	10.8	9.9	9.4
陕 西	264	338	359	390	466	28.2	28.0	6.2	8.7	19.4
甘 肃	262	313	384	416	454	14.9	19.5	22.6	8.3	9.2
青 海	388	414	437	413	441	8.7	6.7	5.5	-5.3	6.7
宁 夏	341	345	432	469	507	25.4	1.2	25.1	8.6	8.0
新 疆	302	343	410	426	478	12.7	13.6	19.6	3.8	12.3
兵 团	280	316	380	416	450	15.7	12.9	20.1	9.5	8.3

4-3-1 全国失业保险基本情况

年 份	年末参保人数（万人）	年末领取失业保险金人数（万人）	全年失业保险金支出（亿元）
2000	10408	190	56.2
2005	10648	362	132.4
2010	13376	209	140.4
2011	14317	197	159.9
2012	15225	204	181.3
2013	16417	197	203.2
2014	17043	422	614.7
2015	17326	457	736.4
2016	18089	484	976.1
2017	18784	220	893.8

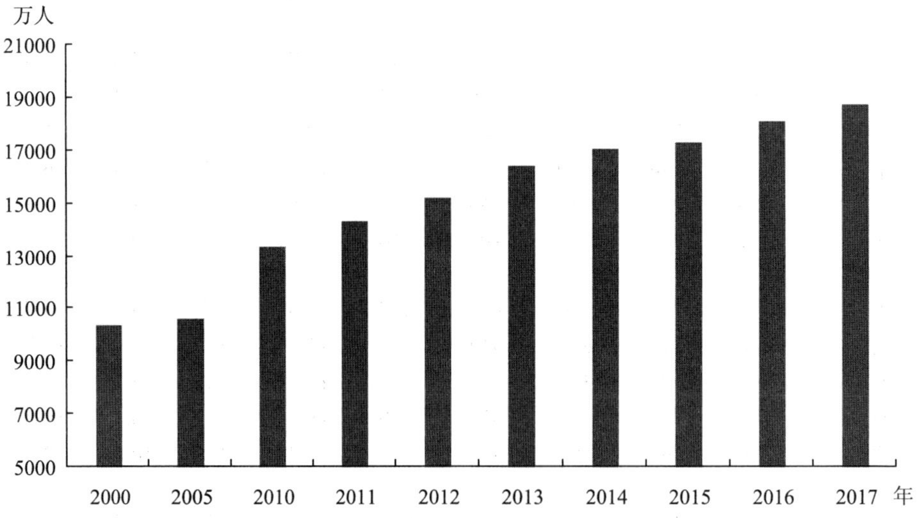

4-3-2 各地区年末失业保险参保人数

单位：万人

地 区	2010年	2014年	2015年	2016年	2017年
全 国	**13375.6**	**17042.6**	**17326.0**	**18088.8**	**18784.2**
东 部	7770.9	10480.9	10792	11390	11829.8
中 部	3239.0	3640.4	3536	3589	3688.7
西 部	2365.8	2921.2	2998	3110	3265.7
北 京	774.2	1057.1	1082.3	1115.0	1170.9
天 津	246.1	287.6	295.3	302.5	311.3
河 北	493.4	508.7	511.0	515.9	529.7
山 西	305.7	407.7	411.3	415.2	420.6
内蒙古	230.9	236.3	242.1	241.1	247.1
辽 宁	626.9	664.3	665.3	665.4	679.9
吉 林	245.1	258.7	261.2	262.0	263.7
黑龙江	472.9	478.4	312.8	313.2	315.1
上 海	556.2	634.1	641.8	947.3	961.8
江 苏	1153.8	1442.7	1490.9	1538.1	1583.0
浙 江	875.0	1210.3	1260.2	1317.0	1380.9
安 徽	384.0	422.0	436.6	448.5	472.4
福 建	374.2	524.1	546.3	575.5	612.3
江 西	265.3	271.8	281.5	282.6	286.3
山 东	931.2	1154.3	1203.8	1222.9	1268.3
河 南	696.7	773.3	783.3	788.1	805.6
湖 北	469.7	519.0	528.4	541.9	561.3
湖 南	399.5	509.5	521.2	537.5	563.7
广 东	1627.3	2840.2	2930.1	3020.1	3163.7
广 西	238.4	259.0	273.2	283.7	302.1
海 南	112.5	157.5	164.8	170.2	168.0
重 庆	237.4	439.1	439.5	447.1	466.3
四 川	464.7	635.8	661.0	702.0	776.7
贵 州	152.5	191.9	205.3	218.1	235.7
云 南	209.6	236.9	243.3	251.2	259.8
西 藏	9.3	12.5	11.4	15.2	15.2
陕 西	331.6	344.3	347.7	352.2	356.5
甘 肃	164.2	162.4	162.8	164.3	165.4
青 海	36.6	39.3	40.1	40.8	41.5
宁 夏	47.6	73.5	76.6	95.6	88.6
新 疆	242.9	290.2	294.9	298.7	310.8

4-3-3 各地区全年领取失业保险人数

单位：万人

地区	2010年	2014年	2015年	2016年	2017年
全国	**209.1**	**422.0**	**456.8**	**483.9**	**220.2**
东部	98.6	232.1	259.2	276.0	123.9
中部	65.1	80.4	76.7	81.5	40.4
西部	45.3	109.6	121.0	126.5	55.9
北京	1.6	6.4	7.0	7.6	3.9
天津	3.5	4.7	9.8	12.0	8.4
河北	9.0	13.1	14.1	15.1	7.2
山西	4.6	5.9	5.8	5.5	3.0
内蒙古	2.1	4.8	5.6	6.5	2.5
辽宁	11.4	18.0	20.5	22.0	10.5
吉林	7.8	4.8	4.3	5.4	2.8
黑龙江	8.8	10.2	7.4	6.8	4.1
上海	11.6	24.4	23.8	25.2	11.1
江苏	19.7	67.9	68.3	70.5	32.1
浙江	5.8	20.5	21.4	22.5	8.9
安徽	7.8	12.2	13.9	16.9	8.1
福建	3.2	9.6	10.4	10.9	4.9
江西	8.2	2.8	2.8	3.1	1.7
山东	20.7	34.8	37.6	40.0	20.1
河南	14.7	18.7	16.2	15.0	7.5
湖北	6.4	11.7	12.1	13.4	6.4
湖南	6.9	14.1	14.2	15.4	6.8
广东	10.6	28.7	42.4	46.2	14.6
广西	6.2	11.9	12.9	12.7	5.4
海南	1.6	4.0	3.9	4.0	2.2
重庆	3.7	5.9	7.7	9.5	3.9
四川	9.1	50.6	57.4	59.2	27.4
贵州	1.2	3.0	3.3	4.4	2.2
云南	3.2	11.3	12.6	12.9	5.2
西藏		0.0			
陕西	7.5	5.3	5.1	5.2	2.9
甘肃	2.4	2.2	2.3	2.2	0.9
青海	0.4	0.9	0.9	0.8	0.3
宁夏	1.0	2.6	2.7	2.8	1.2
新疆	8.3	11.1	10.5	10.3	4.0

4-3-4 各地区工伤保险参保人数

单位：万人

地 区	2010年	2014年	2015年	2016年	2017年
全 国	**16160.7**	**20639.2**	**21432.5**	**21889.3**	**22723.7**
东 部	10476.8	12615.5	13010	13261	13772.7
中 部	3242.5	4584.0	4825	4887	4966.0
西 部	2441.4	3439.6	3598	3741	3985.0
北 京	823.8	961.0	1020.1	1060.2	1117.9
天 津	304.5	345.2	385.6	388.1	395.3
河 北	594.4	778.7	809.7	840.0	860.7
山 西	292.4	563.1	573.1	576.0	582.6
内蒙古	207.5	289.9	297.1	303.2	307.8
辽 宁	730.0	903.1	918.6	886.6	862.1
吉 林	300.5	415.6	435.6	440.7	441.4
黑龙江	415.1	505.5	512.0	522.2	519.1
上 海	961.0	920.5	932.9	943.5	958.1
江 苏	1205.5	1540.1	1594.1	1633.9	1690.2
浙 江	1475.1	1899.4	1930.1	1880.7	1977.2
安 徽	351.1	508.3	528.9	544.6	565.5
福 建	417.7	627.3	691.0	733.8	798.7
江 西	371.7	461.2	500.6	502.1	517.1
山 东	1211.2	1421.5	1473.5	1510.9	1569.1
河 南	551.7	805.7	856.7	877.0	900.9
湖 北	444.0	576.7	640.1	651.1	656.6
湖 南	516.0	747.9	778.0	773.3	782.8
广 东	2657.8	3092.6	3122.7	3246.2	3402.0
广 西	235.7	338.2	360.5	374.1	388.8
海 南	95.8	126.1	131.5	137.4	141.4
重 庆	266.0	426.1	428.5	454.9	504.6
四 川	583.8	709.7	753.2	799.1	876.0
贵 州	162.2	275.4	290.2	305.0	332.5
云 南	227.4	341.7	368.1	372.8	383.7
西 藏	8.8	24.3	26.9	26.9	33.4
陕 西	278.6	404.0	427.3	441.6	459.3
甘 肃	130.1	175.1	182.6	188.4	198.6
青 海	43.2	54.7	58.0	59.8	64.9
宁 夏	48.9	82.2	80.8	83.5	90.3
新 疆	249.3	318.2	324.4	331.9	345.1

4-3-5 各地区享受工伤保险待遇人数

单位：万人

地区	2010年	2014年	2015年	2016年	2017年
全国	**147.5**	**198.2**	**201.9**	**196.0**	**192.5**
东部	85.3	108.7	105.7	102.0	102.4
中部	35.5	53.4	60.1	59.7	56.4
西部	26.7	36.1	35.5	34.3	33.6
北京	4.4	5.0	4.7	4.6	4.5
天津	4.1	3.3	3.4	3.4	3.6
河北	7.5	10.4	9.6	9.8	9.9
山西	4.9	11.1	10.1	11.4	7.8
内蒙古	1.8	2.3	2.4	2.7	2.6
辽宁	10.0	13.2	13.8	13.8	13.8
吉林	3.7	4.6	11.3	4.9	5.1
黑龙江	6.2	6.3	6.5	6.5	6.2
上海	1.7	6.9	7.0	6.5	6.4
江苏	9.8	14.3	14.7	15.1	14.3
浙江	20.2	22.6	20.4	18.7	19.6
安徽	4.4	8.3	8.3	8.7	10.6
福建	2.4	3.9	3.9	4.2	4.3
江西	2.7	4.7	4.6	4.5	4.7
山东	10.2	11.8	11.1	11.1	11.1
河南	3.0	4.6	5.0	4.8	5.4
湖北	3.1	4.9	4.9	7.9	4.9
湖南	7.4	8.7	9.3	11.1	11.7
广东	14.7	17.1	16.8	14.5	14.5
广西	1.4	1.8	1.9	1.8	1.6
海南	0.3	0.3	0.3	0.3	0.4
重庆	5.6	8.1	7.5	7.0	6.6
四川	6.0	8.6	7.9	7.6	7.7
贵州	1.9	2.3	2.8	2.5	2.3
云南	4.6	4.0	4.3	3.7	4.4
西藏		0.1	0.1	0.1	0.1
陕西	1.6	2.9	3.0	3.0	2.8
甘肃	1.1	2.2	2.3	2.5	2.1
青海	0.5	0.6	0.5	0.5	0.5
宁夏	0.3	0.5	0.6	0.5	0.5
新疆	2.0	2.8	2.9	2.4	2.4

4-3-6 各地区生育保险参保人数

单位：万人

地　区	2010年	2014年	2015年	2016年	2017年
全　国	**12335.9**	**17038.7**	**17771.0**	**18451.0**	**19300.2**
东　部	7625.8	10511.8	11124	11590	12061.6
中　部	2650.9	3509.5	3585	3662	3799.6
西　部	2059.3	3017.4	3061	3198	3439.0
北　京	372.2	915.6	941.6	981.0	1035.2
天　津	212.0	260.7	269.7	285.0	296.9
河　北	561.5	684.0	713.0	710.3	737.8
山　西	211.6	454.2	456.5	458.5	464.2
内蒙古	233.9	293.7	302.6	305.3	307.6
辽　宁	593.0	783.9	789.3	790.1	782.4
吉　林	310.5	367.0	367.5	367.8	370.1
黑龙江	290.1	356.1	357.1	358.0	355.1
上　海	657.3	717.5	735.4	956.1	972.0
江　苏	1086.4	1374.6	1471.7	1510.3	1582.0
浙　江	863.7	1248.9	1285.2	1294.4	1393.0
安　徽	346.9	482.8	499.3	517.6	554.1
福　建	374.4	556.7	598.3	625.8	634.5
江　西	170.0	241.1	251.3	258.9	279.3
山　东	774.1	1046.5	1111.3	1139.1	1186.6
河　南	412.9	590.2	609.5	646.8	692.7
湖　北	381.8	480.6	500.2	511.9	522.1
湖　南	527.1	537.6	544.0	542.9	561.9
广　东	2038.5	2801.3	3081.8	3161.9	3300.9
广　西	218.5	280.2	307.9	319.6	338.6
海　南	92.6	122.0	127.1	136.5	140.3
重　庆	175.7	347.5	354.3	365.7	411.3
四　川	484.2	730.4	670.3	713.1	776.3
贵　州	164.3	248.8	263.6	286.3	304.0
云　南	210.2	279.3	289.8	295.9	307.9
西　藏	14.8	22.8	23.8	24.9	29.1
陕　西	180.1	250.8	265.3	283.4	328.7
甘　肃	82.0	143.7	154.1	162.7	175.3
青　海	6.4	45.8	48.0	49.7	50.0
宁　夏	39.8	71.3	73.7	76.5	81.7
新　疆	249.4	303.0	307.9	315.0	328.4

4-3-7 各地区享受生育保险待遇人数

单位：万人

地 区	2010年	2014年	2015年	2016年	2017年
全 国	**210.7**	**613.4**	**641.9**	**913.7**	**1112.8**
东 部	130.0	413.5	423	624	754.1
中 部	45.0	98.8	108	147	176.9
西 部	35.6	101.1	110	142	181.8
北 京	12.6	53.2	52.8	51.9	68.6
天 津	5.6	22.2	19.4	28.1	27.4
河 北	5.2	22.5	18.5	33.8	36.3
山 西	1.7	7.4	8.0	8.9	14.2
内蒙古	2.2	8.0	7.8	8.5	11.5
辽 宁	13.5	28.5	29.6	31.7	44.2
吉 林	5.6	14.0	14.0	17.1	17.1
黑龙江	3.4	7.8	6.4	9.4	8.9
上 海	7.7	24.0	22.9	28.2	36.4
江 苏	24.4	93.6	95.3	170.3	167.1
浙 江	12.4	46.1	51.0	62.1	77.2
安 徽	5.0	13.6	15.9	21.8	23.5
福 建	4.9	12.8	14.0	20.9	27.5
江 西	1.0	3.3	4.7	7.8	13.5
山 东	18.0	56.2	48.1	73.4	90.9
河 南	5.3	15.7	16.5	24.5	30.5
湖 北	11.0	19.9	22.3	30.2	35.2
湖 南	12.1	17.0	20.5	27.4	34.0
广 东	24.3	50.8	67.0	117.8	169.6
广 西	3.6	8.6	9.6	13.0	20.4
海 南	1.5	3.8	4.7	6.0	8.8
重 庆	4.9	12.5	18.3	24.3	26.6
四 川	5.9	21.7	24.8	31.8	34.3
贵 州	2.3	6.4	7.5	10.8	20.5
云 南	4.0	13.2	12.0	16.2	22.2
西 藏	0.3	0.5	0.7	0.9	1.4
陕 西	2.4	5.3	6.4	9.1	12.6
甘 肃	1.0	3.9	3.5	6.8	7.7
青 海	0.1	3.4	5.0	3.7	3.8
宁 夏	0.6	4.9	2.6	4.4	6.2
新 疆	8.4	12.7	12.4	13.0	14.6

4-4-1 基本保险基金收支情况

单位：亿元

项目			2010年	2014年	2015年	2016年	2017年
基本养老保险基金	收入	职工	13419.5	25309.7	29340.9	35057.5	43309.6
		城乡居民	453.4	2310.2	2854.6	2933.3	3304.2
	支出	职工	10554.9	21754.7	25812.7	31853.8	38051.5
		城乡居民	200.4	1571.2	2116.7	2150.5	2372.2
	收支比(支出=1)	职工	1.3	1.2	1.1	1.1	1.1
		城乡居民	2.3	1.5	1.3	1.4	1.4
基本医疗保险基金	收入	职工	3955.4	8037.9	9083.5	10273.7	12278.3
		城镇居民	353.5	1649.3	2109.4	2810.5	5653.3
	支出	职工	3271.6	6696.6	7531.5	8286.7	9466.9
		城镇居民	266.5	1437.0	1780.6	2480.4	4954.8
	收支比(支出=1)	职工	1.2	1.2	1.2	1.2	1.3
		城镇居民	1.3	1.1	1.2	1.1	1.1
失业保险基金	收入		649.8	1379.8	1367.8	1228.9	1112.6
	支出		423.3	614.7	736.4	976.1	893.8
	收支比(支出=1)		1.5	2.2	1.9	1.2	1.2
工伤保险基金	收入		284.9	694.8	754.2	736.9	853.8
	支出		192.4	560.5	598.7	610.3	662.3
	收支比(支出=1)		1.5	1.2	1.3	1.2	1.3
生育保险基金	收入		159.6	446.1	501.7	521.9	642.5
	支出		109.9	368.1	411.5	530.6	743.5
	收支比(支出=1)		1.5	1.2	1.2	1.0	0.9

4-4-2 各地区社会保障卡持卡人数

单位：万人

地区	2010年	2014年	2015年	2016年	2017年
全国	**10340**	**71242**	**88361**	**101249**	**108770**
东部	6899	35781	41627	45683	47743
中部	2240	20330	26740	31065	33453
西部	1201	15128	19993	24501	27575
北京	800	1558	1695	1906	2101
天津	550	990	1035	1088	1210
河北	78	4066	4406	5305	5827
山西	46	2320	2392	2732	2853
内蒙古	95	1557	1612	1709	1798
辽宁	420	1837	2705	3029	3104
吉林	590	1750	2000	2165	2293
黑龙江	350	1783	2156	2368	2887
上海	1091	1371	1397	1418	1422
江苏	680	4290	5617	6518	6806
浙江	370	3906	4677	5153	5251
安徽	423	3828	4273	4647	4971
福建	1000	3472	3568	3704	3762
江西	80	2413	2615	3002	3150
山东	410	4472	6337	7020	7572
河南	300	3087	5939	7402	8079
湖北	451	3023	3560	4169	4413
湖南		2126	3804	4581	4806
广东	1500	9589	9805	9993	10105
广西	25	431	1279	2667	3345
海南		230	386	550	583
重庆	249	3258	3328	3446	3476
四川	61	3306	3960	5161	6015
贵州		960	1247	1793	1959
云南	680	1801	2831	3210	3783
西藏					88
陕西		1520	2148	2449	2642
甘肃	55	652	1368	1503	1602
青海		63	350	518	525
宁夏		583	600	650	658
新疆	36	997	1271	1396	1685

4-4-3 各地区社会保障卡普及率

单位：%

地 区	2010年	2014年	2015年	2016年	2017年
全 国	**7.7**	**52.1**	**64.6**	**73.2**	**78.7**
东 部	12.5	63.3	73.2	79.7	83.3
中 部	5.3	47.4	62.1	71.8	77.4
西 部	3.3	41.1	53.8	66.1	73.7
北 京	40.8	72.4	78.8	87.7	96.7
天 津	42.3	65.3	68.2	69.7	77.5
河 北	1.1	55.1	59.7	71.0	78.0
山 西	1.3	63.6	65.6	74.2	77.5
内蒙古	3.8	62.2	64.4	67.8	71.4
辽 宁	9.6	41.8	61.6	69.2	70.9
吉 林	21.5	63.6	72.7	79.2	83.9
黑龙江	9.1	46.5	56.2	62.3	76.0
上 海	47.4	56.5	57.6	58.6	58.8
江 苏	8.6	53.9	70.6	81.5	85.1
浙 江	6.8	70.9	84.9	92.2	93.9
安 徽	7.1	62.9	70.2	75.0	80.2
福 建	27.1	91.2	93.7	95.6	97.1
江 西	1.8	53.1	57.6	65.4	68.6
山 东	4.3	45.7	64.7	70.6	76.1
河 南	3.2	32.7	62.9	77.7	84.8
湖 北	7.9	52.0	61.2	70.8	75.0
湖 南		31.6	56.5	67.1	70.4
广 东	14.4	89.4	91.4	90.9	91.9
广 西	0.5	9.1	26.9	55.1	69.1
海 南		25.5	42.7	60.0	63.5
重 庆	8.6	100.0	100.0	100.0	114.0
四 川	0.8	40.6	48.6	62.5	72.8
贵 州		27.4	35.5	50.4	55.1
云 南	14.8	38.2	60.0	67.3	79.3
西 藏					26.5
陕 西		40.3	56.9	64.2	69.3
甘 肃	2.2	25.2	52.8	57.6	61.4
青 海		10.9	60.1	87.4	88.5
宁 夏		88.2	90.7	96.3	97.5
新 疆	1.6	44.7	56.8	58.8	70.2

4-4-4 各地区城镇职工基本养老保险基金中公共财政费用

单位：亿元

地 区	2014年	2015年	2016年	2017年
全 国	**3548.3**	**4715.8**	**6511.0**	**8003.7**
东 部	989.9	1586.9	2243.9	2598.6
中 部	1383.7	1718.8	1969.0	2717.3
西 部	1174.7	1290.9	2298.0	2687.8
北 京	0.9	14.9	184.3	85.8
天 津	133.6	150.2	215.7	237.5
河 北	184.6	232.8	265.8	336.8
山 西	116.7	137.2	155.8	284.0
内蒙古	111.7	137.9	149.9	200.9
辽 宁	403.3	476.3	539.9	638.1
吉 林	155.6	182.2	212.2	262.4
黑龙江	256.1	345.5	340.4	512.1
上 海	49.0	356.3	512.2	421.0
江 苏	56.4	76.3	112.5	314.1
浙 江	18.1	25.1	136.8	215.6
安 徽	129.1	153.8	181.4	237.8
福 建	9.2	24.6	41.0	68.4
江 西	108.7	150.5	188.3	224.3
山 东	76.6	132.9	163.7	165.5
河 南	192.4	231.5	297.6	406.1
湖 北	241.8	303.2	329.7	397.3
湖 南	183.4	214.9	263.6	393.3
广 东	18.6	42.2	17.6	45.5
广 西	91.6	116.0	257.0	343.5
海 南	39.7	55.3	54.4	70.1
重 庆	191.7	224.7	246.8	455.0
四 川	269.5	335.0	736.3	619.8
贵 州	50.3	58.5	71.8	124.0
云 南	76.8	89.2	183.0	188.2
西 藏	4.4	4.4	4.8	5.5
陕 西	117.1	142.4	159.8	223.5
甘 肃	59.8	69.9	82.2	92.6
青 海	19.9	22.8	54.4	59.8
宁 夏	20.4	24.9	57.2	45.5
新 疆	161.5	184.6	294.6	329.5

4-4-5 各地区城镇职工基本养老保险基金中公共财政费用比重

单位：%

地 区	2014年	2015年	2016年	2017年
全 国	**14.0**	**16.1**	**18.6**	**18.5**
东 部	7.1	9.6	11.7	11.9
中 部	23.2	25.5	26.7	27.3
西 部	20.4	22.2	26.8	23.7
北 京	0.1	0.9	8.2	3.9
天 津	25.0	25.3	28.7	26.6
河 北	19.3	21.7	21.8	23.4
山 西	17.6	19.9	19.8	23.0
内蒙古	22.3	24.3	24.5	23.5
辽 宁	26.3	29.2	32.2	34.2
吉 林	30.0	32.0	33.4	34.3
黑龙江	27.8	33.5	33.8	41.3
上 海	2.9	16.0	19.9	15.2
江 苏	2.9	3.5	4.8	10.9
浙 江	1.1	1.3	5.8	7.1
安 徽	19.7	20.1	22.2	23.9
福 建	2.0	4.7	5.9	8.7
江 西	22.2	24.9	27.1	23.0
山 东	4.6	6.3	7.3	7.2
河 南	20.8	22.5	26.0	26.7
湖 北	24.7	26.8	27.5	22.2
湖 南	22.6	23.6	24.3	27.2
广 东	0.9	1.6	0.6	1.3
广 西	22.1	24.2	30.1	35.2
海 南	28.2	32.9	27.5	25.9
重 庆	28.3	29.6	30.1	31.7
四 川	17.1	19.9	26.9	18.8
贵 州	19.4	18.5	21.7	18.6
云 南	21.5	21.9	27.5	17.2
西 藏	18.9	15.6	6.0	4.2
陕 西	20.3	23.5	23.1	21.3
甘 肃	20.0	22.4	24.1	23.7
青 海	21.4	22.0	31.2	30.3
宁 夏	17.4	17.3	27.8	18.7
新 疆	30.7	30.4	28.0	32.7

4-4-6 各地区城乡居民基本养老保险基金中公共财政费用

单位：亿元

地　区	2014年	2015年	2016年	2017年
全　国	**1498.1**	**2018.8**	**2065.3**	**2295.9**
东　部	720.6	930.8	985.6	1081.9
中　部	396.5	578.2	576.8	665.1
西　部	380.8	509.6	502.9	549.0
北　京	19.9	23.3	26.2	32.6
天　津	10.8	15.2	15.7	18.5
河　北	67.6	106.2	104.9	124.9
山　西	32.9	47.2	45.9	46.6
内蒙古	22.6	30.6	34.2	45.1
辽　宁	37.3	54.8	50.9	53.2
吉　林	15.0	23.2	23.3	32.2
黑龙江	16.7	22.4	16.3	39.6
上　海	34.7	43.0	52.3	55.4
江　苏	142.0	188.3	199.9	221.4
浙　江	105.2	118.7	125.8	131.1
安　徽	71.6	101.9	99.2	104.5
福　建	41.6	55.9	61.2	65.9
江　西	31.1	49.0	55.0	66.4
山　东	138.1	166.8	183.3	217.2
河　南	107.2	158.5	152.7	160.7
湖　北	53.0	75.8	82.6	101.1
湖　南	69.1	100.2	101.8	114.0
广　东	112.8	140.8	140.7	138.6
广　西	46.2	71.6	68.0	72.5
海　南	10.8	17.7	24.7	23.1
重　庆	50.4	38.3	40.1	49.2
四　川	81.2	119.6	114.0	120.2
贵　州	34.2	47.2	43.8	46.9
云　南	40.1	55.1	54.7	58.0
西　藏	4.6	5.0	6.3	10.8
陕　西	51.5	67.5	64.5	65.9
甘　肃	26.6	39.6	40.5	40.2
青　海	7.0	9.1	9.6	11.4
宁　夏	5.6	7.1	8.3	8.9
新　疆	11.1	19.1	18.9	20.0

4-4-7 各地区城乡居民基本养老保险基金中公共财政费用比重

单位：%

地 区	2014年	2015年	2016年	2017年
全 国	**64.8**	**70.7**	**70.4**	**69.5**
东 部	63.3	68.9	69.0	69.6
中 部	67.1	74.0	73.7	73.6
西 部	65.7	70.6	69.6	64.8
北 京	54.3	62.5	62.8	71.0
天 津	25.9	32.8	21.7	23.6
河 北	67.4	75.7	74.1	76.8
山 西	60.3	69.6	68.6	62.0
内蒙古	66.8	73.7	74.9	79.2
辽 宁	81.4	86.8	86.2	86.9
吉 林	69.7	78.2	78.6	84.2
黑龙江	65.0	72.8	66.7	82.6
上 海	81.0	89.4	91.0	88.7
江 苏	65.9	68.5	69.4	70.8
浙 江	77.0	80.1	83.9	82.7
安 徽	65.5	73.0	70.5	69.5
福 建	71.5	75.7	77.5	76.9
江 西	63.4	70.7	74.5	76.9
山 东	51.8	57.6	56.5	58.7
河 南	70.0	77.4	76.3	77.2
湖 北	66.2	73.2	73.4	73.7
湖 南	70.5	73.5	75.4	71.3
广 东	62.4	68.1	76.1	73.6
广 西	76.6	81.7	79.9	77.2
海 南	75.1	81.2	85.1	82.9
重 庆	79.1	71.2	70.4	73.7
四 川	54.0	62.3	59.9	48.0
贵 州	71.6	75.9	74.7	74.1
云 南	60.4	66.0	65.5	63.0
西 藏	77.7	76.1	81.2	87.7
陕 西	70.5	73.6	73.5	71.6
甘 肃	63.7	72.9	73.9	65.0
青 海	67.5	70.8	70.1	67.1
宁 夏	66.6	71.1	73.7	73.2
新 疆	60.5	71.7	69.4	68.3

4-4-8 各地区城镇职工基本医疗保险基金中公共财政费用

单位：亿元

地 区	2014年	2015年	2016年	2017年
全 国	**58.1**	**68.2**	**72.5**	**95.2**
东 部	23.1	19.7	21.6	36.2
中 部	26.3	34.0	37.4	49.8
西 部	4.7	10.4	13.5	9.2
北 京	1.1	1.3	1.5	1.4
天 津	6.0	2.3	2.5	
河 北	0.7	0.7	0.5	0.4
山 西			0.5	2.5
内蒙古	0.3	0.3	0.1	0.6
辽 宁	1.6	1.5	1.8	1.6
吉 林	4.3	3.8	1.3	2.0
黑龙江	1.3	1.0	0.8	3.3
上 海				
江 苏	5.2	5.9	5.8	5.9
浙 江	1.9	3.4	2.6	1.9
安 徽	0.3	1.7	1.7	3.1
福 建	1.0	0.6	0.3	0.3
江 西	16.0	23.2	26.5	31.3
山 东	1.3	0.4	0.6	0.4
河 南	1.1	1.0	2.1	4.0
湖 北	0.8	0.8	1.4	1.0
湖 南	2.5	2.5	3.1	2.6
广 东	4.4	3.6	5.1	21.8
广 西	0.2	1.4	4.0	0.1
海 南	0.1	0.0	0.9	2.5
重 庆	0.7	1.1	1.0	0.9
四 川	0.3	0.5	0.8	0.7
贵 州	1.7	6.2	2.2	1.4
云 南	0.3	0.1	0.3	0.1
西 藏				
陕 西	0.5	0.2	0.5	0.8
甘 肃	0.0	0.1	0.2	
青 海	0.2			
宁 夏				
新 疆	4.4	4.5	4.5	4.6

4-4-9 各地区城镇职工基本医疗保险基金中公共财政费用比重

单位：%

地 区	2014年	2015年	2016年	2017年
全 国	**0.7**	**0.8**	**0.7**	**0.8**
东 部	0.5	0.4	0.3	0.5
中 部	1.8	2.1	2.0	2.3
西 部	0.3	0.6	0.7	0.4
北 京	0.2	0.2	0.2	
天 津	2.9	1.0	0.9	
河 北	0.3	0.2	0.1	0.1
山 西			0.3	1.2
内蒙古	0.2	0.2	0.1	0.3
辽 宁	0.4	0.4	0.4	0.3
吉 林	3.7	2.8	0.8	1.2
黑龙江	0.6	0.4	0.3	1.2
上 海				
江 苏	0.7	0.8	0.7	0.6
浙 江	0.3	0.5	0.3	0.2
安 徽	0.2	0.9	0.8	1.2
福 建	0.5	0.2	0.1	0.1
江 西	14.3	18.3	17.7	17.6
山 东	0.2	0.1	0.1	0.1
河 南	0.5	0.4	0.7	1.1
湖 北	0.3	0.3	0.5	0.3
湖 南	1.2	1.1	1.1	0.8
广 东	0.6	0.4	0.5	1.9
广 西	0.1	1.0	2.3	
海 南	0.1	0.1	1.6	3.5
重 庆	0.4	0.6	0.5	0.4
四 川	0.1	0.1	0.2	0.1
贵 州	1.9	5.5	1.6	0.9
云 南	0.2		0.1	
西 藏				
陕 西	0.3	0.1	0.3	0.3
甘 肃		0.1	0.2	
青 海	0.5			
宁 夏				
新 疆	2.3	2.1	1.9	1.7

4-4-10 各地区城乡居民基本医疗保险基金中公共财政费用

单位：亿元

地　区	2014年	2015年	2016年	2017年
全　国	**1264.3**	**1585.4**	**2072.8**	**4006.2**
东　部	743.5	927.6	1304.4	1680.6
中　部	220.8	274.3	317.9	1353.0
西　部	296.8	379.6	450.5	972.6
北　京	16.6	21.0	21.5	24.5
天　津	28.1	36.4	38.8	43.1
河　北	20.1	24.9	240.5	261.3
山　西	11.1	15.5	17.1	113.1
内蒙古	15.7	19.2	19.8	81.4
辽　宁	19.2	22.9	25.1	26.5
吉　林	17.0	20.0	22.5	25.1
黑龙江	22.5	26.8	38.6	90.6
上　海	20.4	19.8	46.3	55.6
江　苏	49.0	63.1	83.9	273.4
浙　江	144.5	179.1	194.9	242.4
安　徽	29.5	35.9	36.3	60.1
福　建	15.5	17.6	55.1	134.8
江　西	23.8	31.2	45.0	195.7
山　东	210.3	283.0	307.1	329.8
河　南	35.5	39.7	44.0	391.0
湖　北	33.9	39.0	41.9	213.0
湖　南	47.5	66.2	72.5	264.3
广　东	213.6	252.3	283.2	279.9
广　西	15.1	18.4	21.8	124.8
海　南	6.2	7.5	8.0	9.3
重　庆	87.1	103.4	112.7	119.7
四　川	83.3	112.9	155.7	248.9
贵　州	6.1	19.6	21.8	25.9
云　南	22.6	27.0	30.4	179.5
西　藏	1.8	1.1	1.2	4.7
陕　西	21.8	28.2	27.6	30.8
甘　肃	9.9	12.0	12.7	100.7
青　海	4.3	4.9	5.2	5.0
宁　夏	18.4	20.8	22.8	26.7
新　疆	13.8	16.0	18.7	24.5

4-4-11 各地区城乡居民基本医疗保险基金中公共财政费用比重

单位：%

地区	2014年	2015年	2016年	2017年
全国	**76.7**	**75.2**	**73.8**	**70.9**
东部	75.3	73.5	72.7	71.7
中部	78.6	77.4	75.1	69.8
西部	78.8	77.7	75.9	71.0
北京	81.6	83.7	83.1	95.7
天津	85.5	85.2	82.0	79.8
河北	73.1	76.1	73.7	72.2
山西	71.4	73.3	70.7	71.6
内蒙古	77.1	76.9	77.3	72.0
辽宁	72.7	73.5	70.7	65.7
吉林	73.2	75.6	74.1	74.0
黑龙江	72.6	72.7	70.7	61.2
上海	82.5	82.6	86.1	87.0
江苏	66.1	67.2	68.5	70.1
浙江	70.5	70.1	70.4	71.5
安徽	79.3	79.5	76.7	75.0
福建	78.8	78.4	76.8	71.7
江西	73.3	76.0	73.7	65.9
山东	78.2	74.6	72.6	72.4
河南	84.8	80.7	76.5	73.3
湖北	83.5	76.8	74.8	65.5
湖南	80.7	79.2	78.6	72.9
广东	76.2	73.1	70.8	67.9
广西	79.8	78.7	76.6	69.2
海南	77.3	79.5	76.5	68.8
重庆	82.1	80.4	77.3	74.7
四川	73.9	74.0	72.7	66.6
贵州	77.6	82.2	82.3	79.7
云南	80.0	77.4	77.4	71.0
西藏	95.3	92.3	92.7	98.4
陕西	79.7	79.6	77.6	74.7
甘肃	82.3	83.1	80.7	75.0
青海	88.0	80.1	81.3	74.4
宁夏	79.9	75.0	76.7	76.3
新疆	79.8	78.4	74.9	68.6

5 基本社会服务

“十三五”时期，政府提供如下基本社会服务：

◆为城乡困难群体提供最低生活保障和专项救助；

◆为自然灾害受灾人员提供救助；

◆为经济困难公民和特殊案件当事人提供法律援助；

◆为老年人提供基本养老服务；

◆为困境儿童提供保障，为农村留守儿童提供关爱保护；

◆为身故者提供基本殡葬服务；

◆为优抚安置对象提供优待抚恤、安置服务和集中供养服务。

5-1-1 全国最低生活保障情况

年份	城市居民最低生活保障人数（万人）	城市居民最低生活保障平均标准（元/人年）	农村居民最低生活保障人数（万人）	农村居民最低生活保障平均标准（元/人年）
2005	2234.2	1872.0	825.0	
2006	2240.1	2035.2	1593.1	850.8
2007	2272.1	2188.8	3566.3	840.0
2008	2334.8	2463.6	4305.5	987.6
2009	2345.6	2733.6	4760.2	1209.6
2010	2310.5	3014.4	5214.0	1404.0
2011	2276.8	3451.2	5305.7	1718.4
2012	2143.5	3961.2	5344.5	2067.8
2013	2064.2	4479.6	5388.0	2433.9
2014	1877.0	4926.4	5207.2	2776.6
2015	1701.1	5412.6	4903.6	3177.6
2016	1480.2	5935.2	4586.5	3744.0
2017	1261.0	6487.2	4045.2	4300.7

5-1-2 全国最低生活保障标准与居民消费支出比较

年　份	城市居民最低生活保障平均标准与城镇居民人均消费支出之比	农村居民最低生活保障平均标准与农村居民人均消费支出之比
2005	0.24	
2006	0.23	0.30
2007	0.22	0.26
2008	0.22	0.27
2009	0.22	0.30
2010	0.22	0.32
2011	0.23	0.33
2012	0.24	0.35
2013	0.22	0.33
2014	0.25	0.33
2015	0.25	0.34
2016	0.26	0.37
2017	0.27	0.39

注：从2013年度起，国家统计局开展了住户收支与生活状况调查，与2012年及以前的分城镇和农村住户查的调查范围、调查方法、指标口径有所不同。从2013年度起，城镇居民人均现金消费支出改为城镇居民人均消费支出。

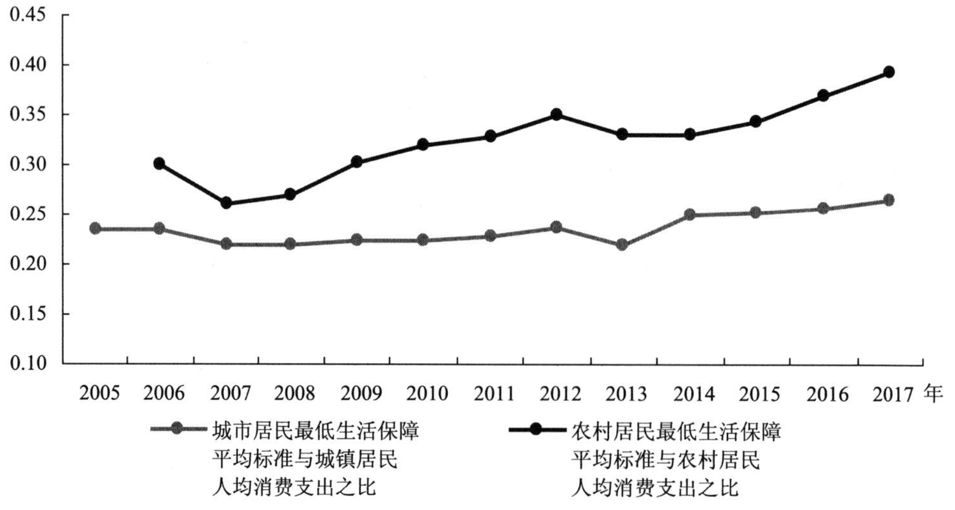

5-1-3 各地区城市居民最低生活保障人数

单位：万人

地 区	2010年	2014年	2015年	2016年	2017年
全 国	**2310.5**	**1877.0**	**1701.1**	**1480.2**	**1261.0**
东 部	476.9	323.0	289.6	255.0	226.0
中 部	975.5	806.6	729.3	625.2	522.0
西 部	858.0	747.4	682.3	600.1	512.9
北 京	13.7	8.9	8.5	8.2	7.8
天 津	19.8	13.6	13.1	12.2	10.7
河 北	88.3	62.5	55.0	47.6	35.5
山 西	91.5	72.6	59.9	53.1	46.0
内蒙古	85.4	70.6	60.3	49.1	43.0
辽 宁	124.6	80.2	71.8	62.0	53.8
吉 林	115.5	75.9	72.5	67.8	59.2
黑龙江	151.2	127.3	120.0	111.1	95.4
上 海	35.3	18.7	17.6	16.8	15.7
江 苏	42.8	30.7	28.0	24.8	20.5
浙 江	9.0	6.4	7.3	10.9	22.2
安 徽	88.4	72.4	64.7	54.4	47.9
福 建	18.2	14.7	12.9	8.6	6.8
江 西	98.1	98.3	92.4	89.6	83.3
山 东	67.6	44.6	37.2	30.9	23.8
河 南	148.2	118.9	107.9	82.1	67.8
湖 北	137.5	107.1	84.6	55.3	45.9
湖 南	145.2	134.0	127.2	111.8	76.7
广 东	40.7	31.6	29.7	25.5	22.8
广 西	60.2	44.8	38.5	22.6	19.1
海 南	17.0	11.1	8.4	7.5	6.3
重 庆	60.8	41.0	37.5	34.8	34.0
四 川	187.0	173.4	156.4	134.5	118.4
贵 州	54.0	47.6	40.2	35.8	31.5
云 南	92.6	100.9	98.1	89.7	70.9
西 藏	4.2	4.7	4.6	3.6	3.3
陕 西	86.0	57.8	50.9	42.1	30.6
甘 肃	87.8	81.4	76.2	70.0	65.1
青 海	22.4	20.3	17.6	16.3	13.4
宁 夏	20.7	16.8	15.4	14.6	10.8
新 疆	97.1	88.1	86.5	87.0	72.9

5-1-4 各地区城市居民最低生活保障平均标准

地区	平均标准(元/人年)				
	2010年	2014年	2015年	2016年	2017年
全国	**3014.4**	**4926.4**	**5412.6**	**5935.2**	**6487.2**
北京	5160.0	7800.0	8520.0	9600.0	10800.0
天津	5400.0	7680.0	8460.0	9360.0	10320.0
河北	3183.6	5182.8	5296.4	6013.9	6528.2
山西	2775.6	4604.0	4958.2	5293.1	5609.5
内蒙古	3588.0	5777.3	6096.1	6482.9	7099.1
辽宁	3553.2	5433.2	5921.9	6274.0	6739.3
吉林	2734.8	4452.8	4819.1	5363.2	5800.9
黑龙江	2881.2	5362.1	6076.2	6430.7	6607.8
上海	5400.0	8520.0	9480.0	10560.0	11640.0
江苏	4107.6	6432.6	6980.9	7329.8	7747.4
浙江	4404.0	6879.6	7685.5	8084.6	8474.5
安徽	3049.2	5058.5	5460.5	5965.0	6374.9
福建	2619.6	4852.4	5737.7	6177.2	7077.4
江西	2926.8	5019.6	5424.2	5770.0	6380.0
山东	3428.4	5422.7	5641.4	5938.6	6163.0
河南	2430.0	3945.6	4489.1	5101.7	5515.4
湖北	3026.4	4931.6	5365.4	5854.6	6762.7
湖南	2566.8	4233.1	4317.4	5175.2	5328.7
广东	3052.8	5453.5	6166.0	6913.8	8098.1
广西	2736.0	4081.0	4852.6	5491.3	6215.5
海南	3002.4	4555.0	5601.6	5603.5	5812.8
重庆	3070.8	4428.0	5029.6	5515.6	6000.0
四川	2520.0	4034.0	4404.4	5034.4	5821.4
贵州	2539.2	4740.0	5441.0	6087.8	6684.5
云南	2476.8	4315.6	4750.2	5306.0	6192.0
西藏	3669.6	6407.0	7096.0	8322.1	9018.1
陕西	3403.2	4662.0	5528.5	5753.8	6386.4
甘肃	2270.4	3939.0	4537.4	4930.8	5502.6
青海	2784.0	4211.8	4444.7	4810.0	5406.0
宁夏	2542.8	3657.2	4341.8	4996.3	5678.2
新疆	2198.4	3950.0	4190.8	4606.7	4907.5

注：从2013年度起，国家统计局开展了住户收支与生活状况调查，与2012年及以前的分城镇和农村住户调查的调查范围、调查方法、指标口径有所不同。从2013年度起，城镇居民人均现金消费支出改为城镇居民人均消费支出。

5-1-4 续表

地 区	与城镇居民人均消费支出之比				
	2010年	2014年	2015年	2016年	2017年
全 国	**0.22**	**0.25**	**0.25**	**0.26**	**0.27**
北 京	0.26	0.39	0.23	0.25	0.27
天 津	0.33	0.38	0.32	0.33	0.34
河 北	0.31	0.26	0.30	0.31	0.32
山 西	0.28	0.23	0.31	0.31	0.30
内蒙古	0.26	0.29	0.28	0.29	0.30
辽 宁	0.27	0.27	0.27	0.25	0.27
吉 林	0.23	0.22	0.27	0.28	0.29
黑龙江	0.27	0.27	0.35	0.35	0.34
上 海	0.23	0.43	0.26	0.26	0.28
江 苏	0.29	0.32	0.28	0.28	0.28
浙 江	0.25	0.34	0.27	0.27	0.27
安 徽	0.26	0.25	0.32	0.30	0.31
福 建	0.18	0.24	0.24	0.25	0.27
江 西	0.28	0.25	0.32	0.33	0.33
山 东	0.26	0.27	0.28	0.28	0.27
河 南	0.22	0.20	0.26	0.28	0.28
湖 北	0.26	0.25	0.29	0.29	0.32
湖 南	0.22	0.21	0.22	0.24	0.23
广 东	0.17	0.27	0.24	0.24	0.27
广 西	0.24	0.20	0.30	0.32	0.34
海 南	0.27	0.23	0.30	0.29	0.29
重 庆	0.23	0.22	0.25	0.26	0.26
四 川	0.21	0.20	0.23	0.24	0.26
贵 州	0.25	0.24	0.32	0.32	0.33
云 南	0.22	0.22	0.27	0.28	0.32
西 藏	0.38	0.32	0.42	0.43	0.43
陕 西	0.29	0.23	0.30	0.30	0.31
甘 肃	0.23	0.20	0.26	0.25	0.27
青 海	0.29	0.21	0.23	0.23	0.25
宁 夏	0.22	0.18	0.23	0.25	0.28
新 疆	0.22	0.20	0.22	0.22	0.22

5-1-5 各地区农村居民最低生活保障人数

单位：万人

地 区	2010年	2014年	2015年	2016年	2017年
全 国	**5214.0**	**5207.2**	**4903.6**	**4586.5**	**4045.2**
东 部	1026.9	991.1	956.6	894.1	792.2
中 部	1549.9	1651.7	1558.8	1404.5	1168.7
西 部	2637.3	2564.5	2388.2	2287.9	2084.3
北 京	7.7	5.1	4.9	4.7	4.4
天 津	8.6	10.1	10.4	10.2	9.1
河 北	191.3	209.9	205.8	189.5	160.2
山 西	132.1	140.7	122.5	118.5	111.2
内蒙古	115.6	122.2	116.4	112.8	119.9
辽 宁	93.4	80.7	79.5	77.9	73.0
吉 林	97.5	79.0	82.2	78.7	70.3
黑龙江	112.7	117.3	118.2	120.9	105.2
上 海	8.1	3.0	3.1	3.4	3.5
江 苏	139.4	119.1	114.8	109.9	97.2
浙 江	57.4	50.8	56.8	71.4	59.2
安 徽	214.6	208.9	196.3	149.8	155.5
福 建	71.3	73.9	71.7	46.1	39.1
江 西	149.7	170.1	169.3	180.1	175.7
山 东	242.6	258.2	237.4	217.7	181.6
河 南	369.2	397.9	392.9	328.0	288.1
湖 北	212.9	221.6	159.5	138.2	137.9
湖 南	261.1	316.0	317.9	290.2	124.9
广 东	184.0	158.8	153.6	145.1	146.8
广 西	315.7	329.0	292.1	290.6	253.9
海 南	23.1	21.5	18.8	18.3	18.1
重 庆	116.9	50.2	50.3	59.0	60.2
四 川	394.5	425.3	405.5	356.7	366.3
贵 州	534.7	416.8	332.7	304.8	260.0
云 南	378.0	458.9	455.3	422.9	329.9
西 藏	23.0	32.3	32.0	25.7	22.7
陕 西	227.6	181.6	161.7	130.4	87.6
甘 肃	326.7	339.0	336.9	324.7	299.3
青 海	38.0	37.2	31.8	51.6	42.6
宁 夏	33.2	39.2	41.7	42.2	38.1
新 疆	133.4	132.7	131.8	166.5	203.6

5-1-6 各地区农村居民最低生活保障平均标准

地区	平均标准(元/人年)				
	2010年	2014年	2015年	2016年	2017年
全国	**1404.0**	**2776.6**	**3177.6**	**3744.0**	**4300.7**
北京	3277.2	7587.7	8520.0	9600.0	10800.0
天津	3633.6	6153.6	7194.0	9060.0	10320.0
河北	1320.0	2543.5	2670.7	3359.0	3829.1
山西	1122.0	2454.8	2757.8	3246.6	3646.9
内蒙古	1936.8	3633.8	3891.2	4212.0	4920.2
辽宁	1730.4	3195.7	3548.5	3914.9	4350.9
吉林	1346.4	2466.1	2721.2	3444.9	3734.9
黑龙江	1384.8	2764.2	3573.9	3787.1	3857.5
上海	3600.0	7560.0	9480.0	10440.0	11640.0
江苏	2937.6	5345.5	6029.8	6480.9	7147.1
浙江	2881.2	5686.0	6683.9	7292.4	8040.6
安徽	1339.2	2828.3	3121.1	3840.4	4427.5
福建	1471.2	2732.2	3405.9	3841.4	5054.0
江西	1340.4	2638.6	2965.7	3314.9	3743.3
山东	1401.6	2936.7	3340.0	3777.8	4165.5
河南	1018.8	1824.1	2232.3	3084.4	3356.4
湖北	1123.2	2567.8	3235.2	3828.8	4706.4
湖南	987.6	2326.8	2446.4	3082.0	3689.0
广东	2026.8	3837.9	4489.9	5342.7	6340.8
广西	1159.2	2029.0	2556.1	2985.3	3338.4
海南	2034.0	3355.0	4168.4	4163.5	4300.8
重庆	1629.6	2667.2	2841.0	3694.9	4287.7
四川	1026.0	2139.7	2409.1	3154.6	3767.8
贵州	1282.8	2116.1	2620.0	3201.8	3660.0
云南	913.2	2141.9	2341.9	2710.7	3342.0
西藏	770.4	2230.9	2337.5	2621.5	3355.5
陕西	1351.2	2262.8	2654.2	3203.3	3733.7
甘肃	922.8	2275.6	2617.7	2932.9	3765.3
青海	1356.0	2213.1	2494.2	2970.0	3335.0
宁夏	848.4	2281.8	2606.1	3388.9	3468.9
新疆	934.8	2029.4	2287.4	2994.2	3561.3

5-1-6 续表

地 区	与农村居民人均消费支出之比				
	2010年	2014年	2015年	2016年	2017年
全 国	**0.32**	**0.33**	**0.34**	**0.37**	**0.39**
北 京	0.35	0.91	0.54	0.55	0.57
天 津	0.74	0.73	0.49	0.57	0.63
河 北	0.34	0.30	0.30	0.34	0.36
山 西	0.31	0.29	0.37	0.40	0.43
内蒙古	0.43	0.43	0.37	0.37	0.40
辽 宁	0.39	0.38	0.40	0.39	0.40
吉 林	0.32	0.29	0.31	0.36	0.36
黑龙江	0.32	0.33	0.43	0.40	0.37
上 海	0.35	0.90	0.59	0.61	0.64
江 苏	0.45	0.64	0.47	0.45	0.46
浙 江	0.32	0.68	0.41	0.42	0.44
安 徽	0.33	0.34	0.35	0.37	0.40
福 建	0.27	0.33	0.28	0.30	0.36
江 西	0.34	0.31	0.35	0.36	0.38
山 东	0.29	0.35	0.38	0.40	0.40
河 南	0.28	0.22	0.28	0.36	0.36
湖 北	0.27	0.31	0.33	0.35	0.40
湖 南	0.23	0.28	0.25	0.29	0.32
广 东	0.37	0.46	0.40	0.43	0.48
广 西	0.34	0.24	0.34	0.36	0.35
海 南	0.59	0.40	0.51	0.47	0.45
重 庆	0.45	0.32	0.32	0.37	0.39
四 川	0.26	0.26	0.26	0.31	0.33
贵 州	0.45	0.25	0.39	0.43	0.44
云 南	0.27	0.26	0.34	0.37	0.42
西 藏	0.29	0.27	0.42	0.43	0.50
陕 西	0.36	0.27	0.34	0.37	0.40
甘 肃	0.31	0.27	0.38	0.39	0.47
青 海	0.36	0.26	0.29	0.32	0.34
宁 夏	0.21	0.27	0.31	0.37	0.35
新 疆	0.27	0.24	0.30	0.36	0.41

5-1-7 各地区农村特困人员救助(五保供养)人数

单位：万人

地 区	2010年	2014年	2015年	2016年	2017年
全 国	**556.3**	**529.1**	**516.8**	**496.9**	**466.9**
东 部	130.8	120.3	117.9	116.6	113.8
中 部	238.7	232.0	226.7	216.9	208.9
西 部	186.8	176.7	172.2	163.4	144.2
北 京	0.5	0.4	0.4	0.4	0.5
天 津	1.4	1.2	1.2	1.2	1.1
河 北	25.3	23.1	22.8	23.4	23.2
山 西	16.9	16.0	15.4	15.0	14.7
内蒙古	9.1	8.9	8.8	8.6	8.4
辽 宁	14.5	13.8	13.9	13.6	13.1
吉 林	13.4	11.6	11.5	11.2	10.8
黑龙江	14.4	13.7	13.3	12.2	11.3
上 海	0.4	0.3	0.3	0.2	0.2
江 苏	21.7	19.8	19.8	19.8	20.0
浙 江	4.3	3.6	3.5	3.3	2.8
安 徽	46.8	43.1	42.2	41.0	39.8
福 建	9.1	8.5	8.0	7.6	6.7
江 西	22.9	22.9	22.0	22.1	21.1
山 东	24.5	22.6	21.2	21.1	21.0
河 南	47.7	48.7	48.6	47.9	48.9
湖 北	24.1	25.7	25.3	24.9	24.6
湖 南	52.5	50.4	48.4	42.5	37.9
广 东	25.4	23.9	24.0	23.2	22.6
广 西	32.7	28.9	28.0	26.9	25.0
海 南	3.6	3.1	2.9	2.8	2.6
重 庆	15.9	16.4	16.7	16.9	11.1
四 川	51.3	50.5	49.5	48.6	45.9
贵 州	15.0	11.8	11.1	10.5	8.4
云 南	22.2	21.1	20.7	17.4	13.8
西 藏	1.4	1.6	1.4	1.4	1.5
陕 西	12.0	13.3	13.1	12.5	12.0
甘 肃	12.6	12.3	12.1	11.7	11.1
青 海	2.2	2.3	2.4	2.4	2.1
宁 夏	1.6	1.4	1.3	1.2	1.0
新 疆	10.8	8.2	7.1	5.4	3.9

5-1-8 各地区农村特困人员救助(五保供养)集中供养人数

单位：万人

地　区	2010年	2014年	2015年	2016年	2017年
全　国	**177.39**	**174.26**	**162.33**	**139.66**	**99.65**
东　部	55.52	44.87	38.21	32.87	24.1
中　部	81.54	74.23	68.90	56.08	45.3
西　部	40.33	55.16	55.22	50.71	30.3
北　京	0.24	0.20	0.18	0.17	0.16
天　津	0.19	0.12	0.12	0.11	0.10
河　北	9.74	6.68	4.82	3.84	3.24
山　西	2.49	2.53	2.24	1.98	1.77
内蒙古	2.28	2.49	1.29	1.08	1.05
辽　宁	3.94	3.37	3.18	2.74	2.41
吉　林	3.72	2.39	2.40	2.12	2.02
黑龙江	4.66	5.09	4.27	2.92	2.30
上　海	0.16	0.11	0.11	0.10	0.09
江　苏	13.82	10.21	8.44	7.08	6.36
浙　江	4.19	3.48	3.34	3.12	2.63
安　徽	15.22	16.10	14.99	12.21	9.08
福　建	0.54	0.92	0.91	0.84	0.62
江　西	11.91	12.06	12.33	12.54	11.51
山　东	18.59	16.79	14.27	12.33	6.18
河　南	20.79	18.69	16.53	10.82	7.70
湖　北	13.88	7.01	5.96	5.12	4.77
湖　南	8.88	10.35	10.19	8.37	6.10
广　东	3.95	2.74	2.60	2.30	2.08
广　西	1.73	2.21	2.71	2.25	1.82
海　南	0.15	0.24	0.24	0.25	0.21
重　庆	4.38	6.41	6.31	5.86	1.75
四　川	21.13	26.96	26.76	25.62	13.93
贵　州	0.99	3.93	5.00	4.72	3.62
云　南	2.67	3.93	4.17	2.85	1.58
西　藏	0.19	0.82	1.16	0.97	0.90
陕　西	3.82	4.87	4.76	4.40	2.95
甘　肃	1.00	1.29	0.93	0.91	0.78
青　海	0.24	0.47	0.50	0.51	0.32
宁　夏	0.39	0.40	0.40	0.33	0.24
新　疆	1.53	1.37	1.24	1.22	1.39

5-1-9 各地区民政部门直接医疗救助人次

单位：万人次

地 区	2010年	2014年	2015年	2016年	2017年
全 国	**1479.3**	**2395.3**	**2515.9**	**2696.1**	**3517.1**
东 部	264.2	818.1	923.2	1145.3	1622.2
中 部	405.7	698.5	725.9	692.9	840.6
西 部	809.4	878.8	866.8	857.9	1054.2
北 京	4.3	8.9	9.8	9.5	13.0
天 津	2.5	20.7	19.7	22.7	201.4
河 北	46.6	25.9	29.1	33.4	45.1
山 西	27.1	22.0	22.4	23.7	24.9
内蒙古	39.2	30.2	27.9	32.1	31.2
辽 宁	34.1	74.3	70.0	63.7	99.0
吉 林	53.1	78.6	80.8	48.6	54.3
黑龙江	30.2	62.9	69.0	65.1	60.7
上 海	14.3	10.0	26.6	18.3	29.6
江 苏	30.1	310.6	255.9	349.8	491.1
浙 江	31.6	153.6	233.1	280.0	320.9
安 徽	49.5	94.7	87.6	87.5	194.0
福 建	16.0	79.9	127.6	154.4	125.9
江 西	62.3	154.9	167.7	181.7	201.2
山 东	15.5	26.9	35.0	82.8	114.2
河 南	56.5	85.7	79.6	65.7	71.8
湖 北	36.4	101.7	106.6	98.2	118.4
湖 南	90.5	98.0	112.3	122.5	115.4
广 东	55.1	98.7	104.1	119.2	168.4
广 西	29.3	42.3	93.2	59.5	28.3
海 南	14.1	8.5	12.2	11.5	13.6
重 庆	104.6	260.0	273.5	361.5	474.5
四 川	208.2	176.3	150.3	156.2	208.6
贵 州	86.7	30.2	22.1	37.6	52.3
云 南	69.7	82.2	84.6	73.6	107.3
西 藏	3.2	3.9	4.8	5.7	6.0
陕 西	42.8	38.9	47.6	38.3	51.3
甘 肃	68.7	40.9	40.3	29.1	27.2
青 海	84.7	28.6	16.1	16.4	17.2
宁 夏	29.4	33.1	30.8	11.5	12.0
新 疆	42.9	112.2	75.6	36.4	38.4

5-1-10 各地区民政部门资助参加基本医疗保险人数

单位：万人

地 区	2010年	2014年	2015年	2016年	2017年
全 国	**6076.7**	**6723.7**	**6634.7**	**5560.4**	**5621.0**
东 部	1142.8	1262.8	1389.5	1027.4	1111.8
中 部	2278.9	2456.6	2272.2	1955.4	1887.8
西 部	2655.0	3004.3	2973.0	2577.6	2621.4
北 京	13.3	11.3	5.7	6.7	1.6
天 津	8.6	30.0	31.4	23.7	24.7
河 北	240.7	213.1	309.3	198.5	228.2
山 西	144.1	196.6	157.8	151.0	121.0
内蒙古	99.9	170.0	151.9	156.0	166.0
辽 宁	110.2	174.5	116.0	94.8	103.6
吉 林	239.0	185.6	164.0	63.1	79.8
黑龙江	244.5	262.6	249.6	239.4	229.8
上 海	19.5	9.3	8.7	9.8	7.5
江 苏	164.9	141.8	169.5	136.4	154.3
浙 江	58.2	72.7	115.5	16.1	47.0
安 徽	227.9	291.0	277.0	346.1	390.7
福 建	85.0	85.3	89.6	63.5	72.7
江 西	270.6	352.5	277.4	209.2	170.7
山 东	212.4	254.9	260.7	220.0	184.8
河 南	486.9	389.0	382.8	353.9	347.1
湖 北	354.3	400.5	335.4	242.7	204.0
湖 南	311.6	378.7	428.3	350.1	344.6
广 东	186.7	231.3	245.4	234.7	264.8
广 西	255.1	275.4	212.4	172.8	247.6
海 南	43.4	38.7	37.7	23.2	22.7
重 庆	229.1	175.6	157.3	155.6	173.7
四 川	473.0	630.6	621.5	536.6	425.9
贵 州	433.2	353.2	306.1	281.4	265.3
云 南	581.4	560.1	627.4	548.2	428.2
西 藏	5.2	4.9	7.1	4.9	6.8
陕 西	117.1	91.5	78.5	74.0	77.8
甘 肃	102.6	418.2	454.0	410.5	549.6
青 海	61.9	66.6	67.1	72.5	59.6
宁 夏	56.3	41.8	48.4	32.9	50.5
新 疆	240.3	216.5	241.2	132.3	170.6

5-2-1　全国机构收留儿童和老年人情况

年　份	提供住宿的社会服务机构年末在院(站)儿童数(万人)	养老服务机构收留老年人数(万人)
2010	9.99	229.15
2011	10.80	265.23
2012	10.83	277.32
2013	10.87	297.86
2014	10.28	320.33
2015	9.63	309.18
2016	9.59	327.72
2017	9.35	317.07

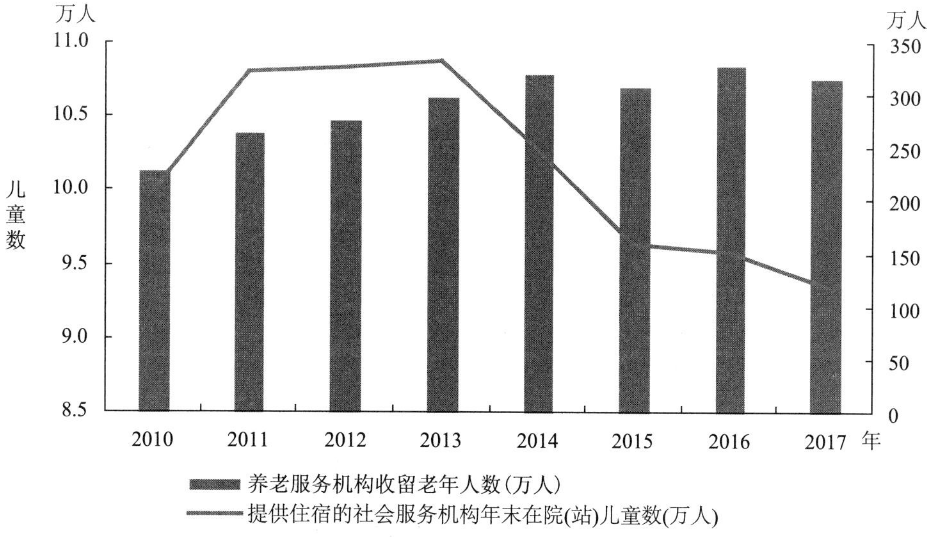

5-2-2 各地区养老服务机构数

单位：个

地 区	2010年	2014年	2015年	2016年	2017年
全 国	**39904**	**33043**	**27752**	**28592**	**28770**
东 部	13597	12972	11444	11565	11760
中 部	14606	11502	9269	9999	9863
西 部	11701	8569	7039	7028	7147
北 京	403	592	597	607	656
天 津	288	346	275	274	278
河 北	1563	1283	1051	1054	1169
山 西	1017	833	712	578	551
内蒙古	654	734	674	714	728
辽 宁	1258	1663	1487	1447	1543
吉 林	797	798	681	1301	1232
黑龙江	644	983	779	840	1008
上 海	626	637	630	649	669
江 苏	2012	2324	2329	2343	2251
浙 江	1675	1919	1269	1340	1416
安 徽	2334	831	1076	1164	1396
福 建	813	380	355	346	354
江 西	1912	1906	1537	1497	1352
山 东	2282	2119	1944	1959	1810
河 南	2824	2540	1075	1148	1106
湖 北	2483	2008	1658	1684	1632
湖 南	2595	1603	1751	1787	1586
广 东	2465	1489	1424	1491	1579
广 西	1422	492	476	480	421
海 南	212	220	83	55	35
重 庆	2174	900	615	632	688
四 川	3226	3409	2547	2573	2588
贵 州	933	387	804	870	877
云 南	730	495	398	412	440
西 藏	207	230	81	7	15
陕 西	881	759	575	569	609
甘 肃	660	342	348	249	248
青 海	141	143	35	36	45
宁 夏	78	80	98	92	94
新 疆	595	598	388	394	394

注：2014年及以后年份养老服务机构不包括没有在工商部门、编制部门、民政部门等部门办理登记手续的机构。

5-2-3 各地区每千老年人口养老床位数

单位：张

地 区	2010年	2014年	2015年	2016年	2017年
全 国	**17.8**	**27.2**	**30.3**	**31.6**	**30.9**
北 京	27.1	45.7	29.0	38.2	39.6
天 津	15.0	20.9	23.7	23.1	22.4
河 北	16.0	38.9	40.9	35.0	32.6
山 西	13.2	16.5	16.3	22.2	23.0
内蒙古	13.9	49.0	56.7	58.3	52.2
辽 宁	16.0	24.3	21.1	22.9	21.4
吉 林	19.0	17.8	14.3	25.6	22.9
黑龙江	13.5	21.8	27.0	27.3	27.4
上 海	28.9	33.5	27.2	28.9	27.8
江 苏	19.6	38.6	41.0	40.3	40.2
浙 江	25.6	52.9	51.7	56.3	57.1
安 徽	23.8	34.9	36.1	35.2	32.0
福 建	5.3	25.7	24.9	23.2	26.7
江 西	29.1	28.4	30.9	30.2	29.2
山 东	22.0	31.0	37.1	38.5	33.8
河 南	21.9	25.2	24.2	23.5	22.4
湖 北	27.5	27.3	30.1	33.0	31.8
湖 南	13.6	16.8	19.2	21.8	23.6
广 东	11.7	15.3	19.9	28.2	33.6
广 西	8.3	21.9	25.8	25.6	25.1
海 南	3.9	16.6	17.6	18.0	18.3
重 庆	17.3	25.0	33.2	29.3	25.5
四 川	21.1	24.5	30.7	31.4	31.5
贵 州	5.6	22.4	35.3	36.8	36.7
云 南	8.1	11.2	19.9	21.6	19.1
西 藏	20.8	27.7	61.9	14.2	17.3
陕 西	12.1	17.8	23.6	25.5	25.5
甘 肃	7.4	24.8	33.8	34.4	32.4
青 海	10.2	26.6	31.6	38.4	32.6
宁 夏	10.5	15.1	30.4	40.7	29.0
新 疆	16.6	21.0	24.8	26.6	23.7

注：本表养老床位数包括在工商部门、编制部门、民政部门办理登记手续的养老服务机构床位，以及未在上述部门办理登记手续的社区行政村养老服务设施、机构和农村互助型养老设施中的床位。

5-2-4 各地区养老服务机构和设施收留抚养老年人数

单位：万人

地 区	2010年	2014年	2015年	2016年	2017年
全 国	**229.1**	**320.3**	**309.2**	**327.7**	**317.1**
东 部	89.4	128.9	124.6	136.8	135.3
中 部	92.3	110.1	98.4	104.8	103.5
西 部	47.5	81.4	86.1	86.1	78.3
北 京	2.7	7.5	7.9	8.1	9.1
天 津	1.6	2.9	2.9	2.9	3.0
河 北	10.9	13.3	12.0	12.9	12.8
山 西	2.7	4.1	4.2	5.2	5.5
内蒙古	2.9	11.4	12.0	11.6	11.6
辽 宁	6.7	11.6	11.0	10.8	11.1
吉 林	4.8	4.7	4.1	6.9	6.9
黑龙江	5.4	9.9	10.9	10.9	11.4
上 海	6.0	7.6	7.5	7.9	8.2
江 苏	18.4	24.3	24.7	25.1	25.3
浙 江	10.3	15.8	14.9	17.0	17.6
安 徽	16.2	17.4	14.6	14.3	14.5
福 建	1.1	3.0	3.4	3.4	3.5
江 西	13.3	16.1	11.9	14.5	13.5
山 东	23.9	33.9	31.0	36.9	31.7
河 南	22.2	26.2	22.1	20.7	19.6
湖 北	17.4	17.2	16.7	17.2	16.1
湖 南	10.3	14.4	14.0	14.9	16.0
广 东	7.7	8.3	8.6	10.9	12.1
广 西	3.1	6.2	7.2	7.0	6.6
海 南	0.2	0.7	0.8	0.8	0.8
重 庆	5.8	9.6	11.6	11.8	9.5
四 川	22.6	31.2	29.6	29.1	25.8
贵 州	1.2	4.0	5.0	6.3	5.6
云 南	2.8	4.5	5.0	4.9	4.0
西 藏	0.3	0.5	1.2	0.2	0.3
陕 西	4.3	7.4	8.0	8.2	7.9
甘 肃	1.2	2.0	2.1	2.2	2.2
青 海	0.3	0.6	0.4	0.5	0.5
宁 夏	0.5	0.8	0.9	0.9	0.8
新 疆	2.5	3.2	3.4	3.4	3.4

注：本表养老机构和设施包括在工商部门、编制部门、民政部门办理登记手续的养老服务机构，以及未在上述部门办理登记手续的社区行政村养老服务设施、机构和农村互助型养老设施。

5-2-5 各地区儿童收养救助服务机构数

单位：个

地 区	2010年	2014年	2015年	2016年	2017年
全 国	**480**	**890**	**753**	**705**	**663**
东 部	125	184	151	155	160
中 部	169	324	248	238	205
西 部	186	382	354	312	298
北 京	12	13	12	12	10
天 津	2	2	2	2	2
河 北	10	13	8	5	5
山 西	5	10	13	13	11
内蒙古	6	8	8	8	9
辽 宁	6	12	12	12	13
吉 林	9	18	10	10	10
黑龙江	10	16	16	16	15
上 海	7	4	4	4	4
江 苏	25	45	32	32	32
浙 江	10	16	12	13	17
安 徽	24	52	36	36	36
福 建	9	12	11	11	11
江 西	13	17	17	16	11
山 东	10	26	17	17	18
河 南	12	22	23	22	24
湖 北	39	117	79	72	46
湖 南	57	72	54	53	52
广 东	33	39	39	46	46
广 西	15	37	41	43	41
海 南	1	2	2	1	2
重 庆	11	15	6	6	6
四 川	38	117	120	99	83
贵 州	16	25	26	29	25
云 南	16	37	32	28	28
西 藏	12	15	10	5	9
陕 西	10	13	12	13	18
甘 肃	9	27	29	18	17
青 海	2	22	12	8	6
宁 夏	1	10	10	10	9
新 疆	50	56	48	45	47

5-2-6 各地区儿童收养救助服务机构床位数

单位：张

地 区	2010年	2014年	2015年	2016年	2017年
全 国	**55713**	**108000**	**100112**	**100097**	**103261**
东 部	19031	31445	27310	28928	29041
中 部	17189	33069	28161	29135	28322
西 部	19493	43187	44641	42034	45898
北 京	1788	1978	1910	1910	1740
天 津	839	823	668	668	792
河 北	769	834	584	534	534
山 西	391	974	1180	1188	1100
内蒙古	1314	1683	1633	1633	2003
辽 宁	1630	4024	3371	4254	3934
吉 林	1187	3990	3110	3127	3127
黑龙江	1733	2837	2847	3708	3365
上 海	2554	2233	2091	2091	2091
江 苏	2149	4674	4064	4290	4171
浙 江	1923	2867	2654	2575	2794
安 徽	3320	6725	5967	6017	6283
福 建	1103	1554	1504	1504	1273
江 西	288	1460	1658	1682	1149
山 东	1800	7406	5390	5406	5176
河 南	2168	3864	4217	4042	4419
湖 北	4406	7863	4753	4886	4173
湖 南	3696	5356	4429	4485	4706
广 东	4441	4889	4911	5656	6396
广 西	962	2973	3082	3184	3442
海 南	35	163	163	40	140
重 庆	1746	3390	2489	2499	2579
四 川	2486	7987	7978	8135	7242
贵 州	1005	3279	3430	3861	3066
云 南	1291	3853	3780	3330	3434
西 藏	1087	2802	5769	3123	4920
陕 西	2177	3065	2915	2945	3050
甘 肃	1111	3791	4321	3581	2807
青 海	409	1992	1920	1828	1375
宁 夏	300	1330	840	840	1012
新 疆	5605	7042	6484	7075	10968

5-2-7　各地区提供住宿的社会服务机构年末在院(站)儿童数

单位：人

地　区	2010年	2014年	2015年	2016年	2017年
全　国	**99947**	**102776**	**96293**	**95852**	**93516**
东　部	33030	32319	30512	29541	29207
中　部	35265	36822	32522	34274	28612
西　部	31652	33635	33195	31973	35633
北　京	1059	1554	1427	1564	1307
天　津	749	696	310	318	609
河　北	3466	2040	1830	1531	1556
山　西	3109	2880	3345	2871	2612
内蒙古	1992	1414	1473	1438	1609
辽　宁	2689	3534	3001	3797	3429
吉　林	2399	2097	2193	2270	2294
黑龙江	1823	1633	1544	1724	1487
上　海	2563	2120	2173	1956	1883
江　苏	4396	3991	4352	4621	4745
浙　江	2819	2825	2513	2461	2270
安　徽	4430	3785	3379	4077	3634
福　建	2102	2144	1912	1818	1713
江　西	6125	7491	4718	6127	3822
山　东	3039	3902	3309	3046	2930
河　南	6836	7353	6038	5949	5471
湖　北	5189	4865	4901	4659	3297
湖　南	5354	6718	6404	6597	5995
广　东	9798	9151	9336	8120	8423
广　西	3000	3023	2852	3316	2600
海　南	350	362	349	309	342
重　庆	2451	1533	1334	1342	1164
四　川	7227	6378	4491	5138	4665
贵　州	2220	2527	3128	3515	2703
云　南	2304	2510	2363	1834	2004
西　藏	1098	2520	5281	2902	4265
陕　西	3243	2851	2669	2565	2588
甘　肃	2667	3725	3460	2896	2049
青　海	624	1358	1357	1295	1280
宁　夏	463	510	547	514	448
新　疆	4363	5286	4240	5218	10258

5-2-8 各地区登记孤儿数

单位：人

地 区	2010年	2014年	2015年	2016年	2017年
全 国	**252110**	**525179**	**502105**	**460450**	**409840**
东 部	45923	120504	115310	109376	98855
中 部	129091	198372	186913	164440	142404
西 部	77096	206303	199882	186634	168581
北 京	154	2287	2152	2071	2149
天 津	1057	884	862	805	815
河 北	3074	15663	16060	16479	16744
山 西	3793	15349	13545	12850	12228
内蒙古		5883	5526	5185	4848
辽 宁	4422	7760	7727	7233	6830
吉 林	1915	5401	5196	5106	4963
黑龙江	385	7884	7465	7286	6725
上 海		2054	1964	1824	1670
江 苏	3333	18445	17691	16510	15301
浙 江	359	5088	4827	4235	3851
安 徽	7834	27073	26993	27250	26855
福 建	1081	6437	6012	5504	4660
江 西	35753	24860	23133	21358	22688
山 东	18350	18023	17534	17360	16072
河 南	21161	45326	43261	34032	24488
湖 北	4718	26990	23704	19284	10464
湖 南	53532	45489	43616	37274	33993
广 东	12848	41711	38845	35807	29408
广 西	3951	23701	23614	21888	20264
海 南	1245	2152	1636	1548	1355
重 庆	2342	12422	11085	5404	4246
四 川	11990	30174	29684	28878	26631
贵 州	7870	21646	21047	20232	17908
云 南	18462	22995	23802	24176	23685
西 藏	456	5869	5798	5967	5537
陕 西	444	13013	12515	11569	9822
甘 肃	8601	21999	20608	18828	14879
青 海	13146	15991	16268	15771	13754
宁 夏	3036	7077	6890	6646	6270
新 疆	6798	25533	23045	22090	20737

注：2010年数据为领证孤儿数。

5-2-9 各地区家庭收养儿童数

单位：人

地 区	2010年	2014年	2015年	2016年	2017年
全 国	**34473**	**22876**	**22363**	**18736**	**18820**
东 部	19133	13154	12037	9730	9376
中 部	7046	3923	4192	3475	3088
西 部	8294	5799	6134	5518	6356
北 京	1009	199	174	140	215
天 津	254	129	87	62	44
河 北	713	400	380	255	277
山 西	306	252	258	244	229
内蒙古	192	225	183	197	246
辽 宁	309	185	221	183	178
吉 林	78	43	32	23	24
黑龙江	270	47	44	69	106
上 海	887	255	199	306	212
江 苏	2734	2018	2329	1721	1637
浙 江	5667	4206	3397	2483	3174
安 徽	1431	1013	878	737	593
福 建	971	1292	1264	1076	613
江 西	1543	609	416	284	183
山 东	3051	2520	2414	1982	1662
河 南	914	439	729	717	627
湖 北	994	717	748	695	735
湖 南	1510	803	1087	706	591
广 东	3284	1788	1460	1436	1257
广 西	2367	1621	1587	1757	2400
海 南	254	162	112	86	107
重 庆	766	297	214	247	258
四 川	1307	1074	1009	1001	1027
贵 州	760	427	285	253	216
云 南	1473	1239	1565	1255	1492
西 藏	59	32	475		30
陕 西	352	328	377	387	367
甘 肃	176	130	96	86	91
青 海	42	32	42	49	45
宁 夏	97	48	47	37	25
新 疆	703	346	254	249	159

5-3-1 各地区享受国家抚恤补助的优抚对象人数

单位：万人

地 区	2010年	2014年	2015年	2016年	2017年
全 国	**625.0**	**917.3**	**897.0**	**874.8**	**857.7**
东 部	196.5	331.2	324.3	317.8	315
中 部	227.6	334.1	326.7	314.2	306
西 部	200.9	252.1	246.0	242.8	237
北 京	2.3	4.5	4.4	4.5	4.5
天 津	3.0	4.6	4.6	4.6	4.7
河 北	33.2	56.6	56.7	58.2	59.4
山 西	13.1	18.1	18.0	17.9	18.2
内蒙古	6.7	4.8	4.9	5.0	5.2
辽 宁	15.0	23.5	22.2	21.4	19.3
吉 林	10.3	12.8	12.3	12.1	12.1
黑龙江	11.7	12.4	11.9	11.6	11.6
上 海	2.0	4.0	4.0	3.9	3.9
江 苏	28.9	49.5	48.2	47.0	46.2
浙 江	11.8	27.6	29.9	30.7	31.7
安 徽	34.0	47.5	46.0	45.8	45.7
福 建	9.8	18.8	18.9	18.6	18.4
江 西	21.5	32.2	29.5	29.4	29.6
山 东	60.3	96.0	89.9	84.1	81.9
河 南	43.3	75.3	74.9	73.7	73.7
湖 北	37.1	47.9	47.3	44.2	41.5
湖 南	56.6	87.8	86.8	79.4	73.8
广 东	27.6	43.3	42.8	42.2	41.8
广 西	24.5	29.5	29.2	28.9	28.7
海 南	2.6	2.7	2.7	2.6	2.7
重 庆	22.4	28.0	26.5	25.3	22.2
四 川	61.0	86.0	84.2	84.6	85.1
贵 州	19.2	23.3	22.2	22.8	22.7
云 南	29.3	35.2	35.3	32.2	28.3
西 藏	0.5	0.5	0.5	0.3	0.4
陕 西	23.9	26.8	25.0	24.8	25.3
甘 肃	7.8	12.1	12.2	12.7	13.0
青 海	1.1	1.5	1.5	1.4	1.5
宁 夏	0.8	1.2	1.2	1.2	1.3
新 疆	3.7	3.4	3.4	3.4	3.4

5-3-2 各地区优抚对象年均抚恤水平

单位：元/人年

地区	2010年	2014年	2015年	2016年	2017年
全国	**5803.2**	**6185.9**	**6954.0**	**8030.9**	**8833.7**
北京	23849.4	22775.6	27268.4	30063.0	32576.1
天津	13121.3	12218.7	13240.1	18295.2	17718.7
河北	6267.2	5108.7	5539.0	6288.9	7076.6
山西	7497.4	9033.0	10007.3	10712.7	12111.6
内蒙古	8133.3	17945.5	18405.9	18587.9	18735.7
辽宁	8001.1	7255.9	7596.5	8761.2	10309.2
吉林	7698.4	7939.7	9578.4	10355.4	11312.1
黑龙江	6628.7	7233.0	7397.2	12761.1	17592.9
上海	26501.1	21114.8	23464.7	23746.2	27320.5
江苏	8238.1	7681.4	8794.6	9669.9	10568.3
浙江	13706.4	7947.1	8111.6	8960.9	9410.4
安徽	4904.6	5298.3	6010.2	6326.4	6976.6
福建	7610.3	6204.4	6998.4	7670.5	8452.8
江西	5757.4	6390.7	6875.1	7933.6	8625.6
山东	6851.5	6573.4	7777.6	8338.5	8695.9
河南	5201.8	5097.4	5631.6	6591.0	7099.6
湖北	4725.0	6025.8	6783.0	8003.2	9137.9
湖南	3746.0	4304.0	4885.0	6120.8	6495.8
广东	6336.3	6902.8	7614.3	9280.1	10226.3
广西	3400.1	4262.5	5250.7	6584.4	7449.9
海南	6581.7	10627.6	8237.2	10215.1	11740.3
重庆	4346.6	5756.1	6592.5	7488.2	9442.0
四川	4778.3	5082.0	5821.7	6589.1	7083.5
贵州	4253.4	5326.2	6208.3	6979.0	7433.6
云南	3571.7	4593.6	5469.9	7258.1	8655.0
西藏	7248.4	14401.5	13050.6	28726.1	15186.2
陕西	4833.9	7812.2	8754.2	10771.3	11220.6
甘肃	5238.5	4222.5	4891.7	5055.8	5606.9
青海	7815.1	10429.9	11271.2	11844.4	11639.7
宁夏	6609.3	9228.2	10113.4	12041.4	11918.7
新疆	7288.2	13156.2	14481.6	16535.4	17090.0

5-4-1 各地区结婚登记数

单位：万对

地 区	2010年	2014年	2015年	2016年	2017年
全 国	**1241.0**	**1306.7**	**1224.7**	**1142.8**	**1063.1**
东 部	489.5	487.8	448.8	418.7	392.3
中 部	412.6	452.8	415.5	382.5	354.3
西 部	339.1	366.2	360.4	341.6	316.5
北 京	13.8	17.0	16.6	16.6	15.1
天 津	8.7	9.9	10.1	9.8	9.5
河 北	75.0	66.1	60.9	55.2	50.5
山 西	36.1	35.1	34.7	30.0	28.8
内蒙古	20.3	21.7	21.8	19.8	18.7
辽 宁	32.2	34.5	31.7	31.3	29.2
吉 林	22.3	23.5	23.4	22.2	20.6
黑龙江	30.9	35.2	31.8	30.6	28.7
上 海	13.0	14.2	14.2	12.5	10.9
江 苏	75.9	83.4	78.6	71.6	67.6
浙 江	43.2	43.7	39.2	36.7	34.4
安 徽	65.2	79.9	73.9	71.3	67.4
福 建	38.2	37.5	34.9	31.5	29.1
江 西	36.1	37.1	30.6	30.2	28.9
山 东	92.5	83.2	70.1	67.1	62.6
河 南	101.4	117.6	109.4	96.9	87.0
湖 北	57.1	62.2	57.3	51.4	47.2
湖 南	63.5	62.2	54.3	49.9	45.8
广 东	85.7	89.1	84.0	78.6	75.8
广 西	52.7	47.2	42.1	39.4	37.9
海 南	11.3	9.0	8.3	7.8	7.6
重 庆	31.3	30.4	29.3	27.9	26.6
四 川	71.5	77.4	74.2	72.7	69.0
贵 州	37.5	43.7	49.3	45.3	40.4
云 南	40.2	46.5	45.8	44.6	40.3
西 藏	1.3	2.0	1.5	3.0	3.4
陕 西	34.7	38.1	35.6	33.2	30.1
甘 肃	14.2	20.2	22.0	21.9	19.8
青 海	3.0	5.4	5.1	6.1	6.0
宁 夏	6.0	5.6	6.1	6.2	6.0
新 疆	26.4	27.9	27.7	21.4	18.4

5-4-2 各地区离婚情况

地区	离婚数(万对)				
	2010年	2014年	2015年	2016年	2017年
全国	**267.8**	**363.9**	**384.1**	**415.8**	**437.4**
北京	4.4	6.6	8.2	10.6	8.1
天津	3.0	4.5	5.2	6.5	5.9
河北	14.5	18.6	19.9	22.0	23.2
山西	4.3	6.6	7.2	7.7	8.2
内蒙古	5.7	8.8	9.2	9.8	10.1
辽宁	12.8	15.3	15.2	16.0	16.7
吉林	9.4	12.4	12.7	12.9	13.4
黑龙江	13.8	18.7	19.0	18.7	19.7
上海	4.7	6.1	6.7	8.3	5.9
江苏	16.0	21.8	22.9	26.1	28.8
浙江	11.2	13.6	14.0	14.7	15.8
安徽	11.0	17.1	18.1	21.7	24.2
福建	6.1	8.7	8.9	9.6	10.6
江西	6.5	8.9	9.5	10.2	11.1
山东	16.8	23.4	24.1	25.5	27.3
河南	13.4	23.1	25.2	27.7	31.7
湖北	11.6	15.7	16.7	18.3	19.9
湖南	13.8	17.6	18.1	19.3	20.8
广东	12.7	17.8	19.3	21.2	22.0
广西	7.3	10.1	10.4	11.3	12.0
海南	0.9	1.4	1.5	1.7	1.8
重庆	11.3	13.3	13.7	13.9	15.1
四川	22.1	27.5	28.6	29.6	31.2
贵州	6.4	9.6	10.8	12.1	13.4
云南	6.9	10.0	10.9	11.9	12.7
西藏	0.2	0.3	0.2	0.3	0.4
陕西	6.4	8.5	9.7	10.1	10.9
甘肃	2.8	4.2	4.6	5.0	5.4
青海	0.8	1.3	1.3	1.5	1.6
宁夏	1.2	1.6	1.8	2.0	2.2
新疆	9.8	10.8	10.2	9.4	7.4

5-4-2 续表

地 区	粗离婚率(‰)				
	2010年	2014年	2015年	2016年	2017年
全 国	**2.0**	**2.7**	**2.8**	**3.0**	**3.2**
北 京	2.4	3.1	3.8	4.9	3.7
天 津	2.4	3.0	3.4	4.2	3.8
河 北	2.0	2.5	2.7	3.0	3.1
山 西	1.2	1.8	2.0	2.1	2.2
内蒙古	2.3	3.5	3.7	3.9	4.0
辽 宁	2.9	3.5	3.5	3.7	3.8
吉 林	3.4	4.4	4.6	4.7	4.9
黑龙江	3.6	4.9	5.0	4.9	5.2
上 海	2.1	2.5	2.8	3.4	2.4
江 苏	2.0	2.7	2.9	3.3	3.6
浙 江	2.1	2.5	2.5	2.7	2.8
安 徽	1.8	2.8	2.9	3.5	3.9
福 建	1.7	2.3	2.3	2.5	2.7
江 西	1.5	2.0	2.1	2.2	2.4
山 东	1.8	2.4	2.4	2.6	2.7
河 南	1.4	2.4	2.7	2.9	3.3
湖 北	2.0	2.7	2.9	3.1	3.4
湖 南	2.1	2.6	2.7	2.9	3.0
广 东	1.2	1.7	1.8	2.0	2.0
广 西	1.5	2.1	2.2	2.4	2.5
海 南	1.0	1.6	1.7	1.8	1.9
重 庆	3.9	4.4	4.6	4.6	4.9
四 川	2.7	3.4	3.5	3.6	3.8
贵 州	1.8	2.7	3.1	3.4	3.8
云 南	1.5	2.1	2.3	2.5	2.7
西 藏	0.7	0.8	0.7	1.1	1.2
陕 西	1.7	2.3	2.6	2.7	2.8
甘 肃	1.1	1.6	1.8	1.9	2.1
青 海	1.4	2.2	2.2	2.6	2.8
宁 夏	1.9	2.4	2.6	2.9	3.3
新 疆	4.5	4.7	4.3	4.0	3.1

5-4-3 各地区火化殡葬数

单位：万具

地　区	2010年	2014年	2015年	2016年	2017年
全　国	**474.1**	**459.3**	**459.5**	**471.8**	**482.0**
东　部	290.7	280.4	281.2	290.5	294.0
中　部	125.3	112.6	109.0	109.8	113.2
西　部	57.4	66.4	69.3	71.5	74.8
北　京	8.5	9.1	9.1	10.1	9.8
天　津	7.8	6.7	6.8	7.0	7.0
河　北	28.1	20.6	18.9	18.3	17.7
山　西	2.0	2.2	2.2	2.4	2.7
内蒙古	6.4	6.6	6.8	7.1	7.1
辽　宁	27.5	27.8	27.7	28.8	31.1
吉　林	12.0	7.6	9.9	10.1	10.7
黑龙江	17.0	16.5	17.5	16.3	17.9
上　海	14.8	12.3	12.8	12.8	12.9
江　苏	47.6	47.5	50.3	52.5	52.6
浙　江	31.6	30.7	31.9	31.8	32.3
安　徽	27.3	26.0	26.7	27.9	28.4
福　建	16.8	19.8	19.6	20.2	20.2
江　西	8.1	9.0	6.7	8.1	8.7
山　东	61.6	58.2	58.7	61.2	62.8
河　南	30.3	22.3	15.9	13.9	12.8
湖　北	21.8	20.8	22.0	22.2	23.1
湖　南	6.8	8.2	8.2	9.0	9.1
广　东	46.2	47.4	45.1	47.3	47.2
广　西	6.4	7.7	7.8	8.2	8.8
海　南	0.2	0.3	0.3	0.3	0.4
重　庆	6.8	7.9	7.8	7.7	7.6
四　川	18.5	20.6	20.7	21.6	21.7
贵　州	5.5	7.2	8.1	9.2	9.8
云　南	4.2	6.2	6.8	6.9	8.5
西　藏	0.1	0.1	0.1	0.1	0.1
陕　西	4.3	5.3	5.4	5.8	5.9
甘　肃	1.5	1.8	1.9	1.9	2.0
青　海	0.7	0.7	0.7	0.7	0.6
宁　夏	0.4	0.4	0.4	0.4	0.4
新　疆	2.6	1.8	2.9	1.9	2.2

5-5-1 各地区提供住宿的社会服务机构情况

地　区	提供住宿的社会服务机构数(个)				
	2010年	2014年	2015年	2016年	2017年
全　国	**44482**	**36810**	**31187**	**31912**	**31929**
东　部	15296	14029	12347	12420	12610
中　部	16081	12803	10484	11160	10922
西　部	13105	9977	8355	8331	8396
北　京	582	631	631	641	685
天　津	325	364	294	292	297
河　北	1776	1467	1160	1142	1250
山　西	1176	952	841	696	641
内蒙古	730	797	735	784	801
辽　宁	1420	1797	1617	1569	1665
吉　林	918	893	767	1386	1314
黑龙江	820	1124	926	970	1114
上　海	686	665	660	677	696
江　苏	2259	2477	2464	2476	2384
浙　江	1845	2030	1348	1422	1502
安　徽	2496	1002	1205	1295	1531
福　建	951	494	440	432	440
江　西	2029	2033	1667	1631	1467
山　东	2526	2235	2047	2060	1909
河　南	3034	2698	1232	1306	1268
湖　北	2715	2265	1884	1881	1798
湖　南	2893	1836	1962	1995	1789
广　东	2692	1637	1588	1643	1734
广　西	1532	614	611	616	555
海　南	234	232	98	66	48
重　庆	2288	966	672	690	745
四　川	3557	3786	2928	2953	2955
贵　州	1058	519	936	1015	980
云　南	913	666	534	545	570
西　藏	224	253	101	16	29
陕　西	1071	877	691	686	736
甘　肃	748	432	447	332	325
青　海	161	189	60	54	64
宁　夏	98	106	120	120	122
新　疆	725	772	520	520	514

5-5-1 续表

地 区	每千人口社会服务床位数(张)				
	2010年	2014年	2015年	2016年	2017年
全 国	**2.6**	**4.5**	**5.3**	**5.5**	**5.7**
东 部	2.7	5.2	6.0	6.2	6.5
中 部	2.9	3.9	4.5	4.8	5.1
西 部	2.1	4.0	5.3	5.4	5.4
北 京	5.0	6.7	7.1	7.2	7.8
天 津	2.2	4.2	4.4	4.3	4.2
河 北	2.2	6.1	7.0	6.2	6.2
山 西	1.7	2.4	2.7	3.3	3.7
内蒙古	1.9	7.5	9.1	9.3	9.4
辽 宁	3.0	5.0	5.1	5.2	5.2
吉 林	2.8	3.5	3.0	5.1	5.0
黑龙江	2.0	3.7	5.3	5.5	5.7
上 海	4.7	5.3	5.7	6.1	6.4
江 苏	3.3	7.2	8.3	8.3	8.6
浙 江	3.7	8.0	9.0	10.2	10.9
安 徽	3.7	5.6	6.3	6.1	6.2
福 建	0.8	3.3	3.8	3.8	4.2
江 西	3.4	4.1	4.6	4.6	4.6
山 东	3.5	5.8	7.2	7.2	6.8
河 南	2.9	3.8	4.1	3.9	3.9
湖 北	4.1	4.8	5.7	6.2	6.3
湖 南	2.2	3.0	3.6	4.1	4.5
广 东	1.4	2.1	2.5	3.6	4.3
广 西	1.2	3.3	4.1	3.9	4.0
海 南	0.5	2.0	2.4	2.3	2.3
重 庆	3.3	5.5	7.0	6.5	5.8
四 川	3.7	5.7	6.6	6.9	6.9
贵 州	0.9	3.4	5.7	5.7	5.6
云 南	1.1	1.7	3.0	3.0	2.7
西 藏	2.0	3.4	9.7	3.9	4.8
陕 西	1.9	3.1	4.2	4.4	4.8
甘 肃	1.1	3.6	5.3	5.6	5.3
青 海	1.1	3.3	4.2	4.7	4.6
宁 夏	1.1	2.0	3.9	5.3	4.3
新 疆	2.1	2.8	3.4	3.3	3.5

5-5-2 各地区每万人口拥有社会工作专业人才数

单位：人

地 区	2011年	2014年	2015年	2016年	2017年
全 国	**0.40**	**1.16**	**1.50**	**2.08**	**2.35**
北 京	3.72	8.35	9.55	11.54	12.36
天 津	1.01	2.22	3.07	4.20	4.65
河 北	0.20	0.40	0.49	0.61	0.67
山 西	0.26	0.45	0.59	0.85	1.01
内蒙古	0.11	0.32	0.47	0.80	1.00
辽 宁	0.46	1.23	1.60	2.47	2.85
吉 林	0.23	1.11	1.52	2.15	2.34
黑龙江	0.31	0.73	0.91	1.18	1.33
上 海	1.11	3.04	3.90	6.02	6.99
江 苏	0.79	2.66	3.49	4.70	5.31
浙 江	0.85	2.32	2.91	4.02	4.67
安 徽	0.27	0.70	0.91	1.21	1.35
福 建	0.41	1.30	1.70	2.35	2.65
江 西	0.27	0.46	0.54	0.69	0.76
山 东	0.32	0.71	0.92	1.30	1.54
河 南	0.18	0.39	0.47	0.60	0.68
湖 北	0.18	0.71	0.93	1.35	1.59
湖 南	0.19	0.50	0.66	0.90	1.03
广 东	0.78	3.11	3.97	5.38	5.80
广 西	0.24	0.46	0.56	0.73	0.80
海 南	0.06	0.23	0.33	0.45	0.51
重 庆	0.18	0.83	1.19	1.86	2.10
四 川	0.20	0.61	0.84	1.26	1.43
贵 州	0.09	0.18	0.23	0.32	0.37
云 南	0.12	0.27	0.39	0.58	0.65
西 藏	0.02	0.03	0.05	0.08	0.09
陕 西	0.15	0.71	1.34	2.63	3.33
甘 肃	0.13	0.29	0.38	0.57	0.68
青 海	0.31	0.46	0.49	0.61	0.67
宁 夏	0.22	0.49	0.66	1.36	1.69
新 疆	0.20	0.38	0.67	1.01	1.10

5-5-3 各地区社区服务机构数

单位：个

地 区	2010年	2014年	2015年	2016年	2017年
全 国	**152941**	**251368**	**360956**	**386186**	**407453**
东 部	91713	168315	224940	237393	246046
中 部	35879	32320	48388	54230	59061
西 部	25349	50733	87628	94563	102346
北 京	4288	10911	11528	11913	11749
天 津	1295	1793	2069	2952	2786
河 北	5462	10028	37106	37598	36833
山 西	2064	2910	3222	5294	6067
内蒙古	2678	2227	3754	4159	4495
辽 宁	3309	6295	6684	7259	7375
吉 林	477	633	1757	1735	1840
黑龙江	2442	2204	3103	3185	3231
上 海	2924	3810	5865	6129	6197
江 苏	16896	29324	38986	40137	41826
浙 江	20308	23544	30370	30454	33763
安 徽	4196	6097	7969	8086	7860
福 建	1772	3183	5619	5818	8630
江 西	3079	3137	3339	3564	3745
山 东	19390	22758	27637	25872	25156
河 南	3745	3226	5345	4812	6015
湖 北	9964	8692	12165	14152	14738
湖 南	9912	5421	11488	13402	15565
广 东	15960	55011	57108	66677	68919
广 西	1205	906	13094	13476	13916
海 南	109	1658	1968	2584	2812
重 庆	3197	4107	7412	7853	8040
四 川	2508	12790	18762	20802	23457
贵 州	6177	17589	21622	23285	23139
云 南	564	1547	2990	3071	3359
西 藏	29	39	329	74	76
陕 西	3373	3153	6696	6975	8926
甘 肃	3171	4999	8177	9413	10142
青 海	162	271	1130	1580	1640
宁 夏	461	805	1006	1215	2514
新 疆	1824	2300	2656	2660	2642

5-5-4 全国社会服务经费情况表

单位：亿元

年 份	社会服务经费总额	#社会救助	#社会福利	#抚恤	#退役安置
2001	284.8	41.6	90.6	69.5	31.2
2005	718.4	279.6	55.6	143.6	88.9
2010	2697.5	1302.1	109.9	362.7	269.0
2011	3229.1	1766.3	232.2	428.3	302.3
2012	3683.7	1866.1	319.5	517.0	372.1
2013	4276.5	2172.4	397.6	618.4	435.3
2014	4404.1	2197.5	480.9	636.6	456.8
2015	4926.4	2347.4	562.8	686.8	582.7
2016	5440.2	2492.8	753.4	769.8	625.6
2017	5932.7	2609.8	920.5	827.3	723.4

5-5-5 全国社会服务经费主要支出构成

单位：%

年 份	社会服务经费总额	#社会救助	#社会福利	#抚恤	#退役安置
2001	100.00	14.61	31.81	24.40	10.96
2005	100.00	38.92	7.74	19.99	12.37
2010	100.00	48.27	4.07	13.45	9.97
2011	100.00	54.70	7.19	13.26	9.36
2012	100.00	50.66	8.67	14.03	10.10
2013	100.00	50.80	9.30	14.46	10.18
2014	100.00	49.90	10.92	14.45	10.37
2015	100.00	47.65	11.42	13.94	11.83
2016	100.00	45.82	13.85	14.15	11.50
2017	100.00	43.99	15.52	13.94	12.19

6 基本医疗卫生

“十三五”时期，政府提供如下基本医疗卫生服务：

◆为城乡居民免费提供居民健康档案、健康教育、预防接种、传染病防治、儿童保健、孕产妇保健、老年人保健、高血压等慢性病管理、重性精神疾病管理、卫生监督协管等国家基本公共卫生服务；

◆实施国家免疫规划，艾滋病和结核病、血吸虫病等重大传染病防治，农村妇女住院分娩补助、适龄妇女宫颈癌乳腺癌检查等重大公共卫生项目；

◆实施国家基本药物制度，基本药物全部纳入基本医疗保障药物报销目录，并实行零差率销售；

◆为公众安全用药提供保障，确保药品质量和安全；

◆为育龄人群提供指导咨询；

◆为符合独生子女伤残、死亡的父母及节育手术并发症三级以上计划生育家庭提供特别扶助，为农村年满60周岁、只生一个子女或者两个女孩的计划生育家庭提供奖励扶助。

6-1-1 全国基本公共卫生服务情况

年份	专业公共卫生机构人员（万人）	28种传染病报告发病率（1/10万）	人均基本公共卫生服务补助经费（元）	人均政府卫生服务支出（元）
2000		192.6		56.0
2005	53.2	268.3		118.7
2006	53.5	266.8		135.4
2007	55.8	272.4		195.4
2008	58.0	268.0		270.6
2009	59.9	263.5		360.8
2010	62.5	238.7	17.8	427.5
2011	64.1	241.4	26.8	554.1
2012	66.7	238.8	27.7	617.9
2013	82.6	225.8	32.9	701.4
2014	87.5	227.0	37.7	773.4
2015	87.7	223.6	42.6	907.6
2016	87.1	215.7	45.6	1006.0
2017	86.2	222.1	59.8	1093.9

注：专业公共卫生机构人员2009年及以前年份不包括计划生育技术服务机构人员。

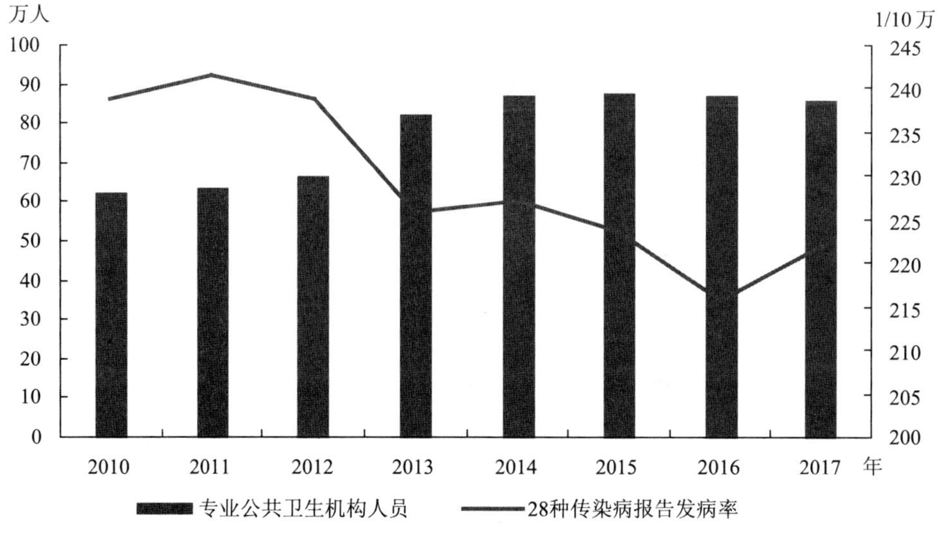

6-1-2 各地区专业公共卫生机构人员数

单位：人

地　区	2010年	2014年	2015年	2016年	2017年
全　国	**534181**	**875045**	**876848**	**870652**	**862208**
东　部	198808	327406	329960	330708	330356
中　部	174944	281233	286106	280459	278122
西　部	150429	256406	250782	249485	253730
北　京	10282	14819	14868	15291	15369
天　津	4812	6388	6016	6006	5829
河　北	30141	43944	39792	37979	39237
山　西	17479	19321	19076	20922	21253
内蒙古	15216	19444	19025	19122	19311
辽　宁	16837	23183	22633	22231	21607
吉　林	13524	15561	16010	16249	16107
黑龙江	16960	25811	25030	24646	23594
上　海	7164	11841	11866	12384	12754
江　苏	18832	36086	37295	36528	35843
浙　江	20547	28377	28807	30323	31545
安　徽	14587	25961	25881	22457	21427
福　建	11768	24569	24810	22044	20755
江　西	16614	26559	27685	28859	29819
山　东	33177	61273	63841	65365	60893
河　南	45639	81197	81342	79161	77975
湖　北	22764	36382	37959	38532	40274
湖　南	27377	50441	53123	49633	47673
广　东	41663	70850	73483	75767	79298
广　西	24482	48578	50255	51590	50131
海　南	3585	6076	6549	6790	7226
重　庆	7492	11071	11759	12705	13451
四　川	27861	45060	42577	41483	43973
贵　州	9921	20834	18677	17641	19683
云　南	16318	25373	25581	25049	27489
西　藏	1598	1756	1761	1645	1860
陕　西	18199	35347	33783	32505	30726
甘　肃	11084	25887	24510	24344	23298
青　海	3038	3224	3297	3259	3638
宁　夏	3283	4477	4323	4699	5057
新　疆	11937	15355	15234	15443	15113

注：本表数据2010年和2011年仅包括疾病预防控制中心、卫生监督所(中心)和妇幼保健院(所、站)机构人员。全国总计大于分省合计数为公务员中取得“卫生监督员”证书的人员。

6-1-3 各地区城乡居民健康档案规范化电子建档率

单位：%

地 区	2011年	2014年	2015年	2016年	2017年
全 国	**72.6**	**65.8**	**76.4**	**76.9**	**83.8**
北 京	75.9	57.1	64.5	65.7	72.7
天 津	58.0	61.3	73.2	73.4	68.1
河 北	67.0	64.5	75.1	79.9	77.1
山 西	79.2	71.3	78.2	80.4	83.7
内蒙古	75.8	54.8	79.3	80.5	86.2
辽 宁	62.3	51.7	75.8	67.6	62.8
吉 林	69.1	56.9	62.2	67.3	75.9
黑龙江	81.5	63.3	75.0	71.8	72.2
上 海	66.1	72.1	74.8	75.3	74.4
江 苏	83.5	66.9	76.3	74.0	77.5
浙 江	83.2	76.3	79.9	79.7	77.4
安 徽	64.5	59.6	72.2	73.9	90.0
福 建	59.6	65.1	82.3	76.0	87.7
江 西	56.2	57.4	70.9	71.2	80.5
山 东	86.2	73.6	73.2	74.4	83.0
河 南	72.2	80.7	85.8	86.6	100.0
湖 北	73.1	65.8	74.0	71.1	82.4
湖 南	58.9	58.3	73.6	73.4	85.3
广 东	67.9	67.7	77.6	79.9	85.9
广 西	65.2	66.9	77.8	76.9	81.2
海 南	67.5	62.2	70.6	74.1	76.4
重 庆	78.0	56.9	70.9	74.1	81.5
四 川	85.4	75.4	83.4	88.3	97.2
贵 州	74.4	56.1	66.5	66.0	82.6
云 南	69.3	74.6	81.9	79.3	100.0
西 藏	19.7	5.1	54.5	60.3	36.9
陕 西	80.9	59.3	78.3	79.8	88.7
甘 肃	76.7	69.2	77.7	79.0	80.8
青 海	80.4	77.0	81.8	79.3	86.4
宁 夏	78.0	63.2	84.3	80.2	71.6
新 疆	66.5	54.9	76.5	81.2	83.2

6-1-4 各地区7岁以下儿童保健管理率

单位：%

地区	2010年	2014年	2015年	2016年	2017年
全国	**83.4**	**91.3**	**92.1**	**92.4**	**92.6**
北京	98.2	98.2	98.5	98.9	99.1
天津	91.4	91.8	93.3	93.8	94.0
河北	90.3	93.0	93.4	92.9	92.6
山西	78.3	89.4	91.0	90.9	89.4
内蒙古	85.8	94.3	94.7	93.6	93.6
辽宁	95.9	95.0	94.4	94.3	94.7
吉林	83.6	90.8	92.0	90.1	91.1
黑龙江	89.7	94.8	94.8	95.3	94.5
上海	97.4	99.6	99.5	99.6	99.6
江苏	97.8	98.4	98.4	97.9	97.7
浙江	95.8	97.1	97.3	97.1	97.3
安徽	61.4	89.9	90.9	91.9	90.5
福建	95.0	94.5	94.8	94.9	94.9
江西	82.8	85.5	87.9	87.7	88.8
山东	93.5	91.4	92.2	92.3	92.4
河南	76.7	85.6	86.6	87.9	87.7
湖北	86.2	92.3	92.3	92.8	92.3
湖南	66.7	87.5	89.4	90.8	94.5
广东	95.1	95.9	95.9	95.5	95.3
广西	75.0	89.4	90.5	91.7	90.8
海南	81.4	92.2	92.8	92.7	92.2
重庆	80.5	90.3	92.0	92.2	92.0
四川	82.8	92.3	93.1	93.8	94.1
贵州	66.6	85.8	88.7	89.4	89.3
云南	82.2	92.7	92.8	92.4	92.2
西藏	52.0	58.9	64.7	69.7	70.8
陕西	92.2	96.0	96.0	96.0	95.4
甘肃	78.5	92.8	92.7	92.6	92.0
青海	74.5	83.2	87.3	85.9	89.6
宁夏	89.7	96.1	96.2	96.5	95.4
新疆	77.3	85.0	87.4	87.0	92.3

6-1-5　各地区65岁及以上老年人健康管理人数

单位：万人

地　区	2010年	2014年	2015年	2016年	2017年
全　国	**9134.8**	**11773.2**	**11829.9**	**11846.4**	**11712.4**
东　部	2664.8	4820.7	4778.7	4708.5	4735.6
中　部	2631.2	3897.3	4019.5	4099.5	4023.4
西　部	2450.9	3055.2	3031.7	3038.5	2953.4
北　京	73.8	147.8	132.7	159.1	160.9
天　津	132.4	117.3	121.8	130.8	130.1
河　北	533.8	606.0	659.3	667.3	688.7
山　西	244.5	269.6	274.3	275.0	287.2
内蒙古	148.5	190.1	186.5	187.2	192.6
辽　宁	233.0	369.4	368.7	360.8	374.8
吉　林	192.2	238.7	222.3	217.3	184.2
黑龙江	280.7	293.8	278.6	265.0	256.3
上　海	130.4	196.9	203.9	212.5	216.9
江　苏	863.3	882.2	888.6	855.3	880.2
浙　江	605.5	568.6	532.4	466.4	466.3
安　徽	378.1	613.6	651.6	694.0	753.2
福　建	224.7	282.3	271.7	273.6	257.9
江　西	286.5	337.3	342.4	353.7	342.7
山　东	835.3	832.4	803.7	843.9	918.7
河　南	552.3	999.3	1049.6	1079.5	1067.9
湖　北	289.7	503.9	541.7	543.8	459.9
湖　南	501.2	641.0	659.0	671.0	672.0
广　东	398.5	768.4	748.1	692.0	595.3
广　西	298.9	333.3	315.6	307.5	320.6
海　南	36.3	49.3	48.0	46.8	45.8
重　庆	265.5	302.0	296.9	273.0	263.0
四　川	645.1	859.4	854.9	867.4	810.9
贵　州	184.2	291.6	279.0	281.4	263.8
云　南	240.8	310.2	306.5	318.1	312.9
西　藏	2.5	6.4	9.5	12.0	13.3
陕　西	273.7	313.9	322.8	335.9	323.0
甘　肃	122.0	233.8	238.9	230.9	228.3
青　海	32.5	44.0	42.0	36.7	40.1
宁　夏	44.1	46.6	46.3	44.4	37.5
新　疆	84.5	123.9	132.5	143.9	147.5

6-1-6 各地区28种传染病报告发病率

单位：1/10万

地 区	2010年	2014年	2015年	2016年	2017年
全 国	**238.7**	**227.0**	**223.6**	**215.7**	**222.1**
北 京	269.0	165.5	150.9	138.0	139.6
天 津	173.5	149.0	131.9	129.7	141.4
河 北	200.0	186.3	184.9	179.0	174.1
山 西	264.9	292.5	268.2	243.9	236.7
内蒙古	324.6	300.8	268.4	250.4	267.4
辽 宁	207.1	236.1	211.2	200.7	205.2
吉 林	245.6	203.3	174.3	145.9	138.7
黑龙江	239.5	207.8	199.8	181.0	174.1
上 海	185.6	174.2	186.9	184.0	185.1
江 苏	138.2	117.3	124.2	114.6	111.5
浙 江	296.5	193.9	193.2	195.3	206.9
安 徽	176.2	190.3	242.7	206.0	223.7
福 建	292.6	274.6	278.2	258.8	255.1
江 西	210.4	207.7	227.9	224.1	232.4
山 东	102.5	131.6	130.9	137.2	144.9
河 南	289.5	216.7	204.8	192.2	192.4
湖 北	278.6	246.8	251.6	249.9	249.8
湖 南	212.9	246.9	244.7	238.2	252.2
广 东	327.5	360.8	313.2	320.2	346.7
广 西	331.4	280.1	262.8	254.3	265.1
海 南	261.5	326.2	342.5	321.5	382.3
重 庆	240.8	250.4	262.1	263.6	283.7
四 川	225.4	182.9	187.7	184.9	191.0
贵 州	277.5	254.2	266.6	254.2	261.2
云 南	178.8	208.5	207.7	187.9	195.0
西 藏	187.8	267.7	325.5	287.1	316.7
陕 西	212.1	201.5	200.1	194.3	193.1
甘 肃	403.0	193.1	188.7	200.2	194.3
青 海	456.1	387.8	414.3	426.6	452.1
宁 夏	239.7	268.9	235.0	226.0	220.7
新 疆	539.3	611.8	635.1	606.7	589.4

6-1-7 各地区艾滋病发病率和死亡率

地 区	发病率(1/10万)				
	2010年	2014年	2015年	2016年	2017年
全 国	**1.20**	**3.33**	**3.69**	**3.97**	**4.15**
北 京	1.00	3.33	3.61	3.62	3.43
天 津	0.47	1.58	1.79	1.79	1.80
河 北	0.17	0.70	0.92	0.79	1.01
山 西	0.47	1.18	1.35	1.45	1.73
内蒙古	0.12	0.81	0.83	1.14	1.23
辽 宁	0.25	1.49	1.88	2.31	2.51
吉 林	0.36	1.59	1.96	1.99	2.03
黑龙江	0.29	1.26	1.44	1.48	1.62
上 海	1.43	1.88	2.15	2.27	2.13
江 苏	0.42	1.65	1.98	2.02	1.65
浙 江	0.88	2.74	3.02	3.37	3.24
安 徽	0.54	1.43	1.71	2.17	1.85
福 建	0.65	1.65	2.00	2.43	2.50
江 西	0.53	1.73	2.60	3.01	3.12
山 东	0.11	0.47	0.62	0.74	0.85
河 南	1.58	3.05	3.26	3.17	3.14
湖 北	0.62	1.89	2.02	2.18	2.38
湖 南	1.16	3.40	3.82	4.15	4.42
广 东	1.20	3.29	3.65	3.80	3.92
广 西	8.41	14.02	13.25	12.48	12.63
海 南	0.36	1.14	2.10	1.92	1.84
重 庆	1.49	8.39	8.76	10.20	9.73
四 川	1.94	8.02	9.55	11.16	13.04
贵 州	0.80	4.87	6.02	7.42	8.57
云 南	4.81	12.34	12.31	12.04	11.89
西 藏	0.14	0.67	1.04	1.57	0.85
陕 西	0.34	1.41	1.74	2.13	2.33
甘 肃	0.21	0.88	1.20	1.55	1.84
青 海	0.39	1.85	2.59	2.97	3.29
宁 夏	0.30	0.87	1.18	1.26	1.50
新 疆	2.50	7.12	8.13	8.14	8.35

6-1-7 续表

地 区	死亡率(1/10万)				
	2010年	2014年	2015年	2016年	2017年
全 国	**0.58**	**0.89**	**0.94**	**1.03**	**1.11**
北 京	0.14	0.21	0.22	0.15	0.13
天 津	0.18	0.22	0.24	0.20	0.17
河 北	0.07	0.15	0.15	0.16	0.19
山 西	0.20	0.20	0.20	0.27	0.26
内蒙古	0.06	0.13	0.15	0.15	0.14
辽 宁	0.09	0.28	0.30	0.29	0.28
吉 林	0.17	0.44	0.54	0.46	0.46
黑龙江	0.10	0.18	0.19	0.23	0.28
上 海	0.14	0.14	0.15	0.21	0.18
江 苏	0.11	0.29	0.23	0.28	0.25
浙 江	0.18	0.33	0.33	0.44	0.45
安 徽	0.24	0.35	0.27	0.39	0.43
福 建	0.25	0.23	0.24	0.29	0.35
江 西	0.26	0.43	0.68	0.86	0.81
山 东	0.06	0.09	0.11	0.12	0.11
河 南	1.54	1.29	1.30	1.28	1.27
湖 北	0.35	0.48	0.56	0.60	0.63
湖 南	0.61	1.09	0.87	1.17	1.36
广 东	0.51	0.72	0.73	0.82	0.78
广 西	3.09	5.55	5.59	5.57	5.26
海 南	0.38	0.63	0.53	0.64	0.58
重 庆	0.67	1.45	1.56	2.08	2.26
四 川	0.97	1.83	2.07	2.47	2.89
贵 州	0.59	1.15	1.45	1.73	2.45
云 南	2.37	3.66	3.88	3.99	4.83
西 藏	0.03	0.13	0.16	0.12	0.09
陕 西	0.16	0.20	0.30	0.35	0.39
甘 肃	0.06	0.15	0.22	0.24	0.31
青 海	0.13	0.40	0.39	0.49	0.51
宁 夏	0.13	0.24	0.21	0.18	0.33
新 疆	1.65	2.42	2.96	2.83	2.84

6-1-8 各地区肺结核发病率和死亡率

地 区	发病率(1/10万)				
	2010年	2014年	2015年	2016年	2017年
全 国	**74.27**	**65.63**	**63.42**	**61.00**	**60.53**
北 京	45.70	34.38	31.97	31.01	32.74
天 津	25.54	21.27	19.52	21.14	20.91
河 北	59.08	48.15	46.11	45.34	41.94
山 西	69.58	46.33	42.32	38.65	37.22
内蒙古	74.07	49.14	47.71	48.30	49.19
辽 宁	60.10	57.01	53.72	51.40	54.08
吉 林	83.79	60.66	56.45	49.76	50.30
黑龙江	95.84	89.43	86.73	80.16	72.73
上 海	34.33	28.74	27.56	27.28	26.55
江 苏	53.93	41.90	39.52	35.93	33.52
浙 江	63.89	54.05	50.80	48.78	47.54
安 徽	64.49	61.84	58.44	56.77	55.78
福 建	58.93	47.19	44.82	42.74	42.79
江 西	85.08	71.81	71.63	71.99	72.02
山 东	42.48	35.45	33.06	30.78	30.15
河 南	73.11	66.50	62.74	60.13	58.03
湖 北	84.75	79.58	78.14	74.70	68.33
湖 南	88.59	85.88	83.00	75.50	76.07
广 东	99.51	76.57	74.12	71.82	74.66
广 西	97.01	100.65	96.41	86.27	87.86
海 南	109.66	97.02	97.92	84.18	86.30
重 庆	89.90	76.62	75.00	73.34	77.15
四 川	81.74	69.68	67.13	65.66	63.12
贵 州	129.14	129.39	133.46	130.66	122.15
云 南	55.60	56.01	54.42	55.47	57.53
西 藏	118.34	147.99	140.20	154.37	154.77
陕 西	67.91	57.39	56.66	56.30	59.00
甘 肃	90.64	64.45	54.92	58.13	56.54
青 海	87.35	101.16	123.26	128.70	134.20
宁 夏	57.39	50.84	42.23	40.04	43.00
新 疆	164.46	176.00	184.53	185.66	202.59

6-1-8 续表

地区	死亡率(1/10万)				
	2010年	2014年	2015年	2016年	2017年
全 国	**0.22**	**0.17**	**0.17**	**0.18**	**0.20**
北 京	0.19	0.08	0.08	0.13	0.10
天 津	0.29	0.16	0.15	0.06	0.05
河 北	0.05	0.04	0.04	0.06	0.07
山 西	0.09	0.05	0.07	0.08	0.10
内蒙古	0.18	0.10	0.16	0.08	0.08
辽 宁	0.28	0.17	0.23	0.24	0.34
吉 林	0.26	0.08	0.12	0.10	0.14
黑龙江	0.47	0.42	0.45	0.40	0.53
上 海	0.48	0.30	0.24	0.22	0.21
江 苏	0.18	0.12	0.12	0.12	0.12
浙 江	0.28	0.21	0.21	0.20	0.23
安 徽	0.13	0.16	0.15	0.22	0.16
福 建	0.15	0.12	0.10	0.14	0.10
江 西	0.15	0.09	0.11	0.18	0.16
山 东	0.13	0.08	0.10	0.10	0.11
河 南	0.17	0.11	0.11	0.10	0.09
湖 北	0.19	0.10	0.12	0.14	0.11
湖 南	0.25	0.21	0.12	0.16	0.19
广 东	0.18	0.10	0.10	0.09	0.10
广 西	0.42	0.24	0.24	0.29	0.71
海 南	0.42	0.21	0.20	0.18	0.23
重 庆	0.35	0.32	0.35	0.44	0.40
四 川	0.27	0.18	0.14	0.19	0.20
贵 州	0.48	0.44	0.41	0.29	0.33
云 南	0.25	0.15	0.15	0.16	0.16
西 藏	0.86	0.61	0.28	0.28	0.69
陕 西	0.08	0.06	0.08	0.11	0.13
甘 肃	0.22	0.21	0.17	0.16	0.13
青 海	0.11	0.12	0.14	0.31	0.12
宁 夏	0.14	0.12	0.18	0.10	0.27
新 疆	0.78	0.95	1.17	1.32	1.38

6-1-9 各地区农村卫生厕所普及率

单位：%

地 区	2010年	2014年	2015年	2016年	2017年
全 国	**67.4**	**76.1**	**78.4**	**80.4**	**81.8**
北 京	91.4	98.2	94.4	99.8	98.1
天 津	96.0	93.6	93.6	94.4	93.2
河 北	53.2	60.9	68.8	73.2	73.3
山 西	53.5	53.6	56.0	58.8	61.1
内蒙古	37.0	53.1	62.6	71.4	77.9
辽 宁	64.1	68.4	72.8	76.9	79.2
吉 林	73.2	76.6	76.5	80.6	81.5
黑龙江	66.8	74.4	75.9	80.4	72.3
上 海	97.6	96.5	98.6	99.1	99.2
江 苏	83.0	96.1	96.9	97.4	97.9
浙 江	88.9	94.8	96.5	98.3	98.6
安 徽	57.6	65.2	67.1	68.9	73.8
福 建	79.7	91.8	94.0	93.9	95.0
江 西	77.7	89.0	89.4	89.1	93.9
山 东	84.1	91.6	92.2	92.1	92.3
河 南	69.8	75.3	75.6	79.6	75.0
湖 北	73.6	82.5	83.0	83.0	83.3
湖 南	63.1	68.5	74.4	79.5	82.6
广 东	85.8	91.1	92.3	93.7	95.4
广 西	60.0	83.3	85.7	85.6	91.6
海 南	67.3	79.3	82.4	79.8	86.3
重 庆	54.1	64.5	66.2	67.9	66.2
四 川	62.2	74.3	77.7	80.9	83.4
贵 州	38.5	48.9	54.8	58.0	64.5
云 南	56.4	62.8	64.6	64.8	73.5
西 藏					
陕 西	45.3	50.8	55.4	57.6	47.2
甘 肃	61.3	68.9	71.8	75.8	77.4
青 海	58.3	65.2	66.6	69.2	69.2
宁 夏	54.3	63.2	70.3	68.5	74.3
新 疆	67.1	73.6	76.5	64.6	65.6

6-2-1 全国每千人口医疗卫生机构执业(助理)医师数

单位：人

年　份	每千人口医疗卫生机构执业(助理)医师数	每千人口基层医疗卫生机构执业(助理)医师数	每千人口中医类别执业(助理)医师数
2010	1.80	0.71	0.22
2011	1.83	0.71	0.23
2012	1.94	0.75	0.27
2013	2.04	0.77	0.29
2014	2.12	0.78	0.31
2015	2.20	0.80	0.33
2016	2.31	0.83	0.35
2017	2.44	0.87	0.38

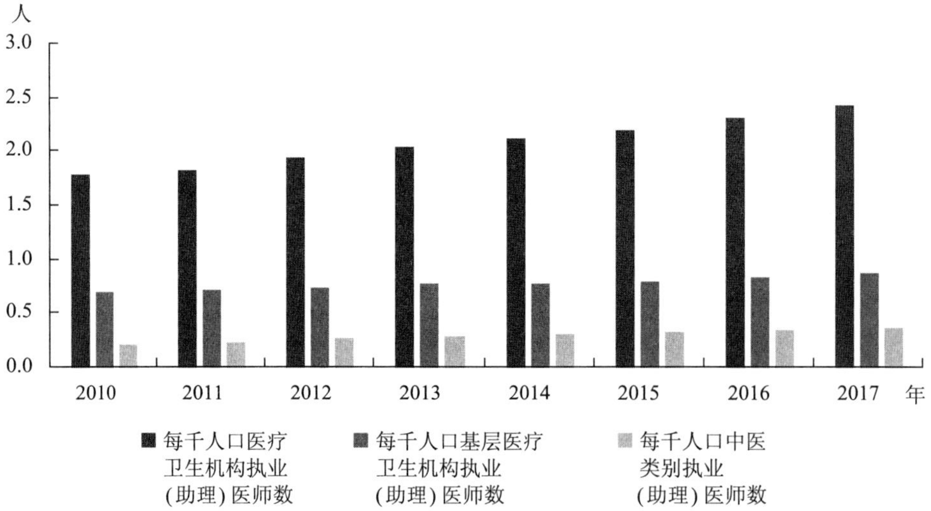

6-2-2 各地区每千人口医疗卫生机构床位数

单位：张

地 区	2010年	2014年	2015年	2016年	2017年
全 国	**3.6**	**4.8**	**5.1**	**5.4**	**5.7**
东 部	4.0	4.6	4.9	5.1	5.4
中 部	3.3	4.9	5.2	5.5	5.8
西 部	3.4	5.2	5.4	5.7	6.2
北 京	7.4	5.1	5.1	5.4	5.6
天 津	4.9	4.0	4.1	4.2	4.4
河 北	3.4	4.4	4.6	4.8	5.3
山 西	4.5	4.9	5.0	5.2	5.3
内蒙古	3.8	5.2	5.3	5.5	5.9
辽 宁	4.8	5.8	6.1	6.5	6.8
吉 林	4.2	5.1	5.2	5.5	5.7
黑龙江	4.2	5.3	5.6	5.8	6.4
上 海	7.4	4.8	5.1	5.3	5.6
江 苏	3.6	4.9	5.2	5.5	5.8
浙 江	3.9	4.5	4.9	5.2	5.5
安 徽	2.8	4.1	4.4	4.5	4.9
福 建	3.2	4.3	4.5	4.5	4.7
江 西	2.7	4.1	4.3	4.6	5.1
山 东	4.0	5.1	5.3	5.4	5.8
河 南	3.0	4.9	5.2	5.5	5.8
湖 北	3.3	5.5	5.9	6.1	6.4
湖 南	3.3	5.3	5.9	6.2	6.6
广 东	3.5	3.8	4.0	4.2	4.4
广 西	2.7	4.2	4.5	4.6	4.9
海 南	2.9	3.8	4.2	4.4	4.5
重 庆	3.1	5.4	5.9	6.3	6.7
四 川	3.4	5.6	6.0	6.3	6.8
贵 州	2.5	5.2	5.6	5.9	6.5
云 南	3.5	4.8	5.0	5.3	5.7
西 藏	3.0	3.8	4.3	4.4	4.8
陕 西	3.7	5.3	5.6	5.9	6.3
甘 肃	3.3	4.7	4.9	5.1	5.6
青 海	3.7	5.7	5.9	5.9	6.4
宁 夏	3.7	4.9	5.1	5.4	5.8
新 疆	5.4	6.2	6.4	6.5	6.9

6-2-3 各地区每千人口基层医疗卫生机构床位数

单位：张

地 区	2010年	2014年	2015年	2016年	2017年
全 国	**0.89**	**1.01**	**1.03**	**1.04**	**1.10**
东 部	0.76	0.80	0.81	0.81	0.85
中 部	0.95	1.11	1.15	1.17	1.25
西 部	1.02	1.23	1.24	1.26	1.32
北 京	0.22	0.21	0.20	0.20	0.20
天 津	0.54	0.47	0.45	0.45	0.47
河 北	0.92	0.99	1.01	1.03	1.08
山 西	1.14	1.04	1.03	1.01	1.04
内蒙古	0.92	1.02	0.96	0.98	1.06
辽 宁	0.74	0.80	0.80	0.84	0.87
吉 林	0.74	0.77	0.76	0.76	0.80
黑龙江	0.71	0.76	0.79	0.79	0.85
上 海	0.81	0.70	0.71	0.69	0.68
江 苏	0.87	0.94	0.95	0.97	1.11
浙 江	0.46	0.42	0.42	0.44	0.46
安 徽	0.97	0.96	0.95	0.95	1.04
福 建	0.71	0.86	0.87	0.85	0.86
江 西	0.81	1.08	1.10	1.14	1.28
山 东	1.12	1.20	1.18	1.16	1.17
河 南	0.97	1.13	1.16	1.17	1.27
湖 北	0.99	1.38	1.43	1.49	1.51
湖 南	1.10	1.39	1.53	1.58	1.66
广 东	0.56	0.57	0.59	0.60	0.61
广 西	0.99	1.26	1.27	1.29	1.33
海 南	0.67	0.68	0.70	0.71	0.79
重 庆	1.23	1.58	1.62	1.65	1.66
四 川	1.33	1.58	1.59	1.60	1.68
贵 州	0.93	1.19	1.19	1.23	1.29
云 南	0.83	1.02	1.03	1.07	1.16
西 藏	1.00	1.06	1.05	1.01	1.09
陕 西	0.81	0.92	0.94	0.95	1.01
甘 肃	0.92	1.07	1.10	1.10	1.15
青 海	0.71	0.98	0.99	0.88	0.97
宁 夏	0.39	0.46	0.48	0.48	0.54
新 疆	1.10	1.21	1.23	1.28	1.35

注：基层医疗卫生机构包括：社区卫生服务中心(站)、乡镇(街道)卫生院、村卫生室、门诊室、诊所(医务室)。

6-2-4 各地区每千农业人口乡镇卫生院(室)床位数

单位：张

地 区	2010年	2014年	2015年	2016年	2017年
全 国	**1.12**	**1.34**	**1.20**	**1.27**	**1.35**
北 京					
天 津	0.96	1.11	2.20	4.74	5.97
河 北	1.15	1.23	1.10	1.14	1.23
山 西	1.24	1.22	1.20	1.19	1.23
内蒙古	1.13	1.31	1.10	1.14	1.26
辽 宁	1.26	1.43	1.30	1.33	1.26
吉 林	1.14	1.26	1.00	0.97	1.07
黑龙江	0.93	1.13	1.00	0.98	1.06
上 海					
江 苏	1.41	1.81	1.10	1.20	1.40
浙 江	0.55	0.47	0.50	0.55	0.58
安 徽	0.93	0.95	1.00	1.03	1.15
福 建	1.00	1.22	1.20	1.11	1.13
江 西	0.93	1.23	1.10	1.18	1.32
山 东	1.60	1.83	1.40	1.42	1.37
河 南	0.99	1.11	1.10	1.08	1.15
湖 北	1.18	1.65	1.60	1.69	1.72
湖 南	1.19	1.49	1.60	1.61	1.67
广 东	1.19	1.28	1.10	1.10	1.19
广 西	1.05	1.44	1.50	1.50	1.56
海 南	0.99	0.96	0.80	0.81	0.92
重 庆	1.40	1.92	2.20	2.26	2.24
四 川	1.47	1.81	1.80	1.92	2.07
贵 州	0.80	1.06	1.00	1.02	1.03
云 南	0.91	1.32	1.10	1.14	1.22
西 藏	1.23	1.24	1.20	1.25	1.41
陕 西	1.04	1.27	1.20	1.28	1.39
甘 肃	1.06	1.21	1.20	1.26	1.32
青 海	0.77	1.40	0.90	0.84	0.93
宁 夏	0.56	0.70	0.80	0.78	0.92
新 疆	1.60	1.81	1.30	1.38	1.49

6-2-5 各地区每千人口医疗卫生机构执业(助理)医师数

单位：人

地区	2010年	2014年	2015年	2016年	2017年
全国	**1.79**	**2.12**	**2.20**	**2.31**	**2.44**
东部	2.13	2.30	2.40	2.51	2.66
中部	1.63	2.01	2.10	2.19	2.30
西部	1.56	1.99	2.10	2.15	2.27
北京	5.24	3.72	3.90	4.11	4.35
天津	2.92	2.20	2.30	2.42	2.64
河北	1.84	2.14	2.20	2.37	2.55
山西	2.53	2.46	2.50	2.49	2.55
内蒙古	2.29	2.48	2.60	2.63	2.78
辽宁	2.28	2.31	2.40	2.51	2.65
吉林	2.28	2.30	2.40	2.55	2.60
黑龙江	2.09	2.12	2.20	2.22	2.34
上海	3.75	2.52	2.60	2.70	2.81
江苏	1.73	2.24	2.40	2.56	2.70
浙江	2.54	2.65	2.90	3.01	3.16
安徽	1.27	1.71	1.80	1.82	1.93
福建	1.66	1.98	2.00	2.06	2.15
江西	1.32	1.64	1.70	1.72	1.81
山东	1.94	2.36	2.40	2.46	2.64
河南	1.43	2.01	2.10	2.17	2.30
湖北	1.62	2.17	2.30	2.41	2.50
湖南	1.56	1.98	2.20	2.35	2.52
广东	2.05	2.02	2.10	2.21	2.31
广西	1.33	1.82	1.90	2.00	2.07
海南	1.61	1.95	2.10	2.17	2.24
重庆	1.45	1.94	2.00	2.12	2.23
四川	1.61	2.21	2.20	2.24	2.35
贵州	1.04	1.65	1.80	1.94	2.11
云南	1.40	1.60	1.70	1.80	1.96
西藏	1.52	1.76	1.90	1.98	2.26
陕西	1.70	2.03	2.10	2.25	2.43
甘肃	1.45	1.84	1.90	2.02	2.14
青海	1.92	2.22	2.30	2.30	2.59
宁夏	1.91	2.27	2.40	2.53	2.67
新疆	2.27	2.38	2.40	2.51	2.55

6-2-6 各地区每千人口基层医疗卫生机构执业(助理)医师数

单位：人

地 区	2010年	2014年	2015年	2016年	2017年
全 国	**0.71**	**0.78**	**0.80**	**0.83**	**0.87**
北 京	0.99	1.04	1.10	1.16	1.24
天 津	0.59	0.58	0.61	0.65	0.74
河 北	0.73	0.81	0.84	0.88	0.96
山 西	0.95	0.89	0.89	0.87	0.90
内蒙古	0.89	0.90	0.92	0.93	0.98
辽 宁	0.71	0.68	0.70	0.73	0.77
吉 林	0.75	0.79	0.84	0.86	0.88
黑龙江	0.67	0.62	0.62	0.62	0.68
上 海	0.78	0.85	0.86	0.88	0.93
江 苏	0.66	0.91	0.96	1.02	1.09
浙 江	0.93	1.04	1.13	1.20	1.27
安 徽	0.60	0.64	0.65	0.67	0.70
福 建	0.65	0.75	0.74	0.78	0.81
江 西	0.55	0.63	0.63	0.62	0.63
山 东	0.74	0.88	0.87	0.86	0.92
河 南	0.63	0.74	0.76	0.77	0.81
湖 北	0.73	0.87	0.90	0.94	0.96
湖 南	0.79	0.82	0.89	0.95	1.00
广 东	0.66	0.74	0.77	0.81	0.85
广 西	0.68	0.74	0.76	0.79	0.81
海 南	0.61	0.69	0.72	0.74	0.75
重 庆	0.86	0.85	0.87	0.88	0.88
四 川	0.91	0.95	0.92	0.91	0.93
贵 州	0.48	0.52	0.57	0.63	0.68
云 南	0.50	0.50	0.52	0.56	0.63
西 藏	0.44	0.57	0.58	0.61	0.72
陕 西	0.64	0.66	0.65	0.70	0.76
甘 肃	0.60	0.68	0.71	0.74	0.77
青 海	0.61	0.72	0.71	0.68	0.79
宁 夏	0.56	0.64	0.67	0.70	0.73
新 疆	0.74	0.73	0.74	0.76	0.76

6-2-7 各地区每千农业人口乡镇卫生院人员数

单位：人

地　区	2010年	2014年	2015年	2016年	2017年
全　国	**1.30**	**1.43**	**1.46**	**1.36**	**1.42**
北　京					
天　津	1.28	1.38	1.35	2.63	7.99
河　北	1.08	1.09	1.09	0.93	0.99
山　西	1.15	1.01	1.01	0.98	1.00
内蒙古	1.39	1.40	1.43	1.21	1.25
辽　宁	1.22	1.20	1.23	1.08	1.02
吉　林	1.66	1.73	1.74	1.34	1.47
黑龙江	1.22	1.21	1.24	1.03	1.05
上　海					
江　苏	1.92	2.36	2.49	1.57	1.84
浙　江	1.50	1.45	1.53	1.68	1.77
安　徽	0.95	0.91	0.91	1.02	1.05
福　建	1.14	1.37	1.40	1.37	1.40
江　西	1.24	1.23	1.25	1.14	1.16
山　东	1.80	2.13	2.10	1.61	1.50
河　南	1.18	1.18	1.20	1.12	1.13
湖　北	1.70	1.87	1.86	1.85	1.90
湖　南	1.35	1.40	1.47	1.42	1.42
广　东	1.98	1.95	2.04	1.77	1.84
广　西	1.20	1.65	1.54	1.74	1.81
海　南	1.57	1.79	1.80	1.63	1.69
重　庆	1.38	1.57	1.70	1.79	1.80
四　川	1.26	1.51	1.56	1.60	1.77
贵　州	0.59	0.91	1.07	1.07	1.11
云　南	0.67	0.98	1.12	0.97	1.15
西　藏	1.11	1.36	1.40	1.51	1.52
陕　西	1.35	1.58	1.63	1.62	1.80
甘　肃	1.16	1.43	1.42	1.45	1.42
青　海	0.91	1.56	1.56	0.98	1.09
宁　夏	0.82	1.08	1.11	1.36	1.40
新　疆	1.59	1.67	1.74	1.20	1.26

6-2-8 各地区每万人口全科医生数

单位：人

地 区	2012年	2014年	2015年	2016年	2017年
全 国	**0.81**	**1.26**	**1.38**	**1.51**	**1.82**
北 京	3.93	3.75	3.81	3.87	3.96
天 津	0.77	1.05	1.39	1.54	2.41
河 北	0.48	1.17	1.25	1.25	1.33
山 西	0.71	0.98	1.10	1.13	1.72
内蒙古	0.67	1.17	1.23	1.26	1.58
辽 宁	0.75	0.86	0.83	0.96	1.44
吉 林	0.45	0.83	1.05	1.24	1.89
黑龙江	0.54	0.97	1.13	1.17	1.19
上 海	2.24	2.80	3.04	3.29	3.51
江 苏	1.90	2.48	2.61	3.15	3.43
浙 江	2.24	3.53	3.90	4.04	5.39
安 徽	0.53	1.13	1.20	1.39	1.67
福 建	0.69	1.13	1.33	1.49	1.76
江 西	0.46	0.66	0.73	0.79	1.14
山 东	0.70	0.92	1.01	1.14	1.36
河 南	0.50	0.89	1.09	1.27	1.63
湖 北	0.65	1.05	1.19	1.19	1.52
湖 南	0.39	0.75	0.90	0.96	1.03
广 东	0.75	1.33	1.38	1.67	2.03
广 西	0.66	0.96	0.97	1.05	1.28
海 南	0.47	0.81	0.96	1.08	1.22
重 庆	0.55	0.84	0.95	1.03	1.26
四 川	0.58	1.21	1.27	1.25	1.37
贵 州	0.30	0.69	0.89	1.04	1.40
云 南	0.69	0.87	0.90	0.99	1.09
西 藏	0.11	0.34	0.50	0.61	0.73
陕 西	0.49	0.73	0.56	0.72	0.93
甘 肃	0.54	1.05	1.27	1.45	1.46
青 海	0.81	1.51	1.63	1.67	2.06
宁 夏	0.40	0.71	0.85	0.97	1.36
新 疆	0.86	1.45	1.57	1.68	1.81

6-2-9 各地区医院医疗服务情况

地 区	医院病床使用率(%)				
	2010年	2014年	2015年	2016年	2017年
全 国	**86.7**	**88.0**	**85.4**	**85.3**	**85.0**
东 部	87.6	88.1	85.5	85.6	84.6
中 部	84.8	88.7	85.7	85.4	84.1
西 部	87.5	87.2	84.7	83.9	81.2
北 京	84.5	83.2	80.6	82.2	82.4
天 津	86.3	83.9	81.6	82.1	78.1
河 北	82.9	86.7	83.6	86.3	83.7
山 西	73.1	81.1	76.9	75.9	77.6
内蒙古	78.0	76.0	73.2	74.7	74.7
辽 宁	83.2	87.7	85.4	83.8	82.0
吉 林	70.8	80.3	78.5	78.3	77.6
黑龙江	76.7	82.4	81.4	82.7	78.9
上 海	98.0	97.1	95.7	95.8	95.4
江 苏	94.3	90.3	88.6	87.3	87.5
浙 江	94.4	92.5	88.9	89.4	89.4
安 徽	87.3	87.7	85.0	84.8	86.2
福 建	89.6	86.8	82.6	81.9	83.1
江 西	87.6	93.2	90.4	89.4	85.8
山 东	81.6	86.9	84.3	85.0	83.4
河 南	85.4	91.2	87.2	87.9	88.4
湖 北	96.1	96.1	92.4	92.0	92.7
湖 南	93.3	89.5	86.4	86.0	85.2
广 东	87.2	86.3	83.5	84.0	84.0
广 西	89.9	95.1	89.8	88.0	87.7
海 南	88.0	80.5	79.4	78.2	81.1
重 庆	90.1	88.5	86.8	84.4	84.1
四 川	95.1	92.0	89.6	90.2	91.3
贵 州	86.4	82.7	80.9	78.2	79.9
云 南	88.1	85.5	82.9	83.0	83.2
西 藏	65.3	75.4	73.2	74.5	72.1
陕 西	82.2	86.7	83.4	82.2	83.7
甘 肃	78.6	83.4	82.2	82.6	81.6
青 海	79.6	81.3	76.0	74.4	70.6
宁 夏	89.8	87.7	83.2	84.4	80.8
新 疆	89.2	86.8	86.9	86.5	85.0

6-2-9 续表

地 区	医院医师日均担负诊疗人次(人次)				
	2010年	2014年	2015年	2016年	2017年
全 国	**6.4**	**7.5**	**7.3**	**7.3**	**7.1**
东 部	7.9	9.1	8.8	8.7	8.1
中 部	4.7	5.7	5.6	5.6	5.6
西 部	5.8	6.7	6.6	6.6	6.6
北 京	8.6	10.7	10.3	10.4	9.3
天 津	9.0	12.5	11.7	11.5	10.4
河 北	4.2	5.2	5.0	5.2	5.2
山 西	3.1	3.7	3.8	4.0	4.2
内蒙古	4.2	5.2	5.1	5.2	5.1
辽 宁	4.6	5.5	5.4	5.4	5.3
吉 林	4.1	5.3	5.0	5.0	5.0
黑龙江	3.8	4.8	4.7	4.8	4.7
上 海	13.2	15.2	15.1	14.8	14.8
江 苏	8.7	9.6	9.5	8.9	8.7
浙 江	10.1	12.1	11.5	11.1	11.4
安 徽	5.0	6.4	6.3	6.2	6.2
福 建	8.8	9.5	8.9	9.0	8.6
江 西	5.5	6.0	5.9	5.9	5.9
山 东	5.0	5.7	5.6	5.8	5.9
河 南	5.1	6.3	6.2	6.3	6.1
湖 北	6.3	6.9	6.7	6.8	6.9
湖 南	4.8	5.3	4.8	4.7	4.6
广 东	11.4	12.0	11.4	11.2	10.6
广 西	7.6	8.1	7.8	7.8	7.8
海 南	5.9	6.5	6.2	6.3	6.4
重 庆	6.5	7.5	7.6	7.4	7.2
四 川	6.3	6.9	6.9	7.0	7.0
贵 州	4.6	5.4	5.4	5.6	5.7
云 南	7.0	7.9	7.7	7.6	7.6
西 藏	5.4	6.1	6.1	6.1	5.9
陕 西	5.3	6.2	6.0	6.0	6.0
甘 肃	5.4	6.1	6.1	6.2	6.2
青 海	5.3	5.3	5.2	5.6	5.3
宁 夏	6.1	7.2	6.9	6.9	6.8
新 疆	4.8	5.9	5.7	5.8	5.8

6-2-10 各地区社区卫生服务中心医疗服务情况

地 区	病床使用率(%)				
	2010年	2014年	2015年	2016年	2017年
全 国	**56.1**	**55.6**	**54.7**	**54.6**	**54.8**
东 部	58.7	55.0	54.2	48.0	55.5
中 部	48.9	54.6	53.4	49.5	52.6
西 部	59.3	58.6	57.5	56.6	56.7
北 京	35.6	33.3	32.2	31.7	31.9
天 津	20.5	20.4	20.6	21.7	23.0
河 北	57.0	45.4	43.4	44.2	45.2
山 西	47.2	45.9	47.6	41.9	40.1
内蒙古	39.1	46.4	43.7	50.5	45.8
辽 宁	50.9	51.3	44.2	37.1	41.8
吉 林	30.0	31.0	26.8	30.0	30.7
黑龙江	43.8	44.4	42.8	39.2	42.0
上 海	86.9	87.2	86.0	88.6	89.2
江 苏	48.6	50.1	50.3	51.7	56.1
浙 江	49.4	38.7	40.1	40.1	43.2
安 徽	41.7	45.4	43.3	43.8	46.6
福 建	52.0	42.0	36.1	35.8	33.4
江 西	34.6	51.8	51.5	50.9	49.7
山 东	48.5	48.2	48.8	51.8	51.6
河 南	47.6	49.7	51.3	48.0	49.5
湖 北	69.6	69.6	61.6	62.0	59.7
湖 南	48.9	67.9	69.9	66.7	65.8
广 东	58.8	54.3	55.4	50.8	51.8
广 西	54.4	56.6	53.9	50.8	45.8
海 南	69.9	85.6	68.5	60.4	52.2
重 庆	66.3	75.2	74.6	73.5	71.9
四 川	70.1	59.5	61.0	62.7	64.9
贵 州	59.1	54.6	51.8	50.1	44.1
云 南	62.3	57.7	55.7	55.7	51.2
西 藏		33.3	22.2	14.3	11.1
陕 西	37.5	42.3	39.1	41.6	42.4
甘 肃	45.8	56.2	53.3	57.1	53.4
青 海	57.7	56.5	53.6	47.8	48.3
宁 夏	30.3	4.7	22.7	60.0	42.9
新 疆	61.1	51.3	48.7	50.6	47.8

6-2-10 续表

地 区	医师日均担负诊疗人次(人次)				
	2010年	2014年	2015年	2016年	2017年
全 国	**13.6**	**16.1**	**16.3**	**15.9**	**16.2**
东 部	17.8	20.2	20.5	19.0	20.1
中 部	6.2	8.3	8.1	8.3	8.9
西 部	8.0	10.5	10.6	10.2	10.9
北 京	13.2	16.9	16.5	17.1	16.7
天 津	20.5	28.2	25.6	22.9	24.0
河 北	6.0	8.7	8.8	8.7	8.5
山 西	4.4	5.6	5.7	6.7	6.9
内蒙古	4.9	6.5	6.2	6.6	6.4
辽 宁	6.9	10.6	10.5	9.9	10.1
吉 林	4.3	6.1	5.9	6.1	7.0
黑龙江	4.0	5.9	5.7	6.1	6.8
上 海	26.7	28.2	28.9	27.8	28.2
江 苏	16.3	18.6	19.7	19.1	19.8
浙 江	22.3	23.1	24.1	24.2	24.7
安 徽	7.5	10.6	11.0	11.0	12.7
福 建	12.0	13.9	15.5	16.1	17.2
江 西	7.1	7.9	8.3	8.5	9.5
山 东	6.0	9.8	9.5	9.8	10.0
河 南	6.0	9.4	9.1	9.3	9.5
湖 北	9.8	10.4	9.8	9.3	9.8
湖 南	5.5	7.7	7.2	6.6	7.5
广 东	22.2	24.6	24.5	22.7	22.8
广 西	9.6	14.4	15.1	14.2	14.2
海 南	9.3	14.6	12.6	10.5	9.0
重 庆	8.2	8.9	9.1	8.5	8.9
四 川	9.5	13.8	14.1	13.8	15.3
贵 州	6.3	8.0	7.1	7.3	8.0
云 南	9.3	11.1	11.5	11.8	10.9
西 藏		3.2	2.3	3.8	2.8
陕 西	7.7	9.0	8.8	8.3	8.9
甘 肃	5.1	7.9	8.6	8.1	8.6
青 海	12.7	8.4	8.2	7.4	6.6
宁 夏	6.4	7.9	8.9	14.0	13.8
新 疆	9.2	10.6	11.1	10.7	11.7

6-2-11 各地区乡镇卫生院医疗服务情况

地 区	病床使用率(%)				
	2010年	2014年	2015年	2016年	2017年
全 国	**59.0**	**60.5**	**59.9**	**60.6**	**61.3**
东 部	53.9	54.2	54.3	55.6	56.5
中 部	61.2	63.5	63.3	59.8	64.4
西 部	61.9	63.0	61.3	58.9	63.0
北 京					
天 津	46.4	41.9	43.6	44.0	39.9
河 北	56.3	55.6	56.5	58.5	53.5
山 西	46.0	41.4	40.5	35.1	35.2
内蒙古	42.0	41.0	40.7	42.2	40.7
辽 宁	44.7	46.3	43.7	44.3	44.4
吉 林	34.0	30.2	28.3	28.8	31.0
黑龙江	57.4	52.5	53.9	56.6	55.1
上 海					
江 苏	57.3	61.6	63.4	63.6	67.5
浙 江	35.2	39.2	45.0	49.7	52.4
安 徽	53.9	62.0	60.6	60.6	61.2
福 建	59.2	54.4	49.9	49.5	45.5
江 西	71.2	70.4	70.7	68.7	69.7
山 东	53.2	56.0	55.6	60.7	61.4
河 南	64.1	62.1	62.6	62.2	63.3
湖 北	69.1	73.7	73.6	76.7	81.1
湖 南	66.8	71.2	70.0	70.5	68.8
广 东	60.1	53.2	53.3	55.2	54.3
广 西	67.3	69.4	65.3	63.3	60.3
海 南	34.1	33.1	34.8	33.3	35.4
重 庆	72.1	73.5	72.9	74.1	76.2
四 川	66.5	67.7	67.1	70.7	75.4
贵 州	66.7	59.6	51.7	44.9	47.2
云 南	57.3	57.5	54.6	53.4	51.4
西 藏	23.6	30.1	30.9	28.3	28.0
陕 西	43.2	47.6	47.9	46.6	51.8
甘 肃	54.4	56.0	57.1	60.0	61.1
青 海	53.2	58.7	52.9	55.1	52.8
宁 夏	51.4	48.1	48.3	49.1	48.2
新 疆	67.9	71.4	74.0	74.0	71.7

6-2-11 续表

地 区	医师日均担负诊疗人次(人次)				
	2010年	2014年	2015年	2016年	2017年
全 国	**8.2**	**9.5**	**9.6**	**9.5**	**9.6**
东 部	9.5	10.2	10.2	10.1	10.2
中 部	6.4	8.0	8.0	7.9	8.0
西 部	8.9	10.6	10.8	10.7	10.7
北 京					
天 津	8.3	11.0	11.9	11.7	11.2
河 北	6.8	7.1	7.2	7.4	6.1
山 西	4.4	5.9	6.1	6.7	7.0
内蒙古	5.3	5.4	5.3	5.5	5.2
辽 宁	5.9	7.6	7.5	8.0	8.5
吉 林	4.7	4.6	4.5	4.7	5.1
黑龙江	4.9	4.6	4.7	4.8	5.0
上 海					
江 苏	10.6	12.2	11.7	10.9	11.5
浙 江	14.8	18.7	18.6	18.0	18.7
安 徽	8.4	9.0	9.3	8.8	9.7
福 建	8.1	10.1	10.8	11.0	11.6
江 西	6.4	7.9	8.5	8.9	8.2
山 东	7.2	7.7	7.6	7.5	7.7
河 南	7.4	11.0	11.7	12.5	11.8
湖 北	7.4	8.8	8.8	8.1	8.0
湖 南	5.0	5.5	4.8	4.6	4.7
广 东	11.4	9.5	9.2	8.7	8.8
广 西	9.5	11.9	12.3	12.0	11.3
海 南	16.2	17.1	16.6	16.5	16.3
重 庆	8.8	7.9	7.8	7.6	7.7
四 川	9.0	10.8	11.3	11.5	11.8
贵 州	8.4	9.5	8.9	8.7	9.5
云 南	12.4	16.9	18.0	17.8	16.6
西 藏	20.4	14.7	14.1	13.4	13.1
陕 西	7.6	8.8	9.8	9.0	8.8
甘 肃	8.9	10.2	9.4	8.9	8.6
青 海	7.8	6.4	5.9	6.1	5.8
宁 夏	11.3	13.6	13.0	13.7	14.3
新 疆	7.4	11.8	12.6	12.9	12.8

6-2-12 各地区村卫生室基本工作情况

地区	执业(助理)医师数(人)				
	2010年	2014年	2015年	2016年	2017年
全国	**173275**	**304343**	**309923**	**319797**	**351723**
东部	65150	113883	120294	125244	143389
中部	64317	120293	124422	127872	139504
西部	43808	70167	65207	66681	68830
北京	597	791	950	991	1044
天津	684	1410	1441	1392	1685
河北	15850	26775	28569	30162	35788
山西	5678	9463	10035	9821	11003
内蒙古	3172	5981	6342	6717	7867
辽宁	4051	4887	5304	5607	6916
吉林	2497	4738	4740	4512	5148
黑龙江	4835	6577	7082	7193	8498
上海	3657	3899	3644	3810	3596
江苏	4229	22862	25323	26684	30200
浙江	8685	11570	12600	12680	14381
安徽	12240	16540	17442	18602	20015
福建	4785	6591	6699	7035	7793
江西	4812	11370	11662	11847	13084
山东	13544	19910	21047	21278	25642
河南	17283	35384	36403	37391	40814
湖北	7214	15774	16102	17020	16954
湖南	9758	20447	20956	21486	23988
广东	8448	13549	12871	13916	14461
广西	4735	9610	4701	5753	5526
海南	520	1639	1846	1689	1883
重庆	4755	6732	6885	6653	7061
四川	16572	19474	18495	16649	19737
贵州	2133	3766	4341	5647	2185
云南	1949	4658	4003	3815	4287
西藏	100	357	319	360	446
陕西	4959	6897	6444	6933	5267
甘肃	2154	5776	6290	6632	7718
青海	1134	2109	2187	1971	2188
宁夏	325	1060	1078	1090	1332
新疆	1820	3747	4122	4461	5216

6-2-12 续表

地 区	诊疗人次数(万人次)				
	2010年	2014年	2015年	2016年	2017年
全 国	**165702**	**198629**	**189407**	**185264**	**178933**
东 部	67106	84326	81614	79853	77440
中 部	57533	70847	66403	65365	63093
西 部	41063	43456	41389	40046	38400
北 京	432	404	379	382	344
天 津	782	1068	1050	1002	1065
河 北	15333	19748	19518	18959	18039
山 西	3456	3647	3354	3313	3170
内蒙古	2258	2164	2047	1925	1814
辽 宁	3422	4103	4074	4093	4061
吉 林	2053	2948	2634	2636	2525
黑龙江	3089	3047	2509	2499	2177
上 海	877	700	674	785	698
江 苏	7884	9257	9358	9145	9078
浙 江	3443	3813	3997	4056	4180
安 徽	7105	8986	8214	7821	7440
福 建	4454	4615	4375	4433	4335
江 西	6624	9747	9043	8873	8825
山 东	21601	26638	24666	23458	22357
河 南	20648	23353	22153	22201	22043
湖 北	7101	11183	10609	10192	9688
湖 南	7458	7935	7888	7830	7228
广 东	8356	13228	12766	12738	12555
广 西	5501	6141	5494	4911	4629
海 南	523	753	759	800	728
重 庆	3191	3085	3014	3026	3001
四 川	11019	11139	10651	10121	9667
贵 州	4016	4155	3684	3309	3323
云 南	5456	5696	5717	5756	5310
西 藏	124	168	156	123	172
陕 西	4650	5189	4974	5197	5004
甘 肃	3108	3778	3778	3793	3658
青 海	463	488	460	437	456
宁 夏	480	531	488	490	451
新 疆	736	920	927	957	916

6-3-1 全国中医医院诊疗情况

年　份	病床使用率(%)	出院者平均住院日(日)	医师日均担负	
			诊疗人次(人次)	住院床日(床日)
2000	50.7	11.4		
2005	65.7	10.8		
2006	67.7	10.4		
2007	73.2	10.4	6.5	1.4
2008	78.6	10.5	6.7	1.6
2009	83.1	10.4	6.9	1.7
2010	85.7	10.7	7.1	1.9
2011	86.3	10.5	7.6	2.1
2012	88.6	10.2	7.9	2.3
2013	88.6	10.1	7.9	2.4
2014	87.3	10.0	8.2	2.4
2015	84.7	9.9	7.8	2.4
2016	84.9	9.8	7.7	2.3
2017	85.0	9.6	7.4	2.3

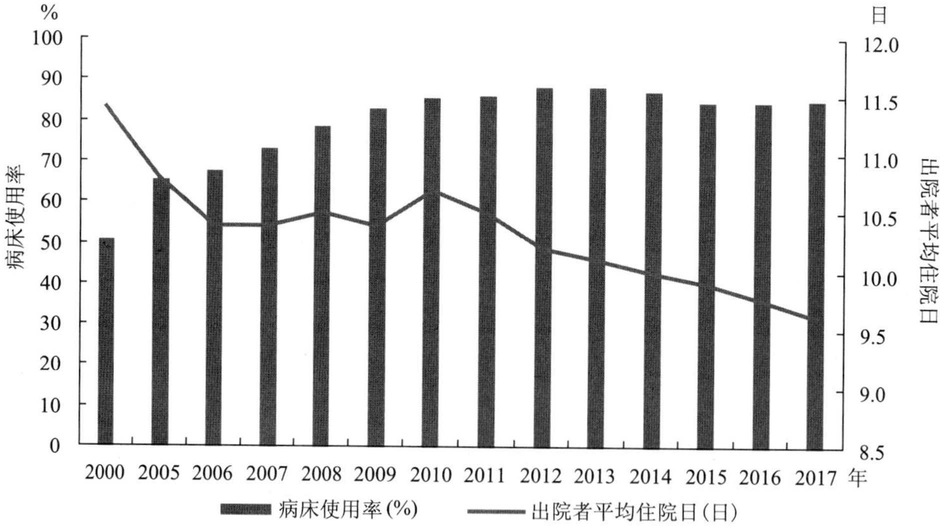

6-3-2 各地区中医类别医疗机构情况

地 区	每千人口中医类医疗卫生机构床位数(张)				
	2012年	2014年	2015年	2016年	2017年
全 国	**0.52**	**0.64**	**0.70**	**0.75**	**0.82**
北 京	0.83	0.95	0.98	1.12	1.21
天 津	0.51	0.56	0.64	0.66	0.68
河 北	0.47	0.54	0.58	0.63	0.71
山 西	0.49	0.57	0.59	0.64	0.69
内蒙古	0.57	0.82	0.93	1.02	1.22
辽 宁	0.50	0.59	0.65	0.70	0.79
吉 林	0.52	0.57	0.64	0.71	0.72
黑龙江	0.48	0.61	0.67	0.72	0.81
上 海	0.40	0.45	0.48	0.48	0.50
江 苏	0.49	0.62	0.65	0.69	0.73
浙 江	0.57	0.69	0.76	0.78	0.85
安 徽	0.40	0.51	0.54	0.58	0.65
福 建	0.48	0.58	0.59	0.59	0.63
江 西	0.47	0.57	0.61	0.64	0.72
山 东	0.55	0.64	0.69	0.73	0.81
河 南	0.52	0.64	0.70	0.75	0.82
湖 北	0.57	0.73	0.83	0.86	0.93
湖 南	0.63	0.75	0.83	0.90	0.97
广 东	0.37	0.44	0.49	0.53	0.56
广 西	0.48	0.63	0.69	0.75	0.79
海 南	0.39	0.47	0.51	0.53	0.57
重 庆	0.50	0.73	0.83	0.96	1.09
四 川	0.66	0.83	0.87	0.94	1.04
贵 州	0.46	0.67	0.73	0.81	0.89
云 南	0.49	0.62	0.66	0.72	0.79
西 藏	0.31	0.47	0.60	0.57	0.65
陕 西	0.61	0.74	0.81	0.87	0.92
甘 肃	0.78	0.99	1.09	1.14	1.27
青 海	0.66	0.97	1.03	1.08	1.18
宁 夏	0.66	0.79	0.82	0.85	0.96
新 疆	0.76	0.88	0.92	0.98	1.05

6-3-2 续表

地 区	每千人口中医类别执业(助理)医师数(人)				
	2010年	2014年	2015年	2016年	2017年
全 国	**0.22**	**0.31**	**0.33**	**0.35**	**0.38**
北 京	0.54	0.68	0.73	0.78	0.84
天 津	0.34	0.39	0.44	0.47	0.54
河 北	0.22	0.30	0.34	0.36	0.40
山 西	0.30	0.38	0.39	0.40	0.42
内蒙古	0.33	0.46	0.51	0.53	0.58
辽 宁	0.21	0.27	0.28	0.29	0.34
吉 林	0.27	0.31	0.33	0.35	0.38
黑龙江	0.20	0.25	0.26	0.27	0.30
上 海	0.24	0.29	0.31	0.32	0.33
江 苏	0.17	0.25	0.27	0.30	0.33
浙 江	0.24	0.37	0.41	0.44	0.48
安 徽	0.14	0.19	0.19	0.20	0.22
福 建	0.23	0.32	0.34	0.36	0.38
江 西	0.17	0.23	0.24	0.25	0.26
山 东	0.19	0.29	0.32	0.32	0.38
河 南	0.21	0.30	0.31	0.33	0.37
湖 北	0.18	0.25	0.27	0.29	0.30
湖 南	0.21	0.28	0.31	0.33	0.36
广 东	0.21	0.29	0.31	0.33	0.35
广 西	0.17	0.25	0.27	0.29	0.32
海 南	0.13	0.19	0.21	0.21	0.23
重 庆	0.31	0.40	0.42	0.45	0.48
四 川	0.33	0.51	0.55	0.56	0.59
贵 州	0.14	0.21	0.24	0.26	0.30
云 南	0.15	0.20	0.21	0.23	0.26
西 藏	0.24	0.31	0.36	0.39	0.47
陕 西	0.24	0.30	0.30	0.33	0.37
甘 肃	0.31	0.44	0.46	0.48	0.50
青 海	0.22	0.40	0.42	0.42	0.46
宁 夏	0.21	0.28	0.30	0.32	0.37
新 疆	0.19	0.27	0.29	0.32	0.34

6-4-1 各地区累计在册执业药师数

单位：人

地 区	2010年	2014年	2015年	2016年	2017年
全 国	**74186**	**166504**	**250180**	**335355**	**405588**
东 部	41183	89880	130719	168144	198799
中 部	19140	43375	67948	95375	115688
西 部	13863	33249	51513	71836	91101
北 京	3184	4624	4934	6605	7124
天 津	2219	3885	4888	5762	6023
河 北	2889	7678	13704	19502	24092
山 西	2595	5620	7430	9647	10982
内蒙古	1396	2814	4455	6545	7715
辽 宁	2162	6407	11407	16806	19974
吉 林	1605	2999	5634	9895	11977
黑龙江	582	2046	3925	7313	10300
上 海	4678	5455	5751	6176	6465
江 苏	5924	13324	17063	20436	23233
浙 江	6035	12488	16057	19874	20880
安 徽	1588	6157	11732	15807	18246
福 建	2677	5008	7698	9661	11298
江 西	1734	2758	3579	4933	6697
山 东	5431	12483	17865	23948	29197
河 南	4106	10480	15977	22399	26761
湖 北	4390	7222	9787	12694	14815
湖 南	2540	6093	9884	12687	15910
广 东	5444	17255	28965	36412	47359
广 西	1447	4239	6834	10123	13866
海 南	540	1273	2387	2962	3154
重 庆	1590	4158	6574	8846	10426
四 川	3763	8479	11317	16284	20894
贵 州	543	1093	1565	2399	3362
云 南	1583	3194	4498	5643	7879
西 藏	136	309	420	487	562
陕 西	1150	4488	3740	10814	12842
甘 肃	842	1986	8160	5391	6608
青 海	226	404	614	830	996
宁 夏	230	587	1228	1677	2039
新 疆	957	1498	2108	2797	3912

6-4-2 各地区药品不良事件报告数

单位：份

地区	2010年	2014年	2015年	2016年	2017年
全　国	**692904**	**1328134**	**1403508**	**1443531**	**1322653**
东　部	355168	607175	563301	571549	497378
中　部	247640	396718	431591	453115	451876
西　部	71650	302995	390144	392546	373393
北　京	14249	14327	13656	14856	17121
天　津	2782	7909	9338	8263	7682
河　北	14908	55070	54084	59420	41754
山　西	26797	50565	44302	44658	43140
内蒙古	955	38432	45549	36044	23895
辽　宁	9412	51561	33561	37317	28770
吉　林	15725	20622	23253	17723	12584
黑龙江	23000	33240	51071	50264	52509
上　海	24020	32725	33366	35752	37782
江　苏	57609	87185	93131	94360	91606
浙　江	51300	71561	73496	73420	75639
安　徽	68434	82360	101234	113679	116675
福　建	22180	41676	38488	34474	34012
江　西	15808	39653	47699	56858	58283
山　东	100161	149923	149739	141566	144293
河　南	55233	61236	53088	56994	51386
湖　北	15147	44279	48817	49986	56066
湖　南	27496	64763	62127	62953	61233
广　东	42176	51323	58842	64979	12369
广　西	1568	4180	49810	51810	46656
海　南	16371	43915	5600	7142	6350
重　庆	12731	25399	26114	27606	28018
四　川	17554	78500	90912	90084	88200
贵　州	7480	47623	53196	58493	53726
云　南	6914	29497	34121	37597	36674
西　藏	19	528	804	1686	1373
陕　西	7252	19536	35603	35760	36889
甘　肃	9822	31707	20569	21351	22428
青　海	4362	7311	2673	3439	3925
宁　夏	198	2515	9817	10644	10757
新　疆	2795	17767	20976	18032	20852

6-4-3 各地区医疗器械不良事件报告数

单位：份

地 区	2010年	2014年	2015年	2016年	2017年
全 国	**67858**	**265246**	**317875**	**358221**	**402434**
东 部	45677	137137	160369	177213	204490
中 部	17027	66471	78277	89224	110305
西 部	5154	61638	79136	91310	87639
北 京	656	3592	7980	5994	6597
天 津	110	3737	4501	4123	3577
河 北	1746	8034	9463	11773	12745
山 西	1385	6353	7692	6506	8682
内蒙古	4	7819	9621	7474	7156
辽 宁	2875	6265	6507	10067	10853
吉 林	427	4298	5618	5187	5930
黑龙江	277	7760	8487	9761	10760
上 海	591	1722	2934	5255	8068
江 苏	120	38728	43612	42555	47600
浙 江	3438	8452	9652	10296	11670
安 徽	3296	7941	11752	13611	17858
福 建	985	7783	7033	6294	7403
江 西	1639	7840	9581	12747	14888
山 东	32431	46218	50609	53093	57659
河 南	2422	8613	11426	15691	20974
湖 北	1745	7980	8301	9191	13341
湖 南	5836	15686	15420	16530	17872
广 东	2723	12422	17205	26178	26060
广 西	2055	10055	12496	14750	1719
海 南	2	184	873	1585	12258
重 庆	914	4936	5579	8380	10354
四 川	155	10481	14265	16339	17573
贵 州	123	7241	8872	11140	11896
云 南	917	6350	8174	10147	11238
西 藏		4	6	71	295
陕 西	496	8756	9875	9721	7243
甘 肃	405	3793	4702	5750	12070
青 海		181	381	851	1736
宁 夏	54	555	1628	1587	807
新 疆	31	1467	3537	5100	5552

6-5-1 全国卫生总费用构成情况

年 份	卫生总费用(亿元)				卫生总费用构成(%)			卫生总费用与GDP之比(%)
	总计	政府支出	社会卫生支出	个人卫生支出	政府支出	社会卫生支出	个人卫生支出	
2000	4586.6	709.5	1171.9	2705.2	15.5	25.6	59.0	4.6
2005	8659.9	1552.5	2586.4	4521.0	17.9	29.9	52.2	4.7
2006	9843.3	1778.9	3210.9	4853.6	18.1	32.6	49.3	4.6
2007	11574.0	2581.6	3893.7	5098.7	22.3	33.6	44.1	4.4
2008	14535.4	3593.9	5065.6	5875.9	24.7	34.9	40.4	4.6
2009	17541.9	4816.3	6154.5	6571.2	27.5	35.1	37.5	5.2
2010	19921.4	5688.6	7156.6	7076.2	28.6	35.9	35.5	5.0
2011	24345.9	7464.2	8416.5	8465.3	30.7	34.6	34.8	5.2
2012	28119.0	8432.0	10030.7	9656.3	30.0	35.7	34.3	5.4
2013	31868.9	9545.8	11393.8	10729.3	30.1	36.0	33.9	5.6
2014	35312.4	10579.2	13437.8	11295.4	30.0	38.1	32.0	5.6
2015	40587.7	12533.0	15890.7	12164.0	30.9	39.2	30.0	6.0
2016	46344.9	13910.3	19096.7	13337.9	30.0	41.2	28.8	6.2
2017	52598.3	15205.9	22258.8	15133.6	28.9	42.3	28.8	6.4

注：①本表系核算数；②按当年价格计算；③2001年起卫生总费用不含高等医学教育经费，2006年起包括城乡医疗救助经费。

6-5-2 各地区医疗卫生机构财政补助收入情况

地 区	财政补助收入(亿元)				
	2010年	2014年	2015年	2016年	2017年
全 国	**1667.9**	**3500.6**	**4321.3**	**4848.6**	**5432.3**
东 部	799.5	1667.6	2024.3	2308.5	2639.8
中 部	380.9	805.9	1019.1	1137.0	1240.9
西 部	487.5	1027.1	1277.9	1403.1	1551.5
北 京	121.4	225.4	248.9	266.9	334.6
天 津	38.8	67.2	76.3	87.7	93.9
河 北	46.9	104.0	130.4	135.9	156.6
山 西	40.2	90.6	116.3	125.3	135.6
内蒙古	51.6	96.2	113.5	122.8	145.2
辽 宁	50.5	73.1	87.6	92.3	96.3
吉 林	52.0	91.9	113.7	122.2	136.1
黑龙江	51.6	92.3	122.5	129.8	137.9
上 海	76.0	153.3	191.4	222.4	249.6
江 苏	80.8	201.9	253.1	302.0	326.0
浙 江	102.9	223.5	251.2	282.4	320.8
安 徽	46.1	95.1	125.9	143.6	164.8
福 建	51.6	101.2	129.1	138.4	165.7
江 西	38.6	82.6	108.3	131.3	131.8
山 东	87.3	190.5	227.6	257.6	278.4
河 南	52.4	120.8	147.6	162.3	175.7
湖 北	50.9	120.7	148.3	170.3	185.0
湖 南	49.1	111.9	136.6	152.1	174.1
广 东	128.0	297.3	388.5	477.9	564.8
广 西	46.0	109.5	133.4	144.5	155.7
海 南	15.4	30.0	40.1	45.0	53.0
重 庆	33.2	74.4	100.4	105.3	127.5
四 川	83.8	183.8	227.8	256.7	276.8
贵 州	31.2	77.3	98.2	119.6	130.7
云 南	57.6	114.6	154.5	173.2	197.5
西 藏	7.0	15.5	17.6	20.3	24.3
陕 西	48.3	101.2	129.7	135.9	138.3
甘 肃	39.8	90.3	97.8	106.8	119.3
青 海	13.3	25.0	35.5	36.0	44.8
宁 夏	15.6	27.7	35.5	37.3	43.7
新 疆	60.0	111.6	133.8	144.6	147.8

6-5-2 续表

地 区	占医疗卫生机构收入比重(%)				
	2010年	2014年	2015年	2016年	2017年
全 国	**12.2**	**13.2**	**14.6**	**14.6**	**14.7**
东 部	10.5	12.0	13.1	13.2	13.6
中 部	11.9	12.5	14.1	14.1	13.8
西 部	16.9	17.0	18.7	18.4	18.1
北 京	15.2	14.9	14.8	14.2	15.8
天 津	13.4	13.1	13.3	13.8	14.3
河 北	8.9	10.3	11.7	10.6	10.8
山 西	15.5	17.7	21.2	20.4	20.1
内蒙古	23.2	22.5	24.5	23.8	25.3
辽 宁	10.7	9.0	9.8	9.3	9.1
吉 林	19.8	18.7	21.0	20.5	20.9
黑龙江	15.0	15.1	17.6	16.9	16.8
上 海	10.2	12.3	13.6	14.0	13.9
江 苏	7.8	10.2	11.4	12.3	12.0
浙 江	10.3	12.6	13.0	13.0	13.1
安 徽	11.4	11.7	13.7	14.1	14.3
福 建	13.4	14.5	16.5	16.5	18.0
江 西	14.2	14.0	16.1	17.1	15.7
山 东	9.6	10.7	11.5	11.4	11.1
河 南	8.6	9.2	10.2	10.0	9.5
湖 北	9.7	11.1	12.2	12.5	12.4
湖 南	9.5	10.7	11.7	11.6	11.8
广 东	9.2	12.1	14.1	15.1	16.0
广 西	13.0	14.8	16.3	16.0	15.4
海 南	19.0	19.6	22.5	22.4	23.4
重 庆	12.8	13.0	15.0	14.3	15.2
四 川	12.8	13.0	14.3	14.4	13.8
贵 州	15.5	16.2	18.2	19.2	18.4
云 南	16.9	16.9	19.9	19.4	19.5
西 藏	43.0	42.1	38.0	35.7	37.0
陕 西	16.0	16.2	18.1	17.2	15.8
甘 肃	24.6	25.4	26.2	25.0	24.9
青 海	26.4	23.3	28.2	26.4	28.6
宁 夏	24.0	20.9	23.5	22.2	23.6
新 疆	22.8	22.8	24.4	23.8	22.5

6-6-1 全国监测地区儿童和孕产妇死亡率

年 份	新生儿死亡率(‰)	婴 儿死亡率(‰)	5岁以下儿童死亡率(‰)	孕产妇死亡率(1/10万)
2000	22.8	32.2	39.7	53.0
2005	13.2	19.0	22.5	47.7
2006	12.0	17.2	20.6	41.1
2007	10.7	15.3	18.1	36.6
2008	10.2	14.9	18.5	34.2
2009	9.0	13.8	17.2	31.9
2010	8.3	13.1	16.4	30.0
2011	7.8	12.1	15.6	26.1
2012	6.9	10.3	13.2	24.5
2013	6.3	9.5	12.0	23.2
2014	5.9	8.9	11.7	21.7
2015	5.4	8.1	10.7	20.1
2016	4.9	7.5	10.2	19.9
2017	4.5	6.8	9.1	19.6

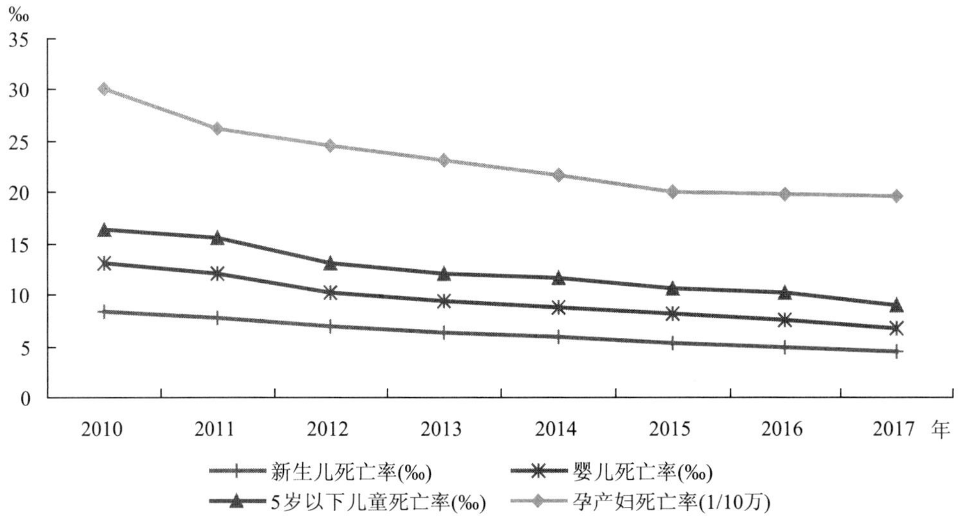

6-6-2 各地区新生儿访视率

单位：%

地 区	2010年	2014年	2015年	2016年	2017年
全 国	**89.6**	**93.6**	**94.3**	**94.6**	**93.9**
北 京	95.2	96.6	96.5	96.3	96.7
天 津	97.0	98.6	98.1	98.2	98.7
河 北	89.9	92.4	93.1	91.7	91.9
山 西	85.3	92.0	91.5	92.8	92.1
内蒙古	91.5	96.2	95.7	94.9	95.4
辽 宁	96.2	95.4	94.5	93.7	95.7
吉 林	88.1	95.1	95.6	96.1	96.2
黑龙江	91.3	95.7	96.5	96.5	95.7
上 海	86.9	98.4	98.1	98.1	98.0
江 苏	100.0	100.0	100.0	100.0	100.0
浙 江	97.7	99.0	99.0	98.7	98.6
安 徽	59.8	85.0	89.4	92.2	90.1
福 建	94.3	93.8	94.3	94.5	94.5
江 西	92.3	93.0	93.6	94.7	94.5
山 东	96.4	93.0	93.4	92.8	93.1
河 南	79.5	86.9	88.4	89.1	89.2
湖 北	93.1	94.3	95.6	95.1	94.4
湖 南	90.3	94.0	94.8	95.8	96.3
广 东	95.7	94.1	95.6	95.6	95.0
广 西	94.4	99.1	99.3	99.2	89.9
海 南	74.7	89.0	89.3	90.4	90.1
重 庆	86.3	93.0	93.3	93.6	93.0
四 川	87.5	94.9	95.0	95.2	95.4
贵 州	90.7	94.1	93.7	93.5	91.1
云 南	93.9	98.1	97.6	97.9	97.1
西 藏	50.6	70.1	81.8	82.1	84.1
陕 西	94.9	97.2	97.6	97.5	96.6
甘 肃	91.6	96.7	96.7	96.4	96.0
青 海	86.3	92.4	89.8	89.2	94.7
宁 夏	98.3	98.4	98.9	99.0	98.8
新 疆	86.4	90.1	91.5	91.9	91.9

6-6-3 各地区5岁以下儿童低体重患病率

单位：%

地 区	2010年	2014年	2015年	2016年	2017年
全 国	**1.55**	**1.48**	**1.49**	**1.44**	**1.40**
北 京	0.19	0.16	0.16	0.17	0.19
天 津	0.18	0.29	0.32	0.33	0.43
河 北	2.95	2.21	2.22	2.14	2.11
山 西	1.14	1.15	0.87	0.88	0.93
内蒙古	0.98	0.84	0.60	0.57	0.67
辽 宁	0.86	0.83	0.81	0.80	0.75
吉 林	0.35	0.29	0.32	0.27	0.31
黑龙江	1.60	1.55	1.42	1.39	1.27
上 海	0.06	0.13	0.13	0.15	0.17
江 苏	0.48	0.60	0.56	0.62	0.62
浙 江	0.66	0.87	0.51	0.50	0.51
安 徽	0.99	0.72	0.66	0.68	0.63
福 建	1.44	1.03	0.95	0.93	0.90
江 西	2.30	2.58	2.55	2.42	2.35
山 东	0.70	0.88	0.99	0.96	1.05
河 南	1.98	1.64	1.61	1.70	1.46
湖 北	1.16	1.06	1.18	1.18	1.30
湖 南	2.20	1.42	1.45	1.31	1.14
广 东	0.96	1.54	1.68	1.72	1.78
广 西	3.05	4.05	4.16	3.86	4.35
海 南	2.86	3.37	2.95	2.84	2.80
重 庆	0.98	0.96	1.15	1.02	0.90
四 川	1.18	1.13	1.21	1.15	1.14
贵 州	1.52	1.10	1.21	1.26	1.27
云 南	3.56	2.13	1.93	1.77	1.84
西 藏	5.12	4.32	4.87	3.32	2.66
陕 西	1.05	1.01	0.94	0.94	0.89
甘 肃	1.66	1.37	1.30	1.45	1.21
青 海	3.07	2.36	2.07	2.38	1.58
宁 夏	0.72	0.60	0.80	0.85	0.57
新 疆	2.74	2.13	2.02	1.72	2.14

6-6-4 各地区孕产妇产前检查率

单位：%

地 区	2010年	2014年	2015年	2016年	2017年
全 国	**94.1**	**96.2**	**96.5**	**96.6**	**96.5**
北 京	98.9	98.9	98.6	98.7	98.7
天 津	98.4	95.8	99.0	97.2	99.1
河 北	94.6	95.8	96.0	96.0	96.1
山 西	92.9	95.1	95.8	96.0	95.6
内蒙古	95.5	97.1	97.1	97.2	97.2
辽 宁	97.9	98.2	97.7	97.7	98.0
吉 林	90.7	95.8	96.5	97.3	97.4
黑龙江	96.4	97.5	97.7	97.9	97.6
上 海	87.0	98.6	98.4	98.4	98.3
江 苏	100.0	100.0	100.0	100.0	99.9
浙 江	98.4	98.7	98.6	98.8	98.8
安 徽	74.4	90.7	93.0	94.1	92.1
福 建	97.4	96.7	97.0	97.2	97.2
江 西	94.1	94.9	95.7	96.1	96.3
山 东	97.7	94.6	95.4	95.3	94.9
河 南	91.2	94.2	94.9	94.4	93.4
湖 北	97.0	96.8	96.8	97.2	96.9
湖 南	94.0	95.9	96.1	96.8	97.2
广 东	96.8	97.0	97.2	97.2	97.5
广 西	97.8	99.3	99.3	99.4	98.9
海 南	91.9	95.8	96.0	96.4	96.4
重 庆	94.1	96.5	96.9	97.0	97.4
四 川	91.5	95.8	96.0	96.1	96.9
贵 州	92.7	95.8	94.9	94.8	93.6
云 南	96.1	98.5	98.3	98.5	98.5
西 藏	64.2	88.9	87.3	90.2	89.5
陕 西	97.6	98.1	98.3	98.2	97.7
甘 肃	93.8	97.9	97.4	97.2	97.3
青 海	86.1	95.7	95.2	94.7	95.8
宁 夏	99.2	99.3	99.3	99.2	99.4
新 疆	93.8	94.3	94.2	94.5	94.7

6-6-5 各地区孕产妇产后访视率

单位：%

地 区	2010年	2014年	2015年	2016年	2017年
全 国	**90.8**	**93.9**	**94.5**	**94.6**	**94.0**
北 京	97.1	96.6	96.2	96.5	96.7
天 津	95.3	94.9	94.0	96.4	97.5
河 北	91.2	92.8	93.4	92.3	92.1
山 西	86.8	92.3	92.4	92.6	91.9
内蒙古	93.3	96.2	95.5	95.4	95.3
辽 宁	96.7	96.1	94.7	94.0	95.5
吉 林	88.5	94.5	95.3	96.0	95.7
黑龙江	93.2	96.3	96.3	96.4	95.7
上 海	86.9	98.4	98.1	98.1	98.0
江 苏	100.0	100.0	100.0	100.0	100.0
浙 江	97.7	98.2	98.1	98.1	98.1
安 徽	60.3	84.9	90.1	92.0	90.0
福 建	94.3	93.6	94.1	94.2	94.3
江 西	93.2	93.6	94.4	94.9	95.3
山 东	97.0	93.1	93.2	93.2	93.3
河 南	83.7	87.7	90.1	90.2	89.9
湖 北	94.3	95.6	95.4	95.3	94.7
湖 南	91.6	94.0	94.4	95.2	95.9
广 东	95.8	95.3	95.7	95.2	95.2
广 西	95.4	98.9	98.8	98.7	90.2
海 南	76.5	89.1	89.3	89.9	89.7
重 庆	89.3	93.4	93.4	93.4	92.9
四 川	89.4	94.9	95.2	95.2	95.7
贵 州	91.9	94.5	93.7	93.4	91.3
云 南	94.4	97.8	97.7	97.8	97.2
西 藏	52.8	75.6	84.1	87.4	83.4
陕 西	96.5	97.0	97.4	97.4	96.4
甘 肃	91.6	96.8	96.7	96.2	96.0
青 海	86.3	94.3	93.4	93.5	94.8
宁 夏	98.3	98.7	98.7	98.5	98.5
新 疆	87.7	91.7	92.3	92.5	92.2

7 基本住房保障

“十三五”时期，政府提供如下基本住房保障服务：

◆为城镇中等偏下收入住房困难家庭、新就业无房职工和城镇稳定就业的外来务工人员提供公共租赁住房或租赁补贴；

◆为符合条件的棚户区居民实施住房改造；

◆为农村困难家庭危房改造提供补助。

7-1-1 全国公共租赁住房保障情况

年　份	累计(建成) 公共租赁住房(廉租住房)套数(万套)	公共租赁住房(廉租住房)实物保障(在保)户数(万户)
2010	135.0	122.4
2011	301.7	200.1
2012	544.4	271.5
2013	788.6	406.9
2014	1004.4	720.8
2015	1222.8	989.3
2016	1354.8	1381.9
2017	1436.4	1415.9

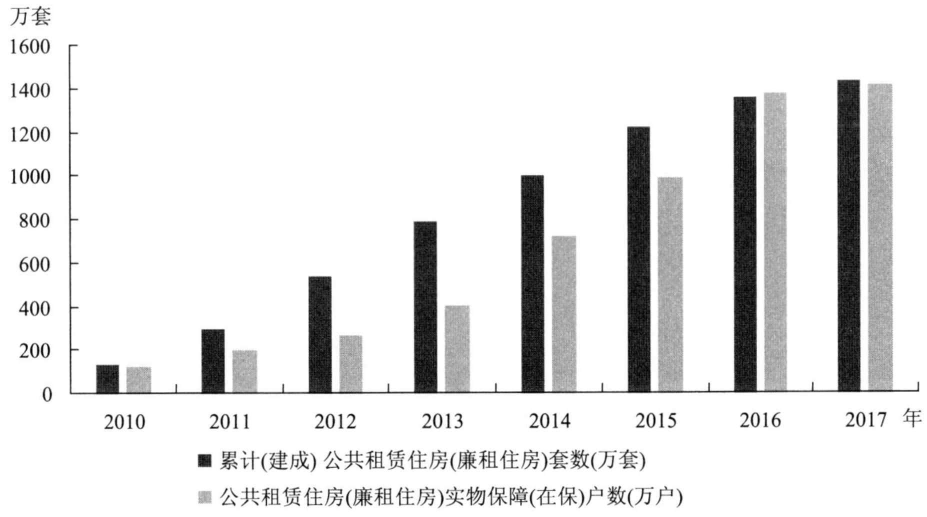

7-1-2 各地区累计(建成)公共租赁住房(廉租住房)套数

单位：万套

地 区	2010年	2014年	2015年	2016年	2017年
全 国	**135.0**	**1004.4**	**1222.8**	**1354.8**	**1436.4**
东 部	27.5	197.8	237.8	265.3	286.7
中 部	55.8	350.6	425.5	461.0	486.0
西 部	51.7	456.0	559.4	628.5	663.7
北 京	0.5	4.4	5.3	8.8	11.0
天 津	3.5	8.5	8.5	8.5	10.1
河 北	3.2	28.3	34.9	38.4	41.8
山 西	11.3	33.8	36.8	39.2	40.1
内蒙古	4.8	22.4	28.0	31.3	31.8
辽 宁	0.3	17.0	19.5	21.6	23.1
吉 林	4.6	22.1	24.7	25.2	25.9
黑龙江	2.6	21.6	26.1	26.2	27.1
上 海	0.6	8.2	9.2	10.4	11.3
江 苏	9.7	36.4	42.1	44.2	45.1
浙 江	1.5	13.9	18.5	22.6	24.6
安 徽	5.8	57.1	68.6	72.4	74.3
福 建	2.4	17.7	20.8	23.0	23.8
江 西	4.2	46.5	62.6	69.1	71.9
山 东	3.7	26.1	33.0	37.4	40.8
河 南	9.9	63.8	77.7	83.9	93.9
湖 北	4.9	34.2	40.6	43.6	46.3
湖 南	12.6	71.5	88.5	101.5	106.5
广 东	1.4	33.7	41.3	45.3	49.6
广 西	3.3	23.6	30.7	36.2	41.6
海 南	0.8	3.7	4.7	5.0	5.5
重 庆	5.7	46.5	53.0	58.5	60.1
四 川	7.5	45.8	51.7	56.3	59.3
贵 州	5.7	38.3	51.4	65.1	72.9
云 南	6.8	52.4	70.7	79.0	82.2
西 藏	0.4	4.2	5.5	6.3	7.1
陕 西	3.4	47.4	60.7	68.9	73.3
甘 肃	2.5	31.4	36.8	39.6	40.6
青 海	1.4	25.5	27.6	28.8	30.0
宁 夏	1.2	11.7	14.1	15.5	15.8
新 疆	8.9	106.6	129.4	142.9	149.0

7-1-3 各地区公共租赁住房(廉租住房)新开工套数

单位：万套

地 区	2010年	2013年	2014年	2015年
全 国	**219.5**	**270.0**	**201.3**	**156.9**
东 部	46.0	43.3	29.0	29.3
中 部	69.1	95.9	67.9	49.7
西 部	104.3	130.7	104.3	77.9
北 京	1.9	3.1	2.0	2.0
天 津	4.3	0.2	0.0	
河 北	3.3	5.7	4.1	3.8
山 西	9.4	4.4	2.8	2.3
内蒙古	6.0	4.7	3.7	4.3
辽 宁	1.6	3.6	2.6	1.9
吉 林	6.6	1.5	1.1	0.8
黑龙江	8.2	3.8	2.6	1.5
上 海	2.7	1.9	0.6	0.5
江 苏	12.0	7.6	3.8	3.4
浙 江	3.6	4.6	2.1	4.5
安 徽	7.3	16.9	11.2	6.3
福 建	4.3	3.2	2.3	1.3
江 西	6.8	18.4	10.6	6.7
山 东	4.6	6.9	6.5	6.2
河 南	11.4	25.8	16.4	5.9
湖 北	5.5	8.0	7.4	6.0
湖 南	13.8	17.0	15.8	20.1
广 东	6.8	5.6	4.5	5.3
广 西	2.5	7.7	6.3	6.0
海 南	1.0	1.1	0.4	0.3
重 庆	32.6	14.1		
四 川	9.0	6.6	9.5	4.8
贵 州	8.3	17.8	24.4	15.3
云 南	10.2	21.3	4.8	3.6
西 藏	0.2	2.5	1.9	1.9
陕 西	5.8	13.3	14.2	13.0
甘 肃	5.5	8.3	8.5	4.1
青 海	5.4	0.9	1.5	2.1
宁 夏	2.2	2.7	2.5	1.0
新 疆	16.7	30.8	27.1	21.9

注：根据国家有关规定，2016年、2017年国家没有要求新开工公共租赁住房(廉租住房)建设。

7-1-4 各地区公共租赁住房(廉租住房)实物保障户数(在保)

单位：万户

地 区	2010年	2014年	2015年	2016年	2017年
全 国	**122.4**	**720.8**	**989.3**	**1381.9**	**1415.9**
东 部	48.9	191.9	242.0	258.9	295.0
中 部	41.0	207.8	311.0	406.9	473.7
西 部	32.5	321.2	436.3	504.6	647.2
北 京	0.8	6.8	4.9	14.5	15.8
天 津	0.7	5.2	8.0	13.2	13.9
河 北	1.3	13.8	21.0	32.4	40.5
山 西	0.4	22.9	30.0	31.3	39.9
内蒙古	4.1	15.1	24.3	26.5	30.8
辽 宁	4.3	14.7	11.6	18.1	12.9
吉 林	6.3	19.1	23.6	29.4	26.3
黑龙江	8.7	28.5	28.9	34.3	35.5
上 海		2.1	15.8	11.2	19.1
江 苏	28.4	47.5	52.6	50.5	51.2
浙 江		42.5	47.0	20.8	27.3
安 徽	3.3	30.6	46.2	60.9	77.1
福 建	3.6	12.6	18.8	22.3	26.3
江 西	4.4	25.9	45.1	57.3	69.5
山 东	5.1	21.9	29.3	33.8	37.5
河 南	3.6	21.3	51.1	70.2	85.8
湖 北		20.5	32.4	42.4	46.0
湖 南	14.3	38.9	53.7	81.2	93.6
广 东	4.3	20.3	27.0	35.8	43.7
广 西		13.7	16.7	32.2	39.6
海 南	0.4	4.5	5.8	6.2	6.9
重 庆	4.1	23.0	34.4	42.3	50.4
四 川	9.0	29.7	39.5	50.2	49.8
贵 州		33.1	41.0	63.5	77.1
云 南	6.9	31.4	47.8	63.2	77.7
西 藏	0.5	3.4	6.7	8.3	8.6
陕 西		24.3	35.1	63.3	73.2
甘 肃	4.6	25.1	29.4	39.2	41.5
青 海	0.6	17.2	21.1	23.5	25.5
宁 夏	0.5	9.1	11.2	13.5	17.0
新 疆	2.1	96.1	129.0	145.2	156.0

7-1-5 各地区公租住房租赁补贴户数(在保)

单位：万户

地 区	2010年	2014年	2015年	2016年	2017年
全 国	**300.5**	**340.1**	**317.1**	**306.6**	**242.3**
东 部	45.7	58.7	54.2	46.2	40.7
中 部	175.5	177.1	141.8	110.5	95.0
西 部	79.3	104.3	121.1	112.1	104.0
北 京	2.2	2.2	1.2	1.4	1.5
天 津	6.3	7.7	5.3	5.5	3.2
河 北	11.4	10.4	10.9	4.8	4.2
山 西	18.0	15.8	14.2	14.9	11.8
内蒙古	10.9	6.1	8.1	8.8	10.4
辽 宁	6.2	11.2	11.3	7.5	9.3
吉 林	32.8	20.7	17.1	15.8	15.1
黑龙江	39.5	34.9	28.1	8.6	21.6
上 海		5.2	5.1	4.2	3.7
江 苏	5.7	6.6	6.6	7.6	5.2
浙 江		3.8	4.0	4.3	4.4
安 徽	15.2	15.6	12.1	8.9	4.8
福 建	3.1	2.3	1.0	1.3	0.9
江 西	15.9	17.0	12.3	13.0	10.2
山 东	5.5	5.2	4.8	5.0	5.1
河 南	28.3	18.6	10.9	9.8	5.1
湖 北		19.4	14.2	10.1	3.1
湖 南	25.9	35.1	32.8	29.4	23.5
广 东	3.7	2.9	3.0	4.1	2.9
广 西		9.4	8.3	4.9	4.9
海 南	1.7	1.2	0.9	0.6	0.3
重 庆	4.8	3.0	2.2	2.3	1.5
四 川	23.1	21.8	19.9	14.1	8.9
贵 州		10.9	9.6	8.7	8.6
云 南	12.1	12.8	10.5	8.3	7.4
西 藏	0.6	1.1	1.2	1.2	1.1
陕 西		9.0	7.7	11.3	7.5
甘 肃	13.5	11.3	12.1	10.5	5.9
青 海	2.5	1.9	2.1	2.3	2.3
宁 夏	4.1	2.3	2.3	1.8	1.8
新 疆	7.6	14.8	37.2	37.8	43.7

7-2-1 各地区实际开工的各类棚户区改造住房套数(含货币安置户数)

单位：万套

地 区	2010年	2014年	2015年	2016年	2017年
全 国	**274.4**	**506.0**	**601.8**	**632.8**	**609.3**
东 部	38.8	123.1	166.8	157.3	176.1
中 部	139.1	217.6	229.3	251.2	226.4
西 部	96.6	165.2	205.7	197.6	206.8
北 京	1.3	3.0	5.2	4.4	4.3
天 津		5.7	3.0	5.0	3.0
河 北	8.0	14.5	15.7	25.8	20.2
山 西	12.3	13.6	22.3	23.6	13.5
内蒙古	21.8	20.3	24.2	16.1	22.1
辽 宁	7.3	29.5	21.9	17.0	10.1
吉 林	17.9	21.4	16.7	26.8	11.7
黑龙江	54.7	14.0	20.9	12.8	19.1
上 海		3.0	3.5	21.2	1.7
江 苏	1.3	18.8	23.9	22.1	26.7
浙 江	5.6	11.6	22.6	14.1	19.0
安 徽	20.4	35.4	34.0	16.6	33.9
福 建	2.7	6.5	11.4	13.0	7.3
江 西	13.6	20.6	16.5	49.6	24.2
山 东	6.2	24.0	47.5	20.4	77.3
河 南	8.6	49.1	42.6	36.8	42.7
湖 北	4.3	36.8	44.6	39.2	41.3
湖 南	7.2	26.7	31.7	45.9	40.0
广 东	2.7	3.8	8.8	6.1	3.8
广 西	1.5	4.5	15.6	3.5	8.2
海 南	3.6	2.8	3.3	8.0	2.5
重 庆	21.0	0.5	3.2	5.8	5.3
四 川	10.2	38.3	31.2	27.0	25.3
贵 州	1.1	15.6	34.9	43.0	43.2
云 南	7.3	11.6	17.4	18.0	15.0
西 藏	0.2	4.8	1.5	2.1	3.8
陕 西	13.1	21.9	28.9	28.0	22.8
甘 肃	9.1	9.1	11.6	13.1	16.6
青 海	1.7	9.6	6.5	8.1	5.6
宁 夏	3.0	9.1	8.1	6.4	5.3
新 疆	6.5	20.0	22.5	26.7	33.4

7-3-1 各地区农村危房改造竣工户数

单位：万户

地 区	2010年	2014年	2015年	2016年	2017年
全 国	**120.0**	**260.3**	**455.3**	**331.0**	**176.7**
东 部	5.1	28.2	50.7	34.8	13.9
中 部	29.4	84.5	140.3	88.3	55.1
西 部	85.5	147.5	264.3	207.9	107.8
北 京		0.1	0.1	0.1	
天 津		0.1	0.4	0.5	0.3
河 北	3.9	10.7	12.5	10.8	4.0
山 西	2.8	7.2	13.0	5.8	5.2
内蒙古	4.0	8.5	21.4	31.1	5.6
辽 宁	0.6	1.9	1.8	2.1	2.4
吉 林	1.4	4.7	6.0	4.5	2.8
黑龙江	2.2	7.8	13.0	12.4	6.9
上 海		0.1	0.1	0.1	0.0
江 苏		2.5	4.3	1.5	1.5
浙 江		1.4	1.6	2.0	0.3
安 徽	4.3	10.9	17.9	10.7	6.0
福 建		3.3	3.7	2.0	0.9
江 西	3.1	15.8	30.8	10.0	8.0
山 东		4.8	8.6	4.3	1.3
河 南	7.4	18.5	26.3	13.4	5.2
湖 北	4.0	7.3	12.1	9.5	8.0
湖 南	4.2	12.3	21.1	22.0	13.0
广 东		2.1	13.2	8.0	2.2
广 西	11.5	16.6	29.7	14.9	7.1
海 南	0.6	1.3	4.4	3.5	0.9
重 庆	4.1	6.1	11.0	6.0	2.6
四 川	7.0	18.3	32.0	19.8	20.4
贵 州	18.0	18.9	35.0	30.8	11.9
云 南	11.5	19.2	49.4	42.0	26.5
西 藏	2.9	3.1	3.0	0.9	0.1
陕 西	6.0	7.3	11.1	7.1	4.3
甘 肃	7.4	14.0	21.8	14.0	5.0
青 海	3.2	3.2	6.7	6.5	2.5
宁 夏	2.7	2.3	7.7	3.2	1.2
新 疆	7.2	30.0	35.6	31.8	20.5

8 公共文化体育

“十三五”时期，政府提供如下公共文化体育服务：

- ◆向全民免费开放公共图书馆、文化馆（站）、博物馆、美术馆、纪念馆、科技馆、工人文化宫、青少年宫等基层公共文化体育设施；
- ◆为农村居民免费提供文化信息资源共享、电影放映、送书送报送戏等公益性文化服务；
- ◆为全民免费提供基本的广播电视服务和突发事件应急广播服务；
- ◆为主要少数民族地区提供文化服务；
- ◆为未成年人、老年人、现役军人、残疾人和低收入人群提供免费参观文化遗产服务；
- ◆为城乡居民参加全民健身活动提供免费指导服务。

8-1-1 全国公益性文化服务

年 份	每万人口拥有公共文化设施建筑面积(平方米)	人均图书馆流通次数(次)	人均接受文化馆站服务次数(次)	人均参观博物馆次数(次)
2010	255.8	0.24		0.30
2011	295.2	0.28	0.29	0.35
2012	312.4	0.32	0.33	0.42
2013	334.2	0.36	0.32	0.47
2014	359.5	0.39	0.37	0.62
2015	374.7	0.43	0.40	0.57
2016	391.6	0.48	0.42	0.62
2017	404.4	0.54	0.46	0.70

注：公共文化设施建筑面积包括公共图书馆实际使用公用房屋建筑面积和文化馆(站)实际使用房屋建筑面积。

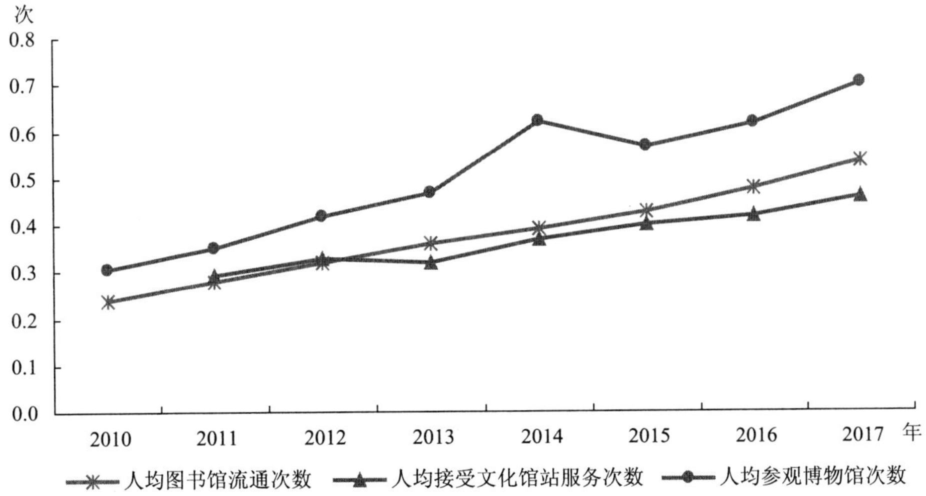

8-1-2 各地区每万人口拥有公共文化设施建筑面积

单位：平方米

地 区	2013年	2014年	2015年	2016年	2017年
全 国	**334.2**	**359.5**	**374.7**	**391.6**	**404.4**
东 部	414.5	444.1	467.8	485.5	500.6
中 部	245.0	265.4	272.2	290.9	302.4
西 部	313.5	336.9	346.9	359.8	369.2
北 京	426.4	445.6	442.8	463.9	534.4
天 津	340.6	367.0	372.4	378.4	457.9
河 北	203.3	223.7	222.9	230.6	232.0
山 西	353.8	377.8	381.6	401.6	415.3
内蒙古	398.6	428.1	436.3	474.3	488.6
辽 宁	322.5	388.9	410.3	387.1	404.5
吉 林	227.4	261.2	284.2	291.6	317.2
黑龙江	262.4	281.7	290.6	313.1	328.7
上 海	737.5	731.7	740.9	750.7	765.2
江 苏	512.5	556.2	604.5	637.5	656.4
浙 江	702.2	777.9	849.1	921.1	934.4
安 徽	211.6	221.8	231.0	243.1	251.9
福 建	341.4	417.4	424.8	430.9	469.8
江 西	265.2	315.2	315.4	323.5	335.5
山 东	323.2	325.5	339.6	369.8	376.7
河 南	192.6	199.2	200.3	207.0	215.7
湖 北	281.2	298.0	298.1	370.1	383.1
湖 南	241.8	267.6	284.5	289.3	296.2
广 东	438.1	446.7	474.9	474.0	473.7
广 西	207.1	228.0	229.7	244.5	249.2
海 南	202.1	210.3	206.3	209.8	226.2
重 庆	346.0	374.0	403.5	414.4	419.8
四 川	312.2	319.7	331.1	336.4	346.9
贵 州	257.5	283.8	281.5	294.1	310.3
云 南	276.2	291.4	297.7	300.4	305.6
西 藏	1067.8	1296.8	1320.4	1299.7	1300.7
陕 西	282.8	306.0	296.2	307.0	308.2
甘 肃	316.3	349.4	363.4	386.5	396.6
青 海	299.4	327.4	367.2	368.9	438.2
宁 夏	494.3	532.7	550.5	610.8	609.9
新 疆	462.7	500.0	535.5	550.7	563.3

注：公共文化设施建筑面积包括公共图书馆实际使用公用房屋建筑面积和文化馆(站)实际使用房屋建筑

8-1-3　各地区公共图书馆数和馆藏量

地　区	公共图书馆数(个)				
	2010年	2014年	2015年	2016年	2017年
全　国	**2884**	**3117**	**3139**	**3153**	**3166**
东　部	971	993	1000	1006	1008
中　部	867	931	942	944	953
西　部	1045	1192	1196	1202	1204
北　京	24	24	24	24	23
天　津	31	31	31	31	32
河　北	165	172	172	172	173
山　西	126	126	126	127	128
内蒙古	113	116	117	117	117
辽　宁	128	129	129	130	130
吉　林	65	66	66	66	66
黑龙江	107	107	107	108	109
上　海	28	25	25	24	24
江　苏	111	114	114	114	115
浙　江	97	98	100	102	101
安　徽	88	113	122	123	124
福　建	86	88	90	90	90
江　西	108	114	114	113	113
山　东	149	153	154	154	154
河　南	142	157	158	158	158
湖　北	107	112	112	112	116
湖　南	124	136	137	137	139
广　东	132	138	140	142	143
广　西	108	112	112	114	115
海　南	20	21	21	23	23
重　庆	43	43	43	43	43
四　川	161	198	203	203	204
贵　州	93	95	96	98	98
云　南	150	151	151	151	151
西　藏	4	78	79	81	81
陕　西	112	114	110	110	110
甘　肃	94	103	103	103	103
青　海	44	49	49	49	49
宁　夏	20	26	26	26	26
新　疆	103	107	107	107	107

8-1-3 续表

地区	人均拥有公共图书馆藏量(册)				
	2010年	2014年	2015年	2016年	2017年
全国	**0.46**	**0.58**	**0.61**	**0.65**	**0.70**
东部	0.59	0.75	0.80	0.86	0.92
中部	0.31	0.38	0.40	0.43	0.47
西部	0.36	0.45	0.47	0.49	0.52
北京	0.87	1.03	1.12	1.19	1.27
天津	0.97	1.05	1.10	1.16	1.07
河北	0.22	0.29	0.30	0.31	0.34
山西	0.34	0.40	0.42	0.47	0.47
内蒙古	0.38	0.58	0.60	0.68	0.71
辽宁	0.68	0.81	0.85	0.90	0.91
吉林	0.50	0.60	0.64	0.68	0.73
黑龙江	0.43	0.45	0.48	0.51	0.57
上海	2.96	3.04	3.13	3.17	3.21
江苏	0.56	0.79	0.86	0.95	1.07
浙江	0.69	1.02	1.13	1.25	1.38
安徽	0.21	0.29	0.32	0.35	0.41
福建	0.46	0.70	0.73	0.79	0.85
江西	0.34	0.47	0.47	0.47	0.53
山东	0.38	0.46	0.48	0.51	0.55
河南	0.20	0.25	0.26	0.28	0.30
湖北	0.41	0.49	0.51	0.56	0.61
湖南	0.30	0.36	0.38	0.42	0.44
广东	0.44	0.59	0.65	0.72	0.78
广西	0.41	0.52	0.54	0.56	0.57
海南	0.33	0.46	0.47	0.50	0.53
重庆	0.36	0.42	0.43	0.47	0.54
四川	0.32	0.39	0.41	0.43	0.46
贵州	0.23	0.35	0.35	0.35	0.39
云南	0.34	0.40	0.41	0.44	0.44
西藏	0.18	0.39	0.50	0.53	0.58
陕西	0.30	0.40	0.40	0.43	0.45
甘肃	0.41	0.50	0.52	0.53	0.57
青海	0.64	0.67	0.70	0.76	0.77
宁夏	0.73	1.04	1.06	1.02	1.06
新疆	0.51	0.56	0.55	0.59	0.61

8-1-4 各地区公共图书馆总流通人次

地 区	公共图书馆总流通人次(万人次)				
	2010年	2014年	2015年	2016年	2017年
全 国	**32823**	**53036.0**	**58892.2**	**66037.0**	**74449.9**
东 部	19509	32329.8	36848.0	41595.1	46273.2
中 部	6468	10333.4	11332.7	12718.3	14742.6
西 部	6312	9974.6	10323.3	11326.1	12850.2
北 京	775	1145.8	1263.9	1401.9	1555.3
天 津	606	681.0	788.7	851.5	1403.1
河 北	736	1210.5	1427.6	1622.2	2308.0
山 西	374	675.8	830.3	981.4	1189.6
内蒙古	312	621.1	649.0	742.7	1003.1
辽 宁	1457	1891.8	2068.2	2313.1	2579.7
吉 林	503	599.1	732.5	806.1	866.9
黑龙江	622	893.1	967.8	986.0	1071.7
上 海	1853	3961.5	3931.4	4170.4	2992.5
江 苏	3006	5424.5	6001.3	6488.6	7975.1
浙 江	3454	5479.5	7942.0	9788.5	10846.5
安 徽	760	1545.8	1739.0	1994.4	2376.3
福 建	1193	2051.9	2396.3	2603.5	2970.1
江 西	639	1213.5	1258.3	1374.5	1722.1
山 东	1717	2557.8	2729.0	3643.6	3972.2
河 南	1026	1968.1	2233.2	2538.7	2950.9
湖 北	1516	1867.7	1954.6	2082.0	2388.3
湖 南	1028	1570.4	1617.1	1955.4	2176.8
广 东	4540	7657.0	7854.7	8334.8	9147.1
广 西	1343	1998.0	2065.2	2067.0	2344.3
海 南	172	268.5	445.0	377.0	523.5
重 庆	621	1221.1	1234.8	1308.5	1524.0
四 川	1168	1867.2	2010.1	2358.0	2601.1
贵 州	369	525.5	594.0	604.4	783.9
云 南	907	1210.0	1222.6	1380.8	1261.2
西 藏	3	16.6	20.0	25.4	24.8
陕 西	519	927.4	982.4	1155.6	1357.4
甘 肃	468	658.4	678.1	724.3	774.9
青 海	89	119.9	111.8	111.2	158.7
宁 夏	163	265.7	281.7	318.6	465.2
新 疆	350	543.6	473.7	529.4	551.6

8-1-4 续表

地 区	比上年增长(%)				
	2010年	2014年	2015年	2016年	2017年
全 国	**2.0**	**7.7**	**11.0**	**12.1**	**12.7**
东 部	-2.1	7.3	14.0	12.9	11.2
中 部	8.8	6.3	9.7	12.2	15.9
西 部	9.2	11.3	3.5	9.7	13.5
北 京	-5.9	10.9	10.3	10.9	10.9
天 津	-10.3	-4.6	15.8	8.0	64.8
河 北	3.3	12.2	17.9	13.6	42.3
山 西	6.8	12.1	22.9	18.2	21.2
内蒙古	0.5	8.0	4.5	14.5	35.0
辽 宁	-12.5	-2.4	9.3	11.8	11.5
吉 林	2.7	10.9	22.3	10.0	7.5
黑龙江	0.8	8.6	8.4	1.9	8.7
上 海	26.9	9.9	-0.8	6.1	-28.2
江 苏	7.9	7.5	10.6	8.1	22.9
浙 江	-18.8	10.8	44.9	23.2	10.8
安 徽	13.3	14.8	12.5	14.7	19.2
福 建	1.0	13.4	16.8	8.6	14.1
江 西	7.2	4.2	3.7	9.2	25.3
山 东	7.1	8.6	6.7	33.5	9.0
河 南	1.5	10.3	13.5	13.7	16.2
湖 北	19.2	5.9	4.7	6.5	14.7
湖 南	9.3	-7.3	3.0	20.9	11.3
广 东	-0.6	4.1	2.6	6.1	9.7
广 西	22.1	35.8	3.4	0.1	13.4
海 南	-10.8	8.7	65.7	-15.3	38.9
重 庆	5.7	6.5	1.1	6.0	16.5
四 川	1.5	7.4	7.6	17.3	10.3
贵 州	38.2	12.5	13.0	1.8	29.7
云 南	-5.7	-1.1	1.0	12.9	-8.7
西 藏	35.5	51.3	20.2	26.9	-2.3
陕 西	35.2	5.5	5.9	17.6	17.5
甘 肃	13.1	6.9	3.0	6.8	7.0
青 海	-0.6	5.1	-6.8	-0.5	42.6
宁 夏	11.0	20.2	6.1	13.1	46.0
新 疆	-3.7	8.3	-12.9	11.8	4.2

8-1-5　各地区人均图书馆流通次数

单位：次

地　区	2010年	2014年	2015年	2016年	2017年
全　国	**0.25**	**0.39**	**0.43**	**0.48**	**0.54**
东　部	0.35	0.57	0.65	0.73	0.80
中　部	0.15	0.24	0.26	0.29	0.34
西　部	0.18	0.27	0.28	0.30	0.34
北　京	0.40	0.53	0.58	0.65	0.72
天　津	0.47	0.45	0.51	0.55	0.90
河　北	0.10	0.16	0.19	0.22	0.31
山　西	0.10	0.19	0.23	0.27	0.32
内蒙古	0.13	0.25	0.26	0.29	0.40
辽　宁	0.33	0.43	0.47	0.53	0.59
吉　林	0.18	0.22	0.27	0.29	0.32
黑龙江	0.16	0.23	0.25	0.26	0.28
上　海	0.80	1.63	1.63	1.72	1.24
江　苏	0.38	0.68	0.75	0.81	0.99
浙　江	0.63	0.99	1.43	1.75	1.92
安　徽	0.13	0.25	0.28	0.32	0.38
福　建	0.32	0.54	0.62	0.67	0.76
江　西	0.14	0.27	0.28	0.30	0.37
山　东	0.18	0.26	0.28	0.37	0.40
河　南	0.11	0.21	0.24	0.27	0.31
湖　北	0.26	0.32	0.33	0.35	0.40
湖　南	0.16	0.23	0.24	0.29	0.32
广　东	0.43	0.71	0.72	0.76	0.82
广　西	0.29	0.42	0.43	0.43	0.48
海　南	0.20	0.30	0.49	0.41	0.57
重　庆	0.22	0.41	0.41	0.43	0.50
四　川	0.15	0.23	0.25	0.29	0.31
贵　州	0.11	0.15	0.17	0.17	0.22
云　南	0.20	0.26	0.26	0.29	0.26
西　藏	0.01	0.05	0.06	0.08	0.07
陕　西	0.14	0.25	0.26	0.30	0.35
甘　肃	0.18	0.25	0.26	0.28	0.30
青　海	0.16	0.21	0.19	0.19	0.27
宁　夏	0.26	0.40	0.42	0.47	0.68
新　疆	0.16	0.24	0.20	0.22	0.23

8-1-6 各地区文化馆(站)数

单位：个

地　区	2010年	2014年	2015年	2016年	2017年
全　国	**43382**	**44423**	**44291**	**44497**	**44521**
东　部	12927	12802	12767	12862	12922
中　部	13988	14175	14209	14239	14171
西　部	16467	17446	17315	17396	17428
北　京	337	346	349	352	350
天　津	256	299	260	254	258
河　北	2319	2397	2402	2416	2431
山　西	1533	1538	1540	1540	1540
内蒙古	1017	1156	1179	1226	1231
辽　宁	1550	1544	1543	1556	1585
吉　林	965	974	979	979	980
黑龙江	1654	1640	1641	1665	1635
上　海	240	238	237	237	238
江　苏	1442	1395	1396	1395	1394
浙　江	1612	1420	1417	1466	1472
安　徽	1509	1557	1559	1559	1561
福　建	1190	1215	1222	1222	1223
江　西	1924	1880	1881	1869	1873
山　东	2013	1969	1971	1973	1972
河　南	2466	2523	2533	2546	2603
湖　北	1376	1390	1399	1402	1406
湖　南	2561	2673	2677	2679	2573
广　东	1738	1746	1742	1748	1756
广　西	1284	1290	1291	1292	1298
海　南	230	233	228	243	243
重　庆	1041	1040	1045	1062	1066
四　川	4652	4808	4785	4781	4785
贵　州	1524	1686	1665	1666	1694
云　南	1517	1558	1564	1583	1593
西　藏	321	772	774	774	774
陕　西	1827	1772	1591	1581	1536
甘　肃	1417	1434	1455	1458	1463
青　海	409	413	414	414	415
宁　夏	250	253	266	270	271
新　疆	1208	1264	1286	1289	1302

8-1-7 各地区文化馆(站)服务人次

地区	文化馆(站)服务人次数(万人次)				
	2011年	2014年	2015年	2016年	2017年
全国	**38760**	**50668**	**54826**	**57896**	**63951**
东部	17398	24777	25636	26691	30298
中部	9325	10942	12062	13033	14692
西部	12037	14949	17128	18172	18961
北京	769	825	875	965	1121
天津	300	305	360	410	422
河北	1037	1233	1409	1585	1687
山西	934	865	1054	1006	1099
内蒙古	707	759	888	968	1119
辽宁	1395	1347	1374	1459	1391
吉林	720	617	705	725	755
黑龙江	630	829	900	1107	1150
上海	1985	4405	2363	2468	2427
江苏	1497	2357	2635	3008	3378
浙江	2369	3848	5169	5605	8663
安徽	974	1542	1816	1831	2247
福建	790	1054	1036	1235	1288
江西	756	1145	1249	1203	1321
山东	2442	3107	3433	3861	4301
河南	1782	2179	2522	2741	3019
湖北	1781	1714	1695	2199	2785
湖南	1748	2052	2122	2220	2314
广东	4627	5923	6726	5863	5356
广西	1376	2048	1970	2008	2178
海南	187	372	255	231	264
重庆	1316	1315	1782	2088	2139
四川	2748	3366	3831	3808	3984
贵州	812	1028	1308	1436	1639
云南	1676	1982	2110	2205	2221
西藏	65	133	217	254	268
陕西	954	1171	1312	1412	1587
甘肃	600	808	919	946	1071
青海	144	352	347	400	348
宁夏	401	557	580	511	525
新疆	1238	1429	1864	2137	1883

8-1-7 续表

地区	增长速度(%)				
	2013年	2014年	2015年	2016年	2017年
全国	**0.3**	**14.7**	**8.2**	**5.6**	**10.5**
东部	1.5	25.8	3.5	4.1	13.5
中部	0.0	3.4	10.2	8.1	12.7
西部	-1.1	7.6	14.6	6.1	4.3
北京	30.9	-35.7	6.1	10.3	16.2
天津	-18.7	11.4	17.9	14.0	3.0
河北	12.5	6.7	14.3	12.5	6.4
山西	-6.5	5.3	21.8	-4.5	9.2
内蒙古	13.6	3.2	17.0	9.0	15.6
辽宁	-16.8	-13.7	2.0	6.2	-4.7
吉林	3.6	-37.0	14.2	2.9	4.1
黑龙江	-10.4	-3.5	8.5	23.1	3.9
上海	-2.6	124.5	-46.4	4.4	-1.7
江苏	-10.8	9.7	11.8	14.2	12.3
浙江	4.1	28.6	34.3	8.4	54.5
安徽	20.5	8.0	17.8	0.8	22.7
福建	-1.6	4.1	-1.7	19.1	4.3
江西	9.6	14.9	9.0	-3.6	9.8
山东	4.6	23.5	10.5	12.5	11.4
河南	7.5	-2.9	15.8	8.7	10.2
湖北	-9.6	4.6	-1.1	29.7	26.7
湖南	-10.5	27.0	3.4	4.6	4.2
广东	6.5	30.8	13.6	-12.8	-8.7
广西	-0.3	19.2	-3.8	1.9	8.5
海南	36.7	38.9	-31.4	-9.7	14.4
重庆	-4.4	16.1	35.5	17.2	2.4
四川	-9.6	-4.1	13.8	-0.6	4.6
贵州	-11.1	28.2	27.2	9.8	14.2
云南	-10.6	8.9	6.4	4.5	0.7
西藏	15.7	38.8	62.9	17.0	5.6
陕西	21.1	9.6	12.1	7.6	12.4
甘肃	6.0	8.4	13.7	2.9	13.2
青海	28.4	69.1	-1.4	15.3	-12.9
宁夏	37.7	-23.8	4.0	-11.9	2.7
新疆	0.6	7.9	30.4	14.6	-11.9

8-1-8 各地区人均接受文化馆(站)服务次数

单位：次

地　区	2011年	2014年	2015年	2016年	2017年
全　国	**0.29**	**0.37**	**0.40**	**0.42**	**0.46**
东　部	0.31	0.44	0.45	0.47	0.52
中　部	0.22	0.26	0.28	0.30	0.34
西　部	0.33	0.41	0.46	0.49	0.50
北　京	0.38	0.38	0.40	0.44	0.52
天　津	0.22	0.20	0.23	0.26	0.27
河　北	0.14	0.17	0.19	0.21	0.22
山　西	0.26	0.24	0.29	0.27	0.30
内蒙古	0.28	0.30	0.35	0.38	0.44
辽　宁	0.32	0.31	0.31	0.33	0.32
吉　林	0.26	0.22	0.26	0.27	0.28
黑龙江	0.16	0.22	0.24	0.29	0.30
上　海	0.85	0.97	0.98	1.02	1.00
江　苏	0.19	0.30	0.33	0.38	0.42
浙　江	0.43	0.70	0.93	1.00	1.53
安　徽	0.16	0.25	0.30	0.30	0.36
福　建	0.21	0.28	0.27	0.32	0.33
江　西	0.17	0.25	0.27	0.26	0.29
山　东	0.25	0.32	0.35	0.39	0.43
河　南	0.19	0.23	0.27	0.29	0.32
湖　北	0.31	0.29	0.29	0.37	0.47
湖　南	0.27	0.30	0.31	0.33	0.34
广　东	0.44	0.55	0.62	0.53	0.48
广　西	0.30	0.43	0.41	0.42	0.45
海　南	0.21	0.41	0.28	0.25	0.28
重　庆	0.45	0.44	0.59	0.68	0.70
四　川	0.34	0.41	0.47	0.46	0.48
贵　州	0.23	0.29	0.37	0.40	0.46
云　南	0.36	0.42	0.44	0.46	0.46
西　藏	0.21	0.42	0.67	0.77	0.80
陕　西	0.25	0.31	0.35	0.37	0.41
甘　肃	0.23	0.31	0.35	0.36	0.41
青　海	0.25	0.60	0.59	0.67	0.58
宁　夏	0.63	0.84	0.87	0.76	0.77
新　疆	0.56	0.62	0.79	0.89	0.77

8-1-9　各地区博物馆数

单位：个

地　区	2010年	2014年	2015年	2016年	2017年
全　国	**2435**	**3658**	**3852**	**4109**	**4721**
东　部	918	1361	1473	1616	1859
中　部	762	1167	1178	1235	1416
西　部	747	1130	1197	1255	1443
北　京	41	45	40	41	71
天　津	18	22	22	22	62
河　北	65	105	107	111	122
山　西	89	99	100	105	138
内蒙古	54	75	84	87	93
辽　宁	61	63	64	65	65
吉　林	57	78	76	77	107
黑龙江	76	158	158	176	183
上　海	27	103	99	99	98
江　苏	213	301	312	317	322
浙　江	100	187	224	275	308
安　徽	120	164	171	171	196
福　建	94	98	98	98	123
江　西	108	137	137	138	139
山　东	114	243	312	393	485
河　南	111	248	248	270	334
湖　北	120	174	175	183	199
湖　南	81	109	113	115	120
广　东	169	176	177	177	184
广　西	64	106	124	125	132
海　南	16	18	18	18	19
重　庆	37	78	78	82	94
四　川	108	206	225	239	255
贵　州	59	74	73	73	84
云　南	120	86	86	90	125
西　藏	2	4	7	7	7
陕　西	106	238	249	274	282
甘　肃	102	147	150	152	204
青　海	18	22	23	23	23
宁　夏	6	12	12	13	54
新　疆	71	82	86	90	90

8-1-10 各地区博物馆年度基本陈列、展览数

单位：个

地 区	展览总数				
	2010年	2014年	2015年	2016年	2017年
全 国	**17297**	**21170**	**21154**	**23109**	**24611**
东 部	7231	10044	10408	11795	12111
中 部	4920	5736	5329	5507	6019
西 部	5030	5210	5233	5698	6325
北 京	224	283	269	249	415
天 津	127	155	157	180	438
河 北	316	584	607	664	743
山 西	228	326	352	337	414
内蒙古	224	518	455	446	463
辽 宁	293	424	429	426	455
吉 林	361	428	381	352	451
黑龙江	367	764	749	889	866
上 海	180	865	835	1094	617
江 苏	1591	1932	1890	1986	1980
浙 江	1063	1606	1709	1968	2149
安 徽	859	991	862	867	940
福 建	811	707	788	909	1020
江 西	1093	641	510	517	560
山 东	948	1880	2172	2474	2707
河 南	973	1136	1073	1133	1277
湖 北	669	909	964	988	1069
湖 南	370	541	438	424	442
广 东	1465	1476	1460	1733	1496
广 西	318	453	445	517	570
海 南	213	132	92	112	91
重 庆	306	442	449	437	467
四 川	1133	882	928	1161	1165
贵 州	208	209	225	254	249
云 南	938	555	466	507	684
西 藏	2	18	24	29	8
陕 西	905	883	1044	1183	1187
甘 肃	570	739	705	702	935
青 海	54	73	70	65	73
宁 夏	57	91	80	97	231
新 疆	315	347	342	300	293

8-1-10 续表 单位：个

地区	每万人口拥有博物馆陈列展览数				
	2010年	2014年	2015年	2016年	2017年
全　国	**0.13**	**0.15**	**0.15**	**0.17**	**0.18**
东　部	0.13	0.18	0.18	0.21	0.03
中　部	0.12	0.13	0.12	0.13	0.03
西　部	0.14	0.14	0.14	0.15	0.04
北　京	0.11	0.13	0.12	0.11	0.19
天　津	0.10	0.10	0.10	0.12	0.28
河　北	0.04	0.08	0.08	0.09	0.10
山　西	0.06	0.09	0.10	0.09	0.11
内蒙古	0.09	0.21	0.18	0.18	0.18
辽　宁	0.07	0.10	0.10	0.10	0.10
吉　林	0.13	0.16	0.14	0.13	0.17
黑龙江	0.10	0.20	0.20	0.23	0.23
上　海	0.08	0.36	0.35	0.45	0.26
江　苏	0.20	0.24	0.24	0.25	0.25
浙　江	0.20	0.29	0.31	0.35	0.38
安　徽	0.14	0.16	0.14	0.14	0.15
福　建	1.38	0.19	0.21	0.23	0.26
江　西	0.25	0.14	0.11	0.11	0.12
山　东	0.10	0.19	0.22	0.25	0.27
河　南	0.10	0.12	0.11	0.12	0.13
湖　北	0.33	0.16	0.16	0.17	0.18
湖　南	0.06	0.08	0.06	0.06	0.06
广　东	0.14	0.14	0.13	0.16	0.13
广　西	0.07	0.10	0.09	0.11	0.12
海　南	0.25	0.15	0.10	0.12	0.10
重　庆	0.11	0.15	0.15	0.14	0.15
四　川	0.14	0.11	0.11	0.14	0.14
贵　州	0.06	0.06	0.06	0.07	0.07
云　南	1.06	0.12	0.10	0.11	0.14
西　藏	0.01	0.06	0.07	0.09	0.02
陕　西	0.24	0.23	0.28	0.31	0.31
甘　肃	0.22	0.29	0.27	0.27	0.36
青　海	0.10	0.13	0.12	0.11	0.12
宁　夏	0.09	0.14	0.12	0.14	0.34
新　疆	0.14	0.15	0.14	0.13	0.12

8-1-11　各地区博物馆参观人次总数

地　区	参观人次总数(万人次)				
	2010年	2014年	2015年	2016年	2017年
全　国	**40679**	**84256**	**78112**	**85061**	**97172**
东　部	15984	35270	31677	35675	40461
中　部	11483	23243	22246	23212	26870
西　部	11626	23151	21932	23800	27342
北　京	500	1848	579	649	1833
天　津	401	949	1003	1013	1279
河　北	1246	3338	2646	2724	2991
山　西	1082	2388	1466	1460	2468
内蒙古	584	1105	1150	1124	1240
辽　宁	1034	1337	1158	1389	1538
吉　林	508	959	949	943	1128
黑龙江	716	2133	2092	2201	2332
上　海	625	1969	1935	2218	2270
江　苏	4557	7301	7850	8512	9108
浙　江	1957	5468	4577	5957	6485
安　徽	1205	2611	2680	2798	3183
福　建	1600	2334	2412	2545	2933
江　西	2073	2828	2949	3391	3233
山　东	1384	6124	5130	5836	6764
河　南	1794	5536	4728	4964	5543
湖　北	1905	2842	2624	2671	3471
湖　南	2200	3946	4758	4784	5513
广　东	2583	4331	4252	4727	5112
广　西	744	1681	1655	1773	1828
海　南	99	271	137	104	146
重　庆	1551	2214	2299	2528	3096
四　川	3357	5987	5997	5976	6752
贵　州	1177	1395	1581	1654	1851
云　南	1529	2127	1700	1912	2342
西　藏	15	128	49	55	10
陕　西	1498	4927	4208	5338	5791
甘　肃	647	2402	2191	2317	2837
青　海	83	247	147	247	150
宁　夏	74	261	198	188	743
新　疆	366	675	756	686	701

8-1-11 续表

地区	比上年增长(%)				
	2010年	2014年	2015年	2016年	2017年
全国	**24.3**	**32.1**	**-7.3**	**8.9**	**14.2**
东部	22.3	32.0	-10.2	12.6	13.4
中部	19.2	31.7	-4.3	4.3	15.8
西部	32.7	37.0	-5.3	8.5	14.9
北京	8.6	269.1	-68.7	12.0	182.5
天津	6.3	73.7	5.7	1.1	26.2
河北	23.2	34.6	-20.7	3.0	9.8
山西	8.1	131.9	-38.6	-0.4	69.1
内蒙古	31.5	21.7	4.0	-2.2	10.4
辽宁	20.7	13.4	-13.4	20.0	10.7
吉林	-19.3	32.2	-1.1	-0.7	19.7
黑龙江	8.7	17.0	-1.9	5.2	5.9
上海	28.5	11.4	-1.7	14.6	2.3
江苏	16.0	19.4	7.5	8.4	7.0
浙江	12.7	44.3	-16.3	30.1	8.9
安徽	22.5	28.2	2.6	4.4	13.8
福建	60.2	9.9	3.3	5.5	15.2
江西	28.5	6.5	4.3	15.0	-4.7
山东	23.4	41.2	-16.2	13.8	15.9
河南	18.8	32.4	-14.6	5.0	11.7
湖北	43.8	20.5	-7.7	1.8	29.9
湖南	15.1	39.1	20.6	0.5	15.2
广东	28.6	20.3	-1.8	11.2	8.1
广西	20.6	34.1	-1.5	7.1	3.1
海南	15.9	-1.1	-49.5	-24.0	40.4
重庆	33.8	15.6	3.8	10.0	22.5
四川	30.3	23.8	0.2	-0.3	13.0
贵州	45.0	10.3	13.4	4.6	12.0
云南	63.9	71.8	-20.1	12.5	22.5
西藏	65.6	271.9	-62.1	13.5	-81.0
陕西	53.8	71.4	-14.6	26.8	8.5
甘肃	-21.0	35.9	-8.8	5.8	22.4
青海	-12.4	354.4	-40.4	67.9	-39.4
宁夏	51.0	135.6	-24.1	-5.0	295.0
新疆	33.7	6.2	12.0	-9.2	2.2

8-1-12 各地区人均参观博物馆次数

单位：次

地　区	2010年	2014年	2015年	2016年	2017年
全　国	**0.30**	**0.62**	**0.57**	**0.62**	**0.70**
东　部	0.29	0.62	0.56	0.62	0.70
中　部	0.27	0.54	0.52	0.54	0.62
西　部	0.32	0.63	0.59	0.64	0.73
北　京	0.25	0.86	0.27	0.30	0.84
天　津	0.31	0.63	0.65	0.65	0.82
河　北	0.17	0.45	0.36	0.36	0.40
山　西	0.30	0.65	0.40	0.40	0.67
内蒙古	0.24	0.44	0.46	0.45	0.49
辽　宁	0.24	0.30	0.26	0.32	0.35
吉　林	0.18	0.35	0.34	0.34	0.42
黑龙江	0.19	0.56	0.55	0.58	0.62
上　海	0.27	0.81	0.80	0.92	0.94
江　苏	0.58	0.92	0.98	1.06	1.13
浙　江	0.36	0.99	0.83	1.07	1.15
安　徽	0.20	0.43	0.44	0.45	0.51
福　建	0.43	0.61	0.63	0.66	0.75
江　西	0.46	0.62	0.65	0.74	0.70
山　东	0.14	0.63	0.52	0.59	0.68
河　南	0.19	0.59	0.50	0.52	0.58
湖　北	0.33	0.49	0.45	0.45	0.59
湖　南	0.33	0.59	0.70	0.70	0.80
广　东	0.25	0.40	0.39	0.43	0.46
广　西	0.16	0.35	0.35	0.37	0.37
海　南	0.11	0.30	0.15	0.11	0.16
重　庆	0.54	0.74	0.76	0.83	1.01
四　川	0.42	0.74	0.73	0.72	0.81
贵　州	0.34	0.40	0.45	0.47	0.52
云　南	0.33	0.45	0.36	0.40	0.49
西　藏	0.05	0.40	0.15	0.17	0.03
陕　西	0.40	1.31	1.11	1.40	1.51
甘　肃	0.25	0.93	0.84	0.89	1.08
青　海	0.15	0.42	0.25	0.42	0.25
宁　夏	0.12	0.39	0.30	0.28	1.09
新　疆	0.17	0.29	0.32	0.29	0.29

8-2-1 各地区广播节目综合人口覆盖率

单位：%

地区	全国覆盖率				
	2010年	2014年	2015年	2016年	2017年
全国	**96.8**	**98.0**	**98.2**	**98.4**	**98.7**
北京	100.0	100.0	100.0	100.0	100.0
天津	100.0	100.0	100.0	100.0	100.0
河北	99.3	99.3	99.3	99.4	99.4
山西	93.3	98.0	98.5	98.6	98.8
内蒙古	96.6	98.4	99.0	99.1	99.2
辽宁	98.5	98.8	99.0	99.1	99.1
吉林	98.5	98.6	98.6	98.7	98.9
黑龙江	98.6	98.6	98.6	99.2	98.8
上海	100.0	100.0	100.0	100.0	100.0
江苏	100.0	100.0	100.0	100.0	100.0
浙江	99.2	99.6	99.6	99.7	99.7
安徽	97.3	98.6	98.8	98.9	99.0
福建	97.8	98.3	98.7	99.0	99.0
江西	96.8	97.5	97.6	98.0	98.4
山东	98.1	98.7	98.8	99.0	99.1
河南	97.3	98.2	98.3	98.4	98.6
湖北	98.1	98.9	99.1	99.3	99.4
湖南	92.0	93.5	94.1	94.7	98.5
广东	98.0	99.9	99.9	99.9	99.9
广西	94.5	96.6	96.7	96.9	97.2
海南	96.4	96.5	96.5	96.8	99.1
重庆	95.7	98.4	98.6	98.9	99.0
四川	96.2	97.0	97.1	97.2	97.4
贵州	87.6	91.5	92.3	93.0	93.5
云南	95.4	96.5	96.7	97.4	98.4
西藏	90.3	94.8	94.8	95.2	96.2
陕西	96.7	97.8	98.1	98.3	98.6
甘肃	93.5	97.9	98.0	98.1	98.4
青海	90.0	97.0	98.0	98.2	98.4
宁夏	92.9	96.1	96.6	96.7	97.6
新疆	94.9	96.5	96.6	96.8	97.3

8-2-1 续表 单位：%

地 区	农村覆盖率				
	2010年	2014年	2015年	2016年	2017年
全 国	**95.6**	**97.3**	**97.5**	**97.8**	**98.2**
北 京	100.0	100.0	100.0	100.0	100.0
天 津	100.0	100.0	100.0	100.0	100.0
河 北	99.1	99.2	99.1	99.1	99.1
山 西	90.2	96.6	97.4	97.9	97.9
内蒙古	94.0	97.0	98.4	98.3	98.7
辽 宁	97.3	97.9	98.2	98.3	98.4
吉 林	97.8	98.0	98.0	98.1	98.8
黑龙江	97.7	98.2	98.4	99.2	99.1
上 海	100.0	100.0	100.0	100.0	100.0
江 苏	100.0	100.0	100.0	100.0	100.0
浙 江	99.1	99.5	99.5	99.6	99.7
安 徽	96.8	98.2	98.4	98.6	98.8
福 建	97.4	97.9	98.3	98.7	98.7
江 西	96.2	97.0	97.1	97.6	97.9
山 东	97.6	98.4	98.5	98.6	98.9
河 南	96.9	97.9	97.9	98.1	98.4
湖 北	97.5	98.6	98.8	99.1	99.2
湖 南	87.5	90.3	90.7	91.8	97.5
广 东	96.1	99.8	99.8	100.0	100.0
广 西	93.6	96.1	96.2	96.3	96.7
海 南	95.5	95.4	95.4	95.9	98.5
重 庆	94.6	97.9	98.1	98.5	98.6
四 川	95.4	96.3	96.4	96.4	96.7
贵 州	85.6	90.5	91.5	92.4	93.1
云 南	94.4	95.7	96.0	96.7	97.9
西 藏	88.6	93.7	93.8	94.2	95.4
陕 西	96.0	97.2	97.6	97.8	98.2
甘 肃	91.9	97.5	97.6	97.8	98.1
青 海	86.9	95.9	97.2	97.4	97.8
宁 夏	89.8	93.7	94.3	94.7	95.9
新 疆	94.0	96.3	96.4	96.6	97.1

8-2-2 各地区电视节目综合人口覆盖率

单位：%

地区	全国覆盖率				
	2010年	2014年	2015年	2016年	2017年
全国	**97.6**	**98.6**	**98.8**	**98.9**	**99.1**
北京	100.0	100.0	100.0	100.0	100.0
天津	100.0	100.0	100.0	100.0	100.0
河北	99.3	99.3	99.3	99.3	99.3
山西	97.5	99.0	99.3	99.4	99.6
内蒙古	95.4	98.6	99.1	99.2	99.2
辽宁	98.6	99.0	99.1	99.1	99.2
吉林	98.6	98.8	98.8	98.8	98.9
黑龙江	98.8	98.8	98.8	99.0	98.9
上海	100.0	100.0	100.0	100.0	100.0
江苏	99.9	99.9	100.0	100.0	100.0
浙江	99.4	99.7	99.7	99.7	99.8
安徽	97.5	98.7	98.9	99.0	99.2
福建	98.4	98.7	98.9	99.1	99.2
江西	98.0	98.5	98.6	98.8	98.9
山东	97.9	98.5	98.5	98.6	98.9
河南	97.4	98.3	98.4	98.6	98.8
湖北	98.1	98.9	99.0	99.2	99.3
湖南	96.4	97.5	98.0	98.3	99.3
广东	98.0	99.9	99.9	99.9	99.9
广西	96.5	98.2	98.3	98.4	98.6
海南	95.4	95.5	95.5	95.8	99.1
重庆	97.4	98.9	99.1	99.2	99.2
四川	97.3	98.1	98.2	98.3	98.5
贵州	92.6	95.4	96.0	96.1	96.5
云南	96.4	97.5	97.7	98.2	98.7
西藏	91.4	95.9	96.0	96.3	97.3
陕西	97.7	98.5	98.7	98.9	99.0
甘肃	93.7	98.3	98.5	98.6	98.7
青海	95.0	97.5	98.0	98.2	98.4
宁夏	98.2	99.1	99.2	99.3	99.4
新疆	95.3	96.9	97.0	97.3	97.5

8-2-2 续表 单位：%

地区	农村覆盖率				
	2010年	2014年	2015年	2016年	2017年
全国	**96.8**	**98.1**	**98.3**	**98.5**	**98.7**
北京	100.0	100.0	100.0	100.0	100.0
天津	100.0	100.0	100.0	100.0	100.0
河北	99.0	99.1	99.0	99.0	99.0
山西	96.2	98.3	98.8	99.1	99.2
内蒙古	91.9	97.4	98.4	98.5	98.6
辽宁	97.6	98.2	98.3	98.4	98.6
吉林	97.9	98.2	98.2	98.2	98.4
黑龙江	98.0	98.5	98.7	99.2	99.3
上海	100.0	100.0	100.0	100.0	100.0
江苏	99.9	99.8	100.0	100.0	100.0
浙江	99.3	99.6	99.6	99.7	99.7
安徽	97.1	98.4	98.6	98.8	99.0
福建	98.2	98.4	98.7	98.9	98.9
江西	97.6	98.2	98.2	98.5	98.4
山东	97.4	98.2	98.3	98.3	98.8
河南	97.0	98.0	98.2	98.4	98.7
湖北	97.5	98.5	98.7	98.9	99.1
湖南	94.4	96.4	96.9	97.5	98.9
广东	96.1	99.9	99.9	100.0	99.9
广西	95.9	97.9	98.0	98.0	98.3
海南	94.1	93.9	93.9	94.6	98.6
重庆	96.9	98.6	98.8	98.9	98.9
四川	96.7	97.6	97.8	97.9	98.2
贵州	91.5	94.8	95.5	95.7	96.2
云南	95.6	96.9	97.2	97.8	98.3
西藏	90.0	94.9	95.1	95.4	96.6
陕西	97.3	98.1	98.3	98.5	98.5
甘肃	92.4	98.0	98.1	98.2	98.4
青海	93.0	96.7	97.3	97.5	97.9
宁夏	97.4	98.6	98.7	99.0	98.9
新疆	93.9	96.5	96.7	96.9	97.4

8-2-3 各地区有线广播电视用户覆盖率

单位：%

地 区	全国覆盖率				
	2010年	2014年	2015年	2016年	2017年
全 国	**46.4**	**54.8**	**54.6**	**52.8**	**48.3**
北 京	91.7	106.9	108.9	109.7	109.0
天 津	78.0	89.0	98.0	96.7	96.7
河 北	31.1	39.3	39.2	36.2	35.7
山 西	37.9	39.2	39.5	35.1	33.9
内蒙古	41.2	40.6	41.6	40.6	32.6
辽 宁	51.1	62.1	61.7	55.7	52.4
吉 林	48.8	57.6	59.1	52.1	45.8
黑龙江	42.9	59.9	45.7	48.4	41.6
上 海	100.0	100.0	100.0	97.4	96.0
江 苏	78.5	94.6	91.4	84.8	65.4
浙 江	74.1	92.4	95.8	92.9	85.9
安 徽	22.6	35.9	39.1	41.2	39.1
福 建	61.4	69.3	69.1	69.3	67.2
江 西	34.0	48.6	52.8	52.3	49.8
山 东	57.3	61.9	58.5	61.5	55.9
河 南	24.3	33.0	31.9	32.6	30.7
湖 北	45.3	51.3	52.1	51.5	52.3
湖 南	30.2	43.8	55.5	61.6	56.9
广 东	71.2	91.4	90.4	89.4	72.7
广 西	31.2	40.9	42.8	43.8	42.8
海 南	34.2	44.9	43.5	43.7	50.1
重 庆	44.3	40.8	38.3	33.1	27.9
四 川	45.2	46.9	43.0	35.5	30.3
贵 州	30.0	30.8	33.1	35.0	43.3
云 南	40.2	34.4	31.0	27.2	27.9
西 藏	25.8	30.5	31.8	32.6	30.5
陕 西	43.2	51.8	54.9	56.8	54.1
甘 肃	27.4	25.2	28.2	24.7	23.8
青 海	27.2	40.7	39.3	30.7	25.1
宁 夏	37.2	46.7	48.8	49.8	32.1
新 疆	32.8	35.0	34.5	30.0	26.9

8-2-3 续表　　　　单位：%

地　区	农村覆盖率				
	2010年	2014年	2015年	2016年	2017年
全　国	**29.4**	**31.5**	**33.5**	**33.2**	**31.7**
北　京	55.4	68.6	73.7	81.8	85.1
天　津	33.5	23.3	20.9	27.1	46.5
河　北	16.8	18.5	15.9	17.4	10.5
山　西	26.7	33.2	31.7	25.7	21.7
内蒙古	23.9	23.2	14.1	10.5	12.3
辽　宁	34.7	35.1	33.8	32.9	32.9
吉　林	35.7	43.2	43.4	41.8	35.3
黑龙江	36.4	15.5	23.7	24.6	18.5
上　海	73.3	84.4	76.0	49.0	53.0
江　苏	71.9	92.3	89.0	63.8	67.4
浙　江	61.3	75.6	81.8	76.1	76.0
安　徽	11.2	25.6	27.7	27.9	24.2
福　建	43.1	53.8	47.4	57.5	59.4
江　西	21.6	49.4	46.9	73.3	74.8
山　东	47.4	23.4	42.6	41.6	36.8
河　南	12.8	18.7	19.6	19.6	15.9
湖　北	32.7	34.4	42.4	47.3	41.4
湖　南	15.8	22.5	31.7	40.9	37.9
广　东	37.8	27.2	20.1	25.2	57.4
广　西	18.3	26.8	39.2	29.0	16.6
海　南	15.9	25.8	29.3	22.9	28.9
重　庆	25.5	20.5	18.3	12.0	14.3
四　川	29.7	26.1	24.1	19.6	17.9
贵　州	10.0	9.6	11.7	14.7	28.7
云　南	21.4	18.4	15.7	13.3	14.9
西　藏	4.8	5.0	5.1	4.7	0.1
陕　西	18.3	25.0	28.7	32.8	33.3
甘　肃	10.8	5.0	5.8	7.6	5.6
青　海	1.2	3.0	2.6	1.5	3.0
宁　夏	1.5	–			1.4
新　疆	5.7	14.7	12.6	15.5	8.7

8-2-4 各地区公共广播电视节目播出时间

单位：万小时

地区	公共广播节目				
	2010年	2014年	2015年	2016年	2017年
全国	**1266.0**	**1405.8**	**1421.8**	**1456.5**	**1491.9**
东部	538.6	568.5	566.2	580.4	588.0
中部	345.5	383.4	391.0	397.5	413.4
西部	358.2	419.7	438.4	451.6	472.4
北京	11.9	17.3	17.2	18.1	18.1
天津	13.3	15.0	14.7	13.9	13.5
河北	58.4	67.4	65.3	65.9	76.1
山西	37.1	40.5	41.3	41.6	47.5
内蒙古	63.6	67.5	68.4	66.5	66.2
辽宁	71.6	67.2	68.0	68.8	70.8
吉林	40.8	48.7	49.5	50.1	54.8
黑龙江	41.9	48.9	48.9	53.7	57.4
上海	13.1	13.8	13.6	14.5	14.9
江苏	77.5	82.4	78.0	78.6	78.6
浙江	71.0	75.0	76.2	77.9	77.1
安徽	50.4	52.2	54.0	52.6	52.1
福建	50.6	51.7	52.4	52.3	52.1
江西	34.5	40.0	40.8	41.0	38.7
山东	83.9	90.4	93.9	95.7	94.5
河南	62.6	66.3	67.5	67.9	68.3
湖北	44.7	47.3	47.8	48.1	49.9
湖南	33.5	39.6	41.1	42.5	44.8
广东	76.5	76.6	74.7	81.6	78.3
广西	27.7	35.9	37.7	40.1	42.1
海南	10.8	11.8	12.2	13.1	14.1
重庆	10.9	16.8	16.8	17.9	17.7
四川	52.7	60.7	65.8	69.0	72.4
贵州	15.8	22.7	25.3	24.9	24.8
云南	27.2	30.2	30.6	33.1	36.9
西藏	3.9	4.9	5.8	6.3	15.0
陕西	40.6	48.5	47.0	47.2	46.3
甘肃	27.2	32.3	34.2	35.7	37.9
青海	5.6	7.4	9.5	9.5	12.4
宁夏	10.2	10.7	11.6	11.6	11.4
新疆	73.0	82.2	85.7	89.7	89.2

注：全国合计数包括国家总局直属公共广播和公共电视节目播出时间。

8-2-4 续表　　　　单位：万小时

地　区	公共电视节目				
	2010年	2014年	2015年	2016年	2017年
全　国	**1635.5**	**1747.6**	**1779.6**	**1792.4**	**1881.0**
东　部	543.4	585.6	589.5	593.5	625.2
中　部	515.0	525.3	525.1	526.7	542.0
西　部	554.7	607.5	629.0	632.2	689.3
北　京	10.8	12.6	12.8	13.2	13.2
天　津	15.2	16.6	16.9	18.0	17.3
河　北	74.2	81.3	80.2	81.1	84.9
山　西	46.9	48.5	48.8	48.9	59.1
内蒙古	63.2	65.1	64.7	63.4	62.4
辽　宁	70.4	73.8	74.3	74.4	78.1
吉　林	48.8	52.5	52.6	53.0	51.6
黑龙江	66.1	62.8	60.5	63.4	58.7
上　海	17.5	17.9	17.8	17.9	17.8
江　苏	81.1	82.0	78.5	77.5	76.2
浙　江	71.2	75.6	75.4	75.6	74.1
安　徽	64.1	61.0	61.4	59.6	63.3
福　建	33.4	34.9	36.5	36.9	39.5
江　西	65.1	65.7	67.4	67.1	66.1
山　东	95.3	107.6	115.5	115.5	133.8
河　南	86.9	90.9	90.9	91.1	95.9
湖　北	65.6	68.4	67.6	67.4	71.6
湖　南	71.4	75.5	76.0	76.1	75.7
广　东	66.3	75.1	72.8	74.0	80.4
广　西	48.1	54.9	57.6	59.6	59.6
海　南	8.0	8.3	8.9	9.5	10.0
重　庆	25.1	29.5	29.6	29.7	30.4
四　川	99.3	111.3	114.7	114.0	115.8
贵　州	24.7	24.1	27.2	25.5	43.3
云　南	74.4	79.2	81.2	83.4	88.3
西　藏	4.7	5.9	8.1	8.3	21.9
陕　西	57.8	61.1	59.5	60.5	61.9
甘　肃	41.5	45.3	48.7	50.0	51.4
青　海	7.0	9.2	11.2	10.1	22.3
宁　夏	15.3	15.9	17.2	16.6	16.6
新　疆	93.7	106.1	109.3	111.1	115.4

8-2-5 各地区全年农村公益电影放映场次

单位：万场

地 区	2010年	2014年	2015年	2016年	2017年
全 国	**830.1**	**860.4**	**733.6**	**746.6**	**718.4**
东 部	324.9	313.8	267.9	278.5	278.9
中 部	262.6	285.5	244.4	246.7	210.0
西 部	242.7	261.0	221.3	221.4	229.5
北 京	48.1	5.8	19.0	16.6	16.9
天 津	4.8	5.6	0.1	4.7	4.4
河 北	59.9	72.1	58.8	58.8	58.7
山 西	33.8	41.6	34.0	35.8	33.8
内蒙古	14.7	16.7	13.5	13.5	13.3
辽 宁	14.5	15.5	16.0	15.9	15.7
吉 林	11.3	13.5	11.3	11.7	11.8
黑龙江	10.6	13.3	10.7	11.5	10.2
上 海	9.2	2.4	6.0	6.3	5.7
江 苏	22.5	22.4	25.2	19.7	20.2
浙 江	29.0	38.8	30.0	30.0	27.4
安 徽	32.8	22.3	19.2	19.3	19.4
福 建	18.3	21.1	14.5	17.6	17.8
江 西	27.8	25.1	27.1	27.5	17.3
山 东	93.1	97.8	84.0	83.0	83.0
河 南	58.1	69.7	55.1	56.5	34.0
湖 北	35.9	37.8	32.0	30.6	32.4
湖 南	52.3	62.2	55.0	53.8	51.1
广 东	22.3	28.4	12.4	22.9	26.0
广 西	17.6	21.2	17.2	17.5	19.7
海 南	3.3	3.8	1.9	3.0	3.3
重 庆	18.4	12.5	11.1	13.1	11.0
四 川	60.4	69.0	57.7	58.0	59.5
贵 州	24.9	26.8	21.0	21.2	20.9
云 南	17.6	18.2	16.8	16.1	26.1
西 藏	12.7	7.8	10.8	9.1	7.6
陕 西	34.8	39.8	32.6	32.4	30.5
甘 肃	20.1	23.8	19.6	19.7	19.7
青 海	4.4	6.2	5.0	5.0	5.0
宁 夏	4.6	3.3	3.9	4.3	4.4
新 疆	12.3	15.9	12.1	11.6	11.9

8-3-1 各地区图书种数

单位：种

地区	图书种数				
	2010年	2014年	2015年	2016年	2017年
全国	**328387**	**448431**	**475768**	**499884**	**512487**
东部	82669	127534	132246	143881	149473
中部	54002	80845	84121	91011	92496
西部	42177	56595	65316	65291	67164
北京	5670	10802	11907	13712	14411
天津	4550	5745	6421	6789	7803
河北	2264	7022	6817	9263	9857
山西	2683	3458	3812	3513	3517
内蒙古	2885	3157	3125	3249	3411
辽宁	9060	11942	10964	10385	10940
吉林	15553	21565	23823	26919	28397
黑龙江	3515	5043	6087	7336	7549
上海	19256	24420	24492	27481	27772
江苏	14400	23936	26503	27569	28864
浙江	8084	12687	13701	14165	14462
安徽	5646	9934	8902	9441	9745
福建	3415	3456	3395	3954	4289
江西	3870	5890	6729	7491	7982
山东	6987	14282	14760	15925	17109
河南	4876	7705	7410	8588	9497
湖北	10464	15910	15543	15105	13590
湖南	7395	11340	11815	12618	12219
广东	6354	9495	10088	10841	9868
广西	7344	7871	7532	7406	7319
海南	2629	3747	3198	3797	4098
重庆	4690	6062	6156	5685	5320
四川	6645	9095	10038	10878	13329
贵州	823	845	738	1013	1062
云南	4598	6958	8465	8563	7972
西藏	570	547	648	588	622
陕西	6378	9334	10459	10284	11220
甘肃	1930	2410	3412	3484	3480
青海	429	597	779	613	599
宁夏	905	1987	2686	3098	3570
新疆	4980	7732	11278	10430	9260

8-3-1 续表 单位：种

地区	#新出版				
	2010年	2014年	2015年	2016年	2017年
全 国	**189295**	**255890**	**260426**	**262415**	**255106**
东 部	45976	73308	70192	70559	68232
中 部	33718	45128	48192	51524	50009
西 部	21869	30323	33763	33431	34055
北 京	3085	6474	7118	7310	6875
天 津	3372	3755	4173	4507	5035
河 北	1000	3071	2436	3254	2924
山 西	1573	1866	2281	2264	2192
内蒙古	1266	1937	1725	1791	1554
辽 宁	4925	7405	5806	4993	4796
吉 林	11575	11425	13560	16516	15299
黑龙江	2422	3626	4712	5541	5577
上 海	11055	13055	12752	13907	13262
江 苏	7988	14383	14646	13647	12610
浙 江	4210	6867	6940	6853	7135
安 徽	2732	5227	4832	5212	4864
福 建	2320	2442	2318	2620	2545
江 西	2427	3535	4424	4345	4546
山 东	3605	8153	6823	5618	6334
河 南	2422	4244	4118	4598	5283
湖 北	6328	9571	8932	7911	7404
湖 南	4239	5634	5333	5137	4844
广 东	3305	6005	6092	6367	5031
广 西	3328	3752	3367	3067	2909
海 南	1111	1698	1088	1483	1685
重 庆	2585	3190	2495	2195	2208
四 川	3396	5252	6074	6332	8287
贵 州	642	721	564	742	769
云 南	2746	3781	4503	4436	4438
西 藏	182	237	258	260	327
陕 西	3189	4667	5441	5271	5692
甘 肃	1255	1319	2161	2149	1998
青 海	227	269	351	306	296
宁 夏	585	1253	1430	1645	1617
新 疆	2468	3945	5394	5237	3960

8-3-2 各地区期刊种数

单位：种

地　区	2010年	2014年	2015年	2016年	2017年
全　国	**9884**	**9966**	**10014**	**10084**	**10130**
东　部	3183	3184	3183	3187	3197
中　部	2020	2030	2035	2040	2047
西　部	1791	1801	1800	1810	1819
北　京	173	172	172	174	175
天　津	257	254	254	254	255
河　北	230	229	227	227	227
山　西	201	201	201	202	202
内蒙古	149	147	147	147	152
辽　宁	326	323	320	321	321
吉　林	236	239	242	240	241
黑龙江	314	315	314	314	315
上　海	633	636	637	637	639
江　苏	464	468	468	470	471
浙　江	221	225	226	226	229
安　徽	184	186	186	186	186
福　建	179	176	176	176	176
江　西	160	164	165	165	166
山　东	271	269	270	270	272
河　南	250	248	248	248	248
湖　北	423	424	425	429	430
湖　南	252	253	254	256	259
广　东	387	388	389	388	388
广　西	185	185	184	184	184
海　南	42	44	44	44	44
重　庆	139	138	138	138	138
四　川	349	353	354	359	357
贵　州	89	90	90	90	93
云　南	127	127	127	127	128
西　藏	36	35	35	37	39
陕　西	286	286	287	287	287
甘　肃	138	136	134	134	134
青　海	48	53	54	54	54
宁　夏	36	37	37	37	37
新　疆	209	214	213	216	216

8-3-3 各地区报纸种数

单位：种

地区	2010年	2014年	2015年	2016年	2017年
全国	**1939**	**1912**	**1906**	**1894**	**1884**
东部	671	660	656	651	647
中部	476	472	471	469	468
西部	565	559	561	557	554
北京	35	35	35	35	34
天津	28	24	24	24	24
河北	66	65	65	64	64
山西	60	60	60	60	60
内蒙古	61	58	58	58	58
辽宁	75	70	70	68	66
吉林	52	52	52	51	51
黑龙江	70	68	68	68	68
上海	72	72	70	70	70
江苏	80	81	81	81	81
浙江	70	69	68	67	66
安徽	51	51	51	51	51
福建	43	42	42	42	42
江西	40	41	41	41	40
山东	88	87	87	87	87
河南	79	78	78	77	77
湖北	74	74	73	73	73
湖南	50	48	48	48	48
广东	100	101	100	99	99
广西	55	54	54	53	53
海南	14	14	14	14	14
重庆	26	27	27	27	27
四川	87	88	88	85	85
贵州	31	30	30	30	27
云南	43	42	42	42	42
西藏	23	25	25	25	27
陕西	44	43	43	43	43
甘肃	56	50	50	50	50
青海	25	26	26	26	26
宁夏	15	14	14	14	14
新疆	99	102	104	104	102

8-3-4 各地区少数民族文字图书期刊出版数量

单位：种

地区	图书种数				
	2010年	2014年	2015年	2016年	2017年
全国	**7577**	**8031**	**9192**	**9436**	**8592**
中央	1061	476	569	570	547
东部	107	179	168	267	226
中部	859	962	608	819	803
西部	5550	6414	7847	7780	7016
北京					
天津					
河北					
山西					
内蒙古	1578	1688	1639	2025	2194
辽宁	107	177	168	267	226
吉林	820	866	565	708	722
黑龙江	39	96	43	111	81
上海		2			
江苏					
浙江					
安徽					
福建					
江西					
山东					
河南					
湖北					
湖南					
广东					
广西	144	74	78	35	35
海南					
重庆					
四川	202	402	580	549	718
贵州	2	13	16	19	22
云南	105	102	161	183	302
西藏	486	451	517	451	454
陕西		2	3		
甘肃	89	138	130	103	168
青海	265	318	360	286	321
宁夏					
新疆	2679	3226	4363	4129	2802

8-3-4 续表　　　　单位：种

地　区	期刊种数				
	2010年	2014年	2015年	2016年	2017年
全　国	**207**	**227**	**223**	**225**	**229**
中　央	15	21	20	19	19
东　部					
中　部	16	15	15	15	16
西　部	176	191	188	191	194
北　京					
天　津					
河　北					
山　西					
内蒙古	46	42	42	42	45
辽　宁					
吉　林	13	13	13	13	14
黑龙江	3	2	2	2	2
上　海					
江　苏					
浙　江					
安　徽					
福　建					
江　西					
山　东					
河　南					
湖　北					
湖　南					
广　东					
广　西		1	1	1	1
海　南					
重　庆					
四　川	4	4	4	4	4
贵　州					
云　南	2	3	3	3	3
西　藏	14	14	14	16	16
陕　西					
甘　肃	3	3	3	3	3
青　海	6	12	12	12	12
宁　夏					
新　疆	101	112	109	110	110

9 残疾人基本公共服务

“十三五”时期，政府提供如下残疾人基本公共服务：

◆为困难残疾人提供生活补贴和重度残疾人提供护理补贴，无业重度残疾人提供最低生活保障；

◆为符合条件的贫困残疾人参加社会保险按规定给予补贴；

◆为残疾人提供基本生活保障；

◆为就业年龄段智力、精神及重度肢体残疾人提供脱氧服务；

◆为有康复需求的持证残疾人、残疾儿童提供残疾康复服务；

◆为适龄残疾儿童、少年免费提供义务教育，并针对残疾学生的特殊需要适当提高补助水平；

◆为残疾人免费提供就业服务和就业援助；

◆为残疾人提供盲人阅读、聋人手语及影视字幕、特殊艺术、自强健身等公共文化体育服务；

◆为残疾人提供无障碍环境支持。

9-1　全国残疾人接受九年义务教育在校生数

单位：万人

受教阶段	2010年	2011年	2012年	2013年	2014年	2015年	2016年	2017年
总　计	**41.1**	**38.9**	**36.8**	**35.8**	**38.5**	**43.2**	**48.2**	**56.9**
小学阶段	30.1	27.7	26.9	25.9	28.3	31.9	35.8	42.3
初中阶段	11.5	11.2	10.0	9.9	10.2	11.3	12.3	14.6

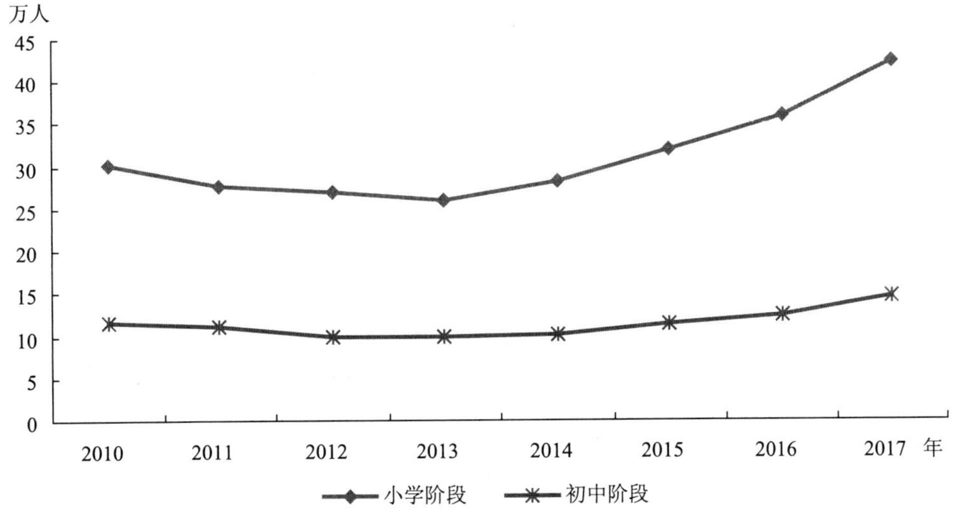

9-2 各地区城乡居民基本养老保险残疾人参保人数

单位：万人

地 区	2011年	2014年	2015年	2016年	2017年
全 国	**1492.5**	**2180.0**	**2229.6**	**2370.6**	**2614.7**
东 部	509.8	638.4	660.4	695.6	749.0
中 部	590.0	868.6	886.4	937.3	1018.8
西 部	392.7	673.0	682.8	737.7	847.0
北 京	9.4	9.7	10.1	9.3	9.6
天 津	5.6	5.8	6.2	7.3	7.6
河 北	90.2	122.0	124.1	136.0	146.3
山 西	60.0	95.6	96.8	100.8	105.5
内蒙古	8.8	28.6	30.4	34.9	41.2
辽 宁	41.9	52.0	51.9	36.6	39.9
吉 林	8.2	25.3	26.0	29.4	30.5
黑龙江	10.3	25.1	25.8	28.6	37.3
上 海	2.0	5.9	6.4	6.6	6.6
江 苏	121.7	130.4	129.3	125.8	140.4
浙 江	25.0	44.1	49.9	56.6	63.4
安 徽	96.4	101.3	104.1	105.3	131.0
福 建	23.9	55.1	57.0	74.2	68.7
江 西	52.3	58.2	59.9	83.1	84.5
山 东	136.9	134.9	140.4	141.8	153.9
河 南	173.4	296.4	300.6	308.7	330.9
湖 北	85.4	104.6	108.9	113.2	126.3
湖 南	104.0	162.1	164.3	168.2	172.8
广 东	39.9	61.5	67.4	83.2	96.5
广 西	29.7	97.4	103.0	104.8	112.3
海 南	13.3	17.0	17.7	18.4	16.0
重 庆	19.8	45.1	47.8	48.4	52.7
四 川	113.5	178.3	184.2	204.4	222.9
贵 州	35.7	54.2	54.7	56.6	76.6
云 南	43.6	79.0	71.3	78.5	86.3
西 藏	1.3	1.8	1.8	2.5	2.0
陕 西	65.3	43.9	40.1	45.4	77.3
甘 肃	36.2	92.7	93.6	96.8	103.9
青 海	3.7	4.0	5.1	11.7	12.5
宁 夏	11.2	18.7	19.3	19.8	21.1
新 疆	23.8	29.3	31.3	33.9	38.3

9-3 各地区城乡居民基本养老保险重度残疾人参保补贴人数

单位：万人

地区	2011年	2014年	2015年	2016年	2017年
全国	**357.1**	**379.2**	**422.1**	**445.7**	**547.2**
东部	133.2	114.8	132.5	139.2	172.4
中部	139.1	148.3	164.0	172.3	211.0
西部	84.8	116.1	125.6	134.2	163.8
北京	5.0	4.4	4.9	4.6	4.4
天津	1.7	1.8	1.9	2.0	2.0
河北	18.9	16.1	17.8	21.1	26.9
山西	9.7	13.2	14.2	14.8	16.6
内蒙古	2.8	5.1	5.8	7.0	9.4
辽宁	8.8	9.0	9.9	6.5	7.6
吉林	2.3	6.7	7.8	7.6	9.1
黑龙江	3.0	2.7	3.4	3.6	5.6
上海	1.0	3.4	3.6	3.6	3.8
江苏	21.9	17.2	19.2	18.1	24.2
浙江	17.5	9.6	11.3	12.2	13.6
安徽	33.9	20.8	23.5	24.6	34.9
福建	9.2	11.2	12.3	13.4	16.1
江西	10.2	7.4	7.6	16.1	17.3
山东	32.2	23.7	29.2	29.6	37.0
河南	28.6	53.7	59.5	54.2	65.3
湖北	22.4	15.3	18.2	20.4	29.3
湖南	29.0	28.4	29.8	31.1	33.1
广东	14.8	15.0	18.5	23.0	31.6
广西	7.0	11.9	13.5	14.0	17.6
海南	2.0	3.6	3.8	5.2	5.0
重庆	4.9	10.0	10.7	11.6	12.8
四川	22.7	29.4	31.7	35.1	41.7
贵州	4.3	7.7	8.1	7.9	9.9
云南	11.3	14.1	14.0	15.1	18.1
西藏	0.3	0.2	0.2	0.2	0.3
陕西	12.8	8.0	7.3	7.3	13.4
甘肃	8.5	19.0	21.7	20.6	23.5
青海	1.7	0.9	1.4	3.9	3.9
宁夏	3.5	4.8	5.1	5.1	5.0
新疆	4.9	5.1	6.0	6.4	8.0

9-4 各地区地市级残疾人康复设施覆盖率

单位：%

地区	2011年	2014年	2015年	2016年	2017年
全国	**9.0**	**17.9**	**21.9**	**26.4**	**29.8**
北京	6.3	6.3	6.3	6.3	6.3
天津	18.8	43.8	50.0	56.3	25.0
河北		18.2	27.3	27.3	27.3
山西	27.3	72.7	81.8	72.7	54.5
内蒙古	8.3	8.3	8.3	8.3	41.7
辽宁	14.3	21.4	35.7	42.9	50.0
吉林		11.1	11.1	11.1	22.2
黑龙江	7.7	7.7	15.4	23.1	38.5
上海	5.9	17.6	18.8	18.8	6.3
江苏	46.2	61.5	61.5	69.2	69.2
浙江	27.3	36.4	54.5	63.6	63.6
安徽					12.5
福建				11.1	11.1
江西	9.1	27.3	27.3	36.4	27.3
山东	5.9	52.9	52.9	41.2	47.1
河南	11.8	35.3	35.3	41.2	41.2
湖北	7.7	7.7	7.7	15.4	23.1
湖南	7.1	14.3	14.3	28.6	42.9
广东	23.8	28.6	33.3	42.9	33.3
广西			7.1	14.3	21.4
海南			25.0	25.0	25.0
重庆	7.9	13.2	15.8	18.4	23.7
四川	4.8	14.3	19.0	19.0	23.8
贵州	11.1	11.1		11.1	33.3
云南					6.3
西藏			14.3	14.3	57.1
陕西					
甘肃				21.4	28.6
青海	12.5			12.5	25.0
宁夏			40.0	40.0	40.0
新疆			14.3	28.6	28.6

9-5 各地区县(市、区)级系统开展无障碍建设改造率

单位：%

地 区	2010年	2014年	2015年	2016年	2017年
全 国	**22.7**	**47.3**	**50.9**	**51.0**	**50.9**
北 京	100.0	100.0	100.0	100.0	100.0
天 津	100.0	100.0	100.0	100.0	100.0
河 北	98.4	100.0	100.0	100.0	100.0
山 西	34.6	52.3	52.3	55.4	55.4
内蒙古		56.1	56.1	55.7	55.7
辽 宁	4.4	4.4	4.4	4.4	4.4
吉 林	17.4	17.4	18.8	18.8	18.8
黑龙江		25.5	27.0	27.0	27.0
上 海	100.0	100.0	100.0	100.0	100.0
江 苏	45.8	50.9	50.0	50.5	49.5
浙 江		25.7	75.2	76.0	76.0
安 徽	2.5	63.6	66.1	66.1	66.1
福 建	3.2	51.1	51.1	51.1	51.1
江 西		64.9	100.0	100.0	100.0
山 东	3.8	36.4	36.4	36.4	37.0
河 南		33.1	33.1	33.1	33.1
湖 北	1.7	65.5	72.4	72.4	72.4
湖 南		4.4	4.4	4.4	4.4
广 东	4.2	93.6	100.0	100.0	100.0
广 西	100.0	100.0	100.0	100.0	100.0
海 南	9.1	7.4	7.4	7.4	7.4
重 庆		100.0	100.0	100.0	100.0
四 川	16.3	17.2	18.1	18.1	18.1
贵 州	26.8	26.8	26.8	26.8	26.8
云 南	51.0	51.0	51.0	51.0	51.0
西 藏					
陕 西	36.8	36.8	36.8	36.8	36.8
甘 肃	42.0	100.0	100.0	100.0	100.0
青 海	21.6	21.6	21.6	21.6	21.6
宁 夏	3.7	85.2	85.2	85.2	85.2
新 疆	2.7	1.7	2.5	2.5	2.5

9-6 各地区特殊教育学校生师比(教师=1)

地 区	2010年	2014年	2015年	2016年	2017年
全 国	**4.2**	**3.9**	**4.0**	**4.0**	**10.3**
东 部	3.9	3.7	3.7	3.5	7.3
中 部	4.4	3.9	4.2	4.3	10.6
西 部	4.6	4.2	4.5	4.5	15.7
北 京	3.0	2.9	2.6	2.4	6.5
天 津	3.2	3.7	4.2	3.7	6.4
河 北	3.4	3.1	3.2	3.3	5.2
山 西	4.3	3.6	3.7	3.7	7.7
内蒙古	3.0	2.8	3.0	3.0	7.9
辽 宁	3.4	3.4	3.4	3.1	5.5
吉 林	3.3	2.7	2.7	2.8	5.5
黑龙江	3.6	3.5	3.7	3.9	6.4
上 海	4.2	3.7	3.5	3.0	5.8
江 苏	4.3	3.8	3.9	3.8	8.0
浙 江	5.0	4.5	4.3	3.7	7.2
安 徽	5.0	4.9	6.3	6.0	16.6
福 建	4.1	4.1	4.2	4.0	12.1
江 西	5.8	5.6	5.7	5.8	21.2
山 东	3.6	3.3	3.4	3.3	5.5
河 南	4.1	3.3	3.3	3.6	8.1
湖 北	5.1	4.3	4.3	4.2	7.9
湖 南	5.1	4.6	5.1	5.6	15.6
广 东	4.4	4.3	4.1	3.6	9.9
广 西	5.1	4.9	5.2	5.2	14.0
海 南	6.4	4.2	4.5	3.6	10.4
重 庆	4.6	4.7	4.9	4.9	19.3
四 川	4.7	4.9	5.0	5.0	19.1
贵 州	4.5	4.3	5.9	5.9	15.0
云 南	6.0	4.7	4.8	5.1	21.2
西 藏	4.4	4.5	4.1	3.7	18.9
陕 西	4.1	3.3	3.2	3.3	11.7
甘 肃	5.0	3.6	3.6	3.7	15.4
青 海	7.6	5.7	7.4	7.4	27.5
宁 夏	4.6	3.8	3.9	4.1	13.4
新 疆	4.6	3.7	3.5	3.0	11.5

9-7 各地区接受义务教育残疾人在校生数

单位：万人

地 区	2010年	2014年	2015年	2016年	2017年
全 国	**41.60**	**39.49**	**43.22**	**48.17**	**56.88**
东 部	16.09	15.49	16.06	16.85	18.63
中 部	10.91	10.19	11.94	13.75	16.52
西 部	14.60	13.81	15.22	17.57	21.72
北 京	0.75	0.77	0.70	0.68	0.63
天 津	0.25	0.30	0.30	0.31	0.36
河 北	1.21	1.26	1.32	1.41	1.68
山 西	0.80	0.82	0.89	1.04	1.22
内蒙古	0.38	0.62	0.81	0.92	1.09
辽 宁	0.83	0.83	0.80	0.87	1.06
吉 林	0.66	0.54	0.58	0.73	0.86
黑龙江	0.80	0.91	0.91	1.06	1.21
上 海	0.83	0.79	0.70	0.69	0.68
江 苏	2.85	2.24	2.21	2.37	2.67
浙 江	1.26	1.59	1.54	1.57	1.79
安 徽	1.35	1.43	1.87	2.05	2.69
福 建	3.15	2.51	2.44	2.51	2.48
江 西	2.34	1.98	2.36	2.78	3.01
山 东	2.11	2.18	2.30	2.55	2.77
河 南	2.15	1.83	1.98	2.36	3.05
湖 北	1.50	1.11	1.09	1.17	1.38
湖 南	1.30	1.57	2.25	2.56	3.11
广 东	2.54	2.83	3.51	3.67	4.29
广 西	1.57	1.32	1.40	1.59	2.20
海 南	0.31	0.19	0.25	0.20	0.25
重 庆	1.45	1.39	1.39	1.59	1.84
四 川	4.17	4.23	4.29	4.74	5.31
贵 州	1.61	1.35	1.76	2.00	2.56
云 南	2.13	2.10	2.32	2.76	3.40
西 藏	0.02	0.12	0.18	0.26	0.40
陕 西	0.77	0.79	0.85	1.05	1.46
甘 肃	1.33	0.76	0.91	1.12	1.33
青 海	0.24	0.23	0.31	0.37	0.50
宁 夏	0.15	0.31	0.38	0.42	0.52
新 疆	0.79	0.59	0.62	0.74	1.11

9-8 各地区接受高中教育残疾人在校生数

单位：人

地 区	2010年	2014年	2015年	2016年	2017年
全 国	**9621**	**9883**	**10067**	**10028**	**10059**
东 部	5790	6089	6332	6365	6131
中 部	2454	2036	1887	1979	2115
西 部	1377	1758	1848	1684	1813
北 京	450	208	163	169	138
天 津	56	271	320	374	436
河 北	286	432	435	452	335
山 西	176	298	302	360	438
内蒙古	196	288	187	180	172
辽 宁	619	522	532	550	651
吉 林	281	166	169	181	202
黑龙江	354	236	221	242	283
上 海	539	600	638	530	658
江 苏	1248	1112	1052	943	858
浙 江	416	691	795	926	601
安 徽	518	540	535	411	425
福 建	526	410	478	389	337
江 西	307	165	191	222	247
山 东	934	798	863	852	790
河 南	335	252	283	257	216
湖 北	300	350	139	178	184
湖 南	183	29	47	128	120
广 东	658	963	972	1082	1223
广 西	101	38	70	79	102
海 南	58	82	84	98	104
重 庆	130	148	128	165	217
四 川	164	352	375	338	382
贵 州	126	334	337	229	266
云 南	137	49	98	89	45
西 藏	18	47	46	56	36
陕 西	90	65	84	70	67
甘 肃	77	150	161	166	159
青 海	122	33	33	31	35
宁 夏	38	62	116	143	140
新 疆	178	192	213	138	192

9-9 各地区残疾人文化活动参与率

单位：%

地 区	2010年	2014年	2015年	2016年	2017年
全 国	**5.2**	**3.8**	**2.9**	**3.1**	**3.2**
北 京	19.0	33.6	21.7	24.6	21.1
天 津	22.1	4.2	4.5	4.2	3.9
河 北	9.0	0.4	0.5	0.6	1.0
山 西	5.5	0.8	0.7	0.7	0.8
内蒙古	2.2	0.5	1.0	1.1	0.9
辽 宁	8.1	6.1	5.4	5.8	5.5
吉 林	3.6	1.7	3.0	4.4	5.9
黑龙江	2.6	0.9	1.2	1.4	1.3
上 海	21.0	22.0	17.2	16.9	13.6
江 苏	12.1	2.4	2.7	3.0	2.5
浙 江	7.6	39.3	10.6	13.1	17.8
安 徽	1.7	0.9	1.1	0.8	0.9
福 建	1.9	0.6	0.9	1.6	1.7
江 西	2.7	0.7	0.6	2.2	1.0
山 东	3.0	3.3	3.5	2.7	2.6
河 南	5.4	1.2	0.7	1.1	0.8
湖 北	4.3	1.9	2.0	2.1	2.1
湖 南	5.0	0.5	0.5	0.7	0.7
广 东	5.8	2.4	3.2	3.2	4.4
广 西	1.0	1.1	1.2	0.8	0.8
海 南	2.9	0.6	0.5	0.7	0.5
重 庆	3.2	4.8	4.6	4.2	6.9
四 川	3.3	3.7	4.5	3.6	3.0
贵 州	1.3	0.6	1.1	1.4	1.7
云 南	3.6	1.8	1.3	2.3	1.4
西 藏	1.6				
陕 西	2.9	1.3	1.6	1.8	1.7
甘 肃	11.1	1.5	2.3	1.8	2.2
青 海	5.6	3.0	3.8	3.7	5.3
宁 夏	2.6	0.3	0.8	1.5	1.6
新 疆	3.2	3.2	4.9	5.1	4.7

9-10 各地区电视手语栏目开播率

单位：%

地 区	2010年	2014年	2015年	2016年	2017年
全 国	**43.4**	**52.1**	**56.9**	**58.5**	**61.7**
北 京	13.3	26.7	23.5	23.5	23.5
天 津	42.9	28.6	31.3	29.4	29.4
河 北	75.0	91.7	83.3	83.3	83.3
山 西	8.3	16.7	25.0	33.3	50.0
内蒙古	53.8	61.5	69.2	69.2	69.2
辽 宁	40.0	73.3	73.3	80.0	93.3
吉 林	30.0	100.0	100.0	90.0	90.0
黑龙江	35.7	57.1	42.9	50.0	50.0
上 海	94.1	94.1	100.0	100.0	88.2
江 苏	57.1	92.9	92.9	92.9	92.9
浙 江	100.0	91.7	91.7	100.0	100.0
安 徽	82.4	64.7	76.5	94.1	100.0
福 建	80.0	90.0	90.0	90.0	90.0
江 西	41.7	50.0	33.3	33.3	41.7
山 东	61.1	50.0	50.0	50.0	55.6
河 南	22.2	27.8	33.3	27.8	55.6
湖 北	35.7	42.9	57.1	57.1	57.1
湖 南	6.7	13.3	6.7	13.3	20.0
广 东	31.8	40.9	40.9	40.9	50.0
广 西	40.0	33.3	46.7	46.7	46.7
海 南	25.0	25.0	40.0	40.0	40.0
重 庆	25.0	68.2	87.5	88.9	96.3
四 川	22.7	13.6	31.8	27.3	27.3
贵 州	40.0	40.0	50.0	80.0	70.0
云 南	47.1	47.1	64.7	64.7	64.7
西 藏					
陕 西	81.8	90.9	81.8	72.7	72.7
甘 肃	40.0	86.7	93.3	93.3	93.3
青 海	11.1	11.1	44.4	44.4	55.6
宁 夏	50.0	66.7	50.0	50.0	50.0
新 疆	40.0	26.7	46.7	40.0	33.3

9-11 各地区残疾人群众体育健身活动示范点

单位：个

地区	2011年	2014年	2015年	2016年	2017年
全国	**799**	**2769**	**3591**	**5433**	**9053**
东部	520	1532	1988	2710	4701
中部	130	662	843	1507	2528
西部	149	575	760	1216	1824
北京	86	156	118	136	211
天津	26	85	96	127	266
河北	15	223	350	392	645
山西	5	70	98	168	253
内蒙古	4	30	38	70	93
辽宁	28	57	58	91	139
吉林	47	243	282	494	729
黑龙江	5	54	66	136	233
上海	149	479	533	877	1151
江苏	101	114	129	166	330
浙江	69	190	255	286	395
安徽		58	60	67	111
福建	23	73	77	77	265
江西	1	39	71	101	190
山东	9	81	120	146	509
河南	17	19	83	228	452
湖北	30	105	108	145	186
湖南	25	74	75	168	374
广东	14	71	245	395	767
广西	5	19	48	51	54
海南		3	7	17	23
重庆	18	142	188	328	532
四川	30	182	220	275	404
贵州	3	31	56	81	127
云南	12	29	24	54	74
西藏					
陕西	36	62	67	67	87
甘肃	29	36	62	216	354
青海	1	6	17	17	23
宁夏	8	32	33	41	49
新疆	3	6	7	16	27

9-12 各地区每十万人口康复专业人才数

单位：人

地 区	2011年	2014年	2015年	2016年	2017年
全 国	**4.9**	**12.0**	**12.0**	**16.7**	**11.2**
北 京	2.9	13.2	12.6	22.0	15.1
天 津	7.1	15.6	12.0	24.8	13.9
河 北	3.1	6.6	10.3	14.9	10.3
山 西	11.1	18.9	24.8	21.1	15.1
内蒙古	1.0	12.0	10.2	18.7	11.4
辽 宁	4.3	18.0	10.6	18.5	13.5
吉 林	5.7	18.3	22.9	37.1	24.1
黑龙江	4.7	14.3	14.6	12.6	8.2
上 海	6.3	11.6	12.9	33.5	18.9
江 苏	10.0	9.3	9.1	14.5	9.9
浙 江	1.4	6.2	6.1	8.9	6.0
安 徽	0.6	5.2	7.5	8.5	5.8
福 建	7.4	10.9	10.8	14.1	9.0
江 西	2.5	6.0	6.4	10.8	6.9
山 东	10.8	21.4	19.2	26.2	19.4
河 南	3.6	14.4	14.3	15.5	10.7
湖 北	2.4	11.6	11.6	20.6	14.6
湖 南	1.7	12.7	13.3	18.6	13.2
广 东	9.2	14.0	12.6	16.0	10.3
广 西	0.9	7.8	7.0	9.0	5.7
海 南	2.4	6.2	6.3	12.0	8.9
重 庆	13.6	14.0	14.5	24.9	16.5
四 川	0.5	7.7	9.2	14.0	8.5
贵 州	6.2	10.5	10.1	16.5	10.4
云 南	1.5	6.5	7.6	13.0	8.8
西 藏	0.9	1.7	1.3	2.0	1.2
陕 西	6.2	21.2	20.0	20.4	11.7
甘 肃	4.3	8.6	6.2	9.7	6.4
青 海	0.9	2.8	6.1	10.0	5.0
宁 夏	1.3	4.3	5.2	9.2	6.4
新 疆	1.5	15.8	14.8	13.6	6.4

9-13 各地区残疾人体育健身指导员人数

单位：人

地 区	2011年	2014年	2015年	2016年	2017年
全 国	**4150**	**28716**	**42148**	**67938**	**103679**
东 部	2245	13595	19600	33540	53860
中 部	227	9451	11916	18091	27600
西 部	1678	5670	10632	16307	22219
北 京	756	2261	2374	3974	6353
天 津	405	782	787	2974	4384
河 北	39	2036	2569	3223	7278
山 西	8	831	1338	2243	3055
内蒙古	13	162	535	1210	1349
辽 宁	167	766	787	1395	3284
吉 林	98	1117	1117	2041	3382
黑龙江	24	699	711	1181	1682
上 海	308	980	1320	2058	3668
江 苏	203	317	2571	3319	4245
浙 江	125	1240	1483	2303	3453
安 徽	2	1052	2426	3646	5246
福 建	74	1609	1574	3263	4908
江 西	11	949	949	981	1204
山 东	43	2388	2926	6848	8706
河 南		2450	2574	3554	5413
湖 北	49	1240	1340	2540	3758
湖 南	35	1113	1461	1905	3860
广 东	123	1097	2875	3369	6355
广 西	40	705	1846	1937	2203
海 南	2	119	334	814	1226
重 庆	73	606	614	734	1159
四 川	1380	1721	3649	3909	4716
贵 州	4	180	725	925	1166
云 南	44	507	979	2183	2948
西 藏		2		1	2
陕 西	51	576	1136	3443	5935
甘 肃	35	728	778	1319	1949
青 海	6	74	82	212	292
宁 夏	16	159	163	163	178
新 疆	16	250	125	271	322

附录

主要指标解释

主要指标解释

九年义务教育巩固率 指初中毕业班学生数占该年级入小学一年级时学生数的百分比。根据教育部门有关统计资料测算。计算公式为：

九年义务教育巩固率=初中毕业班学生数/该年级入小学一年级时学生数×100%

学前三年毛入园率 指学前教育在园（班）幼儿数占 3-5 岁年龄组人口数（个别地区为 4～6 岁年龄组人口数）的百分比。取自教育部统计年报。计算公式为：

学前三年毛入园率=在园（班）幼儿数/3-5 岁年龄组人口数×100%

小学学龄儿童净入学率 指调查范围内已入小学学习的学龄儿童占校内外学龄儿童总数的比重。计算公式为：

小学学龄儿童净入学率=已入学的小学学龄儿童数/校内外小学学龄儿童总数×100%

专任教师 指具有教师资格，专职从事教学工作的人员。

双师型教师 是指同时具备中级以上教师资格和行业能力资格，从事职业教育工作的教师。

城镇登记失业率 指城镇登记失业人员与城镇单位就业人员(扣除使用的农村劳动力、聘用的离退休人员、港澳台及外方人员)、城镇单位中的不在岗职工、城镇私营业主、个体户主、城镇私营企业和个体就业人员、城镇登记失业人员之和的比。

接受职业指导人数 指报告期内接受过公共就业和人才交流服务机构的工作人员或公共就业和人才交流服务机构邀请的有关专家职业指导的总人次数。

接受创业服务人数 指报告期内接受过公共就业和人才交流服务机构提供创业服务的总人次数。

就业困难人员 指符合就业促进法规定的相关条件的人员，一般指大龄、身有残疾、享受最低生活保障、连续失业一年以上，以及因失去土地等原因难以实现就业的人员。具体范围由各省、自治区、直辖市人民政府根据本地实际情况规定。

零就业家庭户数 指报告期内，城镇家庭中，所有法定劳动年龄内、具有劳动能力和就业愿望的家庭成员均处于失业状态，且无经营性、投资性收入的家庭户数。

城镇职工基本养老保险参保人数 指报告期末按照国家法律、法规和有关政策规定参加城镇基本养老保险，并在社保经办机构已建立缴费记录档案的职工人数（包括中断缴费但未终止养老保险关系的职工人数，不包括只登记未建立缴费纪录档案的人数）和离休、退休、退职人员的人数。

城乡居民基本养老保险参保人数 指报告期末，参加新农保、城居保或城乡居民养老保险(在经办机构参保登记并已建立缴费记录以及制度实施当年已经年满60周岁并在经办机构参保登记)的总人数(不包括参保缴费期间死亡人员和领取待遇期间死亡人员)。

城镇职工基本医疗保险参保人数 指报告期末参加城镇职工基本医疗保险（实施统帐结合和单建统筹基金）的职工人数和退休人数的合计。

社会保障卡持卡人数 指报告期末实际持有中华人民共和国社会保障卡的总人数，换卡、补卡人数不再重复计算。

提供住宿的社会服务机构数 能为老年人、残疾人、智障与精神病人、儿童等人员提供住宿的社会服务机构数。包括城市养老服务机构、农村养老服务机构、社会福利院、光荣院、荣誉军人康复医院、复员军人疗养院、军休所、社会福利医院、复退军人精神病院、儿童福利院、未成年人救助保护中心、生活无着人员救助管理站、军供站、安置农场、其他收养机构。

城市居民最低生活保障人数 指在报告期末共同生活的家庭成员人均收入低于当地最低生活保障标准，且家庭财产状况符合相关规定的城镇居民，并已发放补助经费的人数。包括“三无”对象，失业人员和在职、下岗、退休人员等。三无人员指无生活来源、无劳动能力、无法定赡养人、扶养人或抚养人的人员。

农村最低生活保障人数 指报告期末共同生活的家庭成员人均收入低于当地最低生活保障标准，得到当地政府给予最低生活保障待遇的农业人口家庭，并已领取补助经费的人数。

农村特困人员救助（五保供养）集中供养人数 指无法定抚养义务人，或者虽有法定抚养义务人，但是抚养人无抚养能力的；无劳动能力的；无生活来源的集中供养，并已发放补助经费的人数。

提供住宿社会服务机构收留抚养儿童数 指报告期内民政部门提供住宿的社会服务机构中收留抚养儿童总人数。主要包括社会福利机构抚养的孤儿和弃婴。

医疗卫生机构 指从卫生行政部门取得《医疗机构执业许可证》，或从民政、工商行政、机构编制管理部门取得法人单位登记证书，为社会提供医疗保健、疾病控制、卫生监督服务或从事医学科研和医学在职培训等工作的单位。医疗卫生机构包括医院、基层医疗卫生机构、专业公共卫生机构、其他医疗卫生机构。

基层医疗卫生机构 包括社区卫生服务中心、社区卫生服务站、街道卫生院、乡镇卫生院、村卫生室、门诊部、诊所(医务室)。

专业公共卫生机构 包括疾病预防控制中心、专科疾病防治机构、妇幼保健机构、健康教育机构、急救中心(站)、采供血机构、卫生监督机构、卫生部门主管的计划生育技术服务中心。不包括传染病院、结核病医院、血防医院、精神病医院、卫生监督(监测、检测)机构。

床位数 指年末医疗卫生机构实有床位数，又称实有床位数、病床数。实有床位包括正规床、简易床、监护床、超过半年的加床、正在消毒和修理的床位、因扩建或大修而停用的床位。不包括产科新生儿床、接产室待产床、库存床、观察床、临时加床和病人家属陪侍床。

执业（助理）医师 指《医师执业证》“级别”为“执业助理医师”且实际从事医疗、预防保健工作的人员，不包括实际从事管理工作的执业助理医师。执业助理医师类别分为临床、中医、口腔和公共卫生四类。

28 种传染病报告发病率 是指某年某地区每 10 万人口中甲、乙类法定报告传染病发病人数。计算公式为：

28 种传染病报告发病率=28 种传染病报告发病人数/人口数×100000

累计在册执业药师数 指累计在注册有效期内 执业药师数，由统计资料计算获得。

药品不良反应报告数 指怀疑药品产生不良反应现象的病例报告数，由统计资料计算获得。

医疗器械不良事故报告数 指怀疑医疗器械产生不良事件的病例报告数，由统计资料计算获得。

城镇保障性安居工程开工套数 指自年初至报告期末，通过新建和改（扩、翻）建方式新开工的各类保障性住房和棚户区改造安置住房的套数，包括棚户区改造中以货币安置方式解决的户数。房屋开工应以正式开始破土刨槽（地基处理或打永久桩）的日期为准。

农村危房改造竣工户数 指截至当年底已竣工的农村危房改造户数。

农村危房改造竣工率 指农村危房改造竣工户数与年度任务数的比例。

公共图书馆 指文化部门主办的面向社会服务的图书馆数量，不包含部队、高校系统及文化馆内设的图书馆。

藏量 指图书馆已编目的古籍、图书、期刊和报纸的合订本、手册、手稿，以及缩微制品、录像带、录音带、光盘等视听文献资料数量之和。

总流通人次 指本年度内到图书馆场所接受图书馆服务的总人次，包括借阅书刊、咨询问题，以及参加各类读者活动等。

文化馆 指专门从事群众文化活动的群众文化场馆数量，不包含文化部门以外的文化宫和少年宫。

农村广播节目综合人口覆盖率 指在对象区内能接收到中央、省、地（市）、县（市）广播传输机构以无线、有线、卫星等方式传输的广播节目信号的农村人口数占对象区总农村人口数的比重。计算公式：

农村广播节目综合人口覆盖率＝农村广播节目综合覆盖人口/对象区内的总农村人口数×100%

农村电视节目综合人口覆盖率 指在对象区内能接收到中央、省、地（市）、县（市）电视传输机构以无线、有线、卫星等方式传输的电视节目信号的农村人口数占对象区总农村人口数的比重。计算公式：

农村电视节目综合人口覆盖率＝农村电视节目综合覆盖人口/对象区内的总农村人口数×100%

全年公共广播节目播出时间 指广播电视播出机构全年播出公共广播节目的时间，

含节目重复播出时间。

全年公共电视节目播出时间 指广播电视播出机构全年播出公共电视节目的时间，含节目重复播出时间。

符合参保条件的残疾居民 指截止到本年度12月31日，年满16周岁（不含在校学生）、未参加城镇职工基本养老保险、有参加城镇或农村居民社会养老保险意愿的城乡非从业残疾居民。

实际参保的残疾居民指在“符合参保条件的残疾居民”中实际缴费参加城乡居民社会养老保险并已建立缴费记录档案的残疾居民，包括城乡居民养老保险制度实施时，已年满60周岁、未享受城镇职工基本养老保险待遇，直接按月领取城镇居民社会养老保险基础养老金的残疾居民，不包括只登记未建立缴费记录档案的残疾人。其中领取待遇指在“实际参保的残疾居民”中，已年满60周岁、未享受城镇职工基本养老保险待遇、直接按月领取城乡居民社会养老保险基础养老金的残疾居民;60周岁以下参保残疾居民指在“实际参保的残疾居民”中，60周岁以下，实际缴费参加城乡居民社会养老保险并已建立缴费记录档案的残疾居民。

城镇残疾人就业人数合计 指截止到本年度12月31日，实际在业的城镇（非农业户口）残疾人，就业形式包括集中就业、分散按比例就业（包括实施按比例就业前已在社会各单位就业的残疾人）、个体及其他形式就业、公益性岗位就业、辅助性就业等各种形式。其中集中就业指城镇残疾人在福利企业、符合集中就业条件的盲人按摩机构等就业；按比例就业指城镇残疾人分散在机关、团体、企事业单位及各种经济组织等单位就业；个体及其他形式就业指城镇残疾人个体就业和灵活就业；公益性岗位就业指城镇残疾人在城镇公共管理和涉及居民利益的非营利性的服务岗位上就业；辅助性就业指通过集中组织精神、智力和重度肢体残疾人参加适当生产劳动，以提高劳动技能、改善身体生活状况为目的的就业，包括公疗机构、农疗机构、集中托养机构中的劳动车间、庇护工场等。本年度新增 分别指本年度通过集中就业、按比例就业、个体及其他形式就业、公益性岗位就业、辅助性就业等各种形式新安排实现就业的城镇残疾人。

盲文及盲人有声读物阅览室 指截止到本年度12月31日，省、地市、县（市、区）三级公共图书馆已经开办的盲文及盲人有声读物图书室。

残疾人群众体育健身活动 指本年度省级举办的残疾人群众体育健身活动，主要指为推广普及群众体育健身活动而举办的健身展示交流、比赛和培训活动，不包括以选拔运动员参加全国残疾人运动会和单项赛事为主要目的的残疾人体育比赛。

残疾人群众体育活动示范点 指截止到本年度12月31日，已建设完成的省级、地市级残疾人群众体育活动示范点。

残疾人体育健身指导员 指截止到本年度12月31日，已培养的省级、地市级残疾人社会体育健身指导员。

第二篇

分领域年度报告

基本公共服务体系建设稳步推进
均等化效果逐步显现

为反映《“十三五”推进基本公共服务均等化规划》（以下简称《规划》）的实施进程，国家统计局在搜集有关统计资料基础上，对2017年落实《规划》中涉及的教育、医疗卫生、社会保险、劳动就业创业、社会服务、文化体育、住房保障、残疾人保障等领域的基本公共服务建设情况进行了监测分析。结果显示，2017年，我国基本公共服务体系建设稳步推进，基本公共服务配套条件不断完善，均等化效果逐步显现，但地区发展不平衡问题在一些领域还比较突出，部分监测指标距离《规划》目标还有一定差距，应引起关注。

一、《规划》在各领域的实施情况

2017年，政府进一步加大对基本公共服务等民生领域的投入力度，全年财政用于教育、文化体育传媒、医疗卫生与计划生育、社会保障和就业、住房保障等五大民生领域的支出达79159.9亿元，比上年增长8.8%，占全年财政支出比重为39.0%，比上年提高了0.4个百分点。

（一）基本公共教育。

国家继续加大对家庭经济困难学生资助工作。2017年，普通高中受资助学生1247.5万人次，比上年增加89万人次，增长7.7%；中等职业教育受资助学生254.9万人，增加5.7万人；义务教育学生营养改善计划受益学生3708.1万人，增加452.1万人，占在校生比重25.5%，在上年增加1.7个百分点基础上，2017年又增加2.6个百分点。

教师队伍素质不断提高。2017年，义务教育学历合格高一级教师 达到866.6万人，比上年增加36.8万人，占全部专任教师数比重91.3%，增加1.9个百分点。

教育均衡程度进一步提升。2017年，义务教育基本均衡县(市、区)2379个，比上年增加555个，占全部县(市、区)的比重达83.4%；地区间九年义务教育生师比变异系数从上年的0.137降到0.134，表明地区间义务教育差距不断缩小。

（二）基本医疗卫生。

国家财政继续加大对基本卫生健康支持力度。2017年国家人均基本公共卫生服务补助经费59.8元，比上年增加14.2元，增幅31.1%；城镇居民基本医疗保险年人均实际财政补助金额442.1元，增加52.1元。

基层医疗配置水平有所提升。2017年每万人口全科医生数1.8人，比上年增长20.0%；每千人口基层医疗卫生机构执业（助理）医师数0.9人，增长12.5%；每千人口基层医疗卫生机构床位数 1.1 张，增长 5.8%。

基层医疗卫生机构设施建设成效显著。地区间每千人口基层医疗卫生机构床位数变异系数从 2016 年的 0.352 降到 2017 年的 0.346，表明呈均衡发展态势。

（三）基本社会保险。

全民参保计划实施顺利。2017 年全国有 10.9 亿人持有社会保障卡，比上年增加 8000 万人，持卡率达到 78.7%；城乡居民基本养老保险参保 5.1 亿人，基本医疗保险参保 8.7 亿人；失业保险参保 1.9 亿人，工伤保险参保 2.3 亿人，生育保险参保 1.9 亿人，分别增加了 1 千多万人。

居民获得感增强。城乡居民实际领取养老保险 1.6 亿人，比上年增加 1000 万人；领取失业保险 220.2 万人，享受工伤保险待遇 192.5 万人；享受生育保险待遇 1112.8 万人次，增加 199.3 万人次。

（四）基本社会服务。

继续提高最低生活保障标准。2017 年，城市居民最低生活保障标准为 540.6 元/人月，比上年增加 46 元/人月，农村居民最低生活保障标准 4300.7 元/人年，增加 556.7 元/人年；与居民消费支出之比，城市为 0.27，农村为 0.39，均高于上年水平。

社会救助水平逐年提高。2017 年社会服务事业费总额 5932.7 亿元，同比增长 9.1%；直接医疗救助支出 376.0 亿元，比上年增加 43.7 亿元，增幅 13.2%。2017 年全国共有养老服务机构 28770 家，比上年增加 178 家。

社会服务体系建设地区间差异呈现逐渐缩小趋势。每千老年人口养老床位数变异系数从 0.314 降到 0.297，城市居民最低生活保障平均标准与城镇居民人均消费支出之比变异系数从 0.185 降到 0.135。

（五）基本劳动就业创业。

广覆盖，发展稳定良好。2017 年，76%以上的基层社区行政村配备了劳动保障工作人员。全年城镇登记失业率 3.9%，登记求职职业介绍成功 1872.8 万人，接受职业指导 1639.4 万人，接受创业服务 387.7 万人，职业技能培训 1689.5 万人；消除零就业家庭 5.1 万户。劳动保障监察投诉案件结案率保持在 99%以上，劳动人事争议仲裁结案率保持在 95%以上。

地区间基层就业保障服务资源配备均等化发展得到进一步提升。东部地区多数基层社区行政村配备了劳动保障工作人员，地区覆盖率超过 80%，尤其华东地区近些年一直保持在 90%以上；河南、广西、云南等中西部地区覆盖率大幅度增长，河南增长了 26 个百分点，广西增长了 23 个百分点，云南增长了 15 个百分点。地区间基层社区行政村配置就业保障工作人员覆盖率的变异系数从上年的 0.370 降到 0.323，均衡度进一步提升。

（六）基本公共文化体育。

文化设施建设均衡发展。2017 年，全国公共图书馆 3166 个，文化馆（站）44521 个，分别比上年增加 13 个和 24 个。每万人口拥有公共图书馆建筑面积 109 平方米，人均拥有公共图书馆藏量 0.7 册，人均图书馆流通 0.53 次，人均文化馆（站）服务 0.46 次，分别增加 0.05 次和 0.04 次。各地区人均拥有图书馆藏量继续保持上年的普涨势头，安徽、重庆、贵州、江西等中西部地区涨幅较大，其中安徽增长了 17.1%，重庆增长了 14.9%，与东部地区之间的差距不断缩小。

2017 年，全国广播节目和电视节目综合人口覆盖率分别达到 98.7%和 99.1%，均比上年有所提高。全年农村公益电影放映 718.4 万场。

大力发展惠民体育健身设施。2017 年全国行政村健身场地设施的覆盖率为 87.4%，社区健身场地设施覆盖率为 88.4%，全国人均体育场地面积为 1.57 平方米。

（七）基本住房保障。

国家加快保障性安居工程建设，切实解决城镇居民基本住房问题和农村困难群众住房安全问题。2017 年，国家财政基本住房保障经费 6552.5 亿元，占全部财政预算支出 3.2%。全年累计（建成）公共租赁住房 1436.4 万套，比上年增长 6.0%；公共租赁住房实物保障 1415.9 万户，增长 2.5%，公共租赁住房租赁补贴 242.3 万户。2017 年实际开工的各类棚户区改造住房（含货币安置）609.3 万套，比上年增加 3.2 万套；农村危房改造 190.6 万户。

（八）残疾人基本公共服务。

残疾人康复服务能力有所提升。截至 2017 年底，全国已有残疾人康复机构 8334 个，比上年增加 476 个；全年为 854.7 万残疾儿童及持证残疾人提供了基本康复服务，为 244.4 万残疾人提供了各类辅助器具适配服务。

多渠道筹资助力残疾人教育。残疾人事业专项彩票公益金助学项目共为全国 1.9 万人次家庭经济困难的残疾儿童享受普惠性学前教育提供资助。各地多渠道争取资金支持，对 2971 名残疾儿童给予学前教育资助，比上年增加 364 人。

残疾人托养服务工作稳步推进。2017 年共有残疾人托养服务机构 7923 个，比上年增加 183 个；全年为 23.1 万残疾人提供了托养服务。全年 1.9 万名托养服务管理人员和服务人员接受了各级各类专业培训。

贫困残疾人脱贫攻坚取得阶段性成效。贫困残疾人得到有效扶持，92.5 万残疾人退出建档立卡；残疾人接受实用技术培训 70.6 万人次；6692 个残疾人扶贫基地安置 10.5 万残疾人就业，扶持带动 21.8 万户残疾人家庭；全年共完成 8.2 万户农村贫困残疾人危房改造，各地投入危房资金 10 亿元。

二、《规划》实施中存在的主要问题

在持续增加的均衡化发展财政调节作用下，地区间基本公共服务体系加速完善，服务设施均等化程度不断提高，但一些领域地区间基本公共服务均等化还有明显差距。

（一）部分监测指标距离《规划》目标要求差距较大。

城乡居民健康档案规范化电子建档率。2017 年城乡居民健康档案规范化电子建档率 83.8%，虽比 2016 年的 76.9%有所提高，但距 90%的《规划》目标还有一定差距。

每万人口全科医生数。按照《规划》要求，到 2020 年每万人口全科医生数达到 2 名。2017 年末，仅有北京、天津、上海、江苏、浙江、广东、青海等 7 个地区在 2 名以上，陕西、西藏每万人口全科医生数不到 1 名，距目标差距较大。

（二）部分监测指标出现下降应引起关注。

专业公共卫生机构人员。《规划》强调，要继续实施国家重大公共卫生服务项目，开展重大疾病和突发急性传染病联防联控，加强突发公共事件紧急医学救援、突发公共卫生事件监测预警和应急处理，这些都需要一支高素质的公共卫生队伍做保障。但是，近年来全国专业公共卫生机构人员一直在减少。2017 年专业公共卫生机构人员 86.2 万人，比上年减少了 8 千人，减幅 1.0%，减幅高于上年。

中职教育在校学生。中等职业教育是培养大国工匠的摇篮，《规划》明确指出要积极发展中等职业教育。但是，2017 年我国中职教育在校学生比上年减少了 6.5 万人，下降 0.4%。18 个地区出现下降，其中，北京、上海、福建、贵州、甘肃等 5 个地区降幅超过 5%。

三、建议

（一）提升服务品质，提高基本公共服务设施利用率。

要深入基层，加强调研，创新调研方式，充分利用大数据，了解人民群众对基本公共服务的诉求，以群众需求为导向，增加基本公共服务设施。在不断完善基本公共服务设施建设的同时，还要规范服务流程、提高服务质量，提升人才队伍素质，提高服务设施的利用率和群众参与度。

（二）积极调动社会力量，扩大基本公共服务有效供给。

可优先选择人民群众反映强烈迫切需要解决的学前教育、中职教育、养老服务和文化体育等基本公共服务领域，制定精准鼓励政策，引导民办非营利机构等社会力量参与。建立政府与服务提供机构信息共享平台，按照服务机构提供的服务量，政府给予相应补贴。

（国家统计局社科文司）

财政推进基本公共服务均等化情况

财政部门全面贯彻落实党的十九大和十九届二中、三中全会精神，践行以人民为中心的发展思想，规范中央和地方支出责任分担方式，加大基本公共服务投入，加快推进基本公共服务均等化，织密扎牢民生保障网，不断满足人民日益增长的美好生活需要。

一、缩小城乡基本公共服务差距，提高区域服务均等化水平

（一）发挥转移支付的财力均衡作用。持续加大转移支付力度。2017 年，中央对地方转移支付规模达到 57029 亿元，其中以均衡地区间财力为目标的一般性转移支付安排 35146 亿元，占全部转移支付的比重为 62%。特别是均衡性转移支付规模持续增加，2017 年下达均衡性转移支付 12409 亿元，比 2016 年增长 12.2%;对东、中、西部地区转移支付金额分别占转移支付总额的 7.5%、45%、47.5%，充分体现了其均衡地区间财力的作用。大幅增加老少边穷转移支付，在教育、养老、医疗、住房保障、环境保护等重点领域增加对中西部地区的投入。

（二）积极理顺中央和地方财政关系。在保持中央和地方财力格局总体稳定的前提下，推动中央和地方收入划分改革。先后完善了出口退税负担机制，调整了证券交易印花税中央与地方分享比例，以及中央对地方原体制消费税、增值税返还办法。2016 年 5 月 1 日起，明确增值税由中央与地方按税收缴纳地“五五分享”。2017 年底，结合 2018 年 1 月 1 日环境保护税法的实施，明确环境保护税作为地方收入，支持各地保护和改善环境、增加环境保护投入。出台《基本公共服务领域中央与地方共同财政事权和支出责任划分改革方案》，将由中央与地方共同承担支出责任、涉及人民群众基本生活和发展需要的义务教育、学生资助等基本公共服务事项，首先纳入中央与地方共同财政事权范围。同时，制定基本公共服务保障国家基础标准；明确中央与地方分担比例，根据不同地区财力状况，中央分担比例简化归并为五档；设立共同财政事权分类分档转移支付，对共同财政事权基本公共服务事项予以优先保障。

（三）着力解决基层财政困难。加大向基层财政困难地区倾斜力度，积极支持各地基层“保工资、保运转、保民生”，提高基本公共服务均等化水平。完善县级基本财力保障机制奖补资金分配办法，从 2016 年起将奖励为主的分配办法调整为保障为主，进一步强化“保基本”功能，重点缓解县级财政运行困难。同时，引入省级财政调控努力程度系数，并继续安排均衡度奖励，引导省级财政加大对县级财力的调控力度，提高县级财力均衡度。2016-2017 年，中央财政分别安排县级财力奖补资金 2045 亿元、2239 亿元。经国务院批准，

2016年-2017年，中央财政专门安排阶段性财力补助500亿元，对资源能源型及东北地区税收收入降幅较大的县市区予以补助，重点支持其提高基本公共服务水平。

下一步，财政部将继续密切关注基层财政运行情况，进一步理顺中央和地方财政关系，合理划分中央与地方财政事权和支出责任，加大转移支付力度，切实保障困难地区财政平稳运行，支持基层地区保障和改善基层民生，提高基本公共服务均等化水平。

二、加大财政投入力度，推进基本公共服务均等化

（一）优化转移支付结构。一是增加一般性转移支付规模，提高地方财政统筹能力。2018年一般性转移支付规模达到38995亿元，比2015年增加10540亿元，占比由2015年的56.8%提高至62.7%。二是加大专项转移支付清理整合力度。对政策目标接近、资金投入方向类同、资金管理方式相似的专项予以整合，严格控制设立新的专项。2018年专项转移支付项目由2015年的96个减少到73个，下降24%。三是研究建立专项转移支付定期评估机制，加强对转移支付资金分配使用的全过程监管和绩效评价，建立健全信息反馈、责任追究机制,切实提高资金使用效益。四是推进转移支付预算公开。预算草案中转移支付分项目、分地区编制，并在全国人大批准后向社会公开，相关资金管理办法和分配结果等也逐步向社会公开。

（二）支持发展公平优质教育。一是重点保障教育投入。财政教育投入持续稳定增长，国家财政性教育经费支出占国内生产总值比例一般不低于4%。2017年，国家财政性教育经费支出34204亿元，自2012年以来连续六年保持在4%以上。2018年全国一般公共预算安排教育支出31437亿元，为一般公共预算的第一大支出。二是调整优化支出结构。采取加大转移支付支持力度、提高中央分担比例、加大贫困因素测算权重等措施，使财政教育投入进一步向革命老区、民族地区、边疆地区、贫困地区和农村地区倾斜，向基本公共服务领域倾斜，向发展的关键领域和薄弱环节倾斜。三是义务教育方面。建立城乡统一、重在农村的义务教育经费保障机制。支持地方全面改善贫困地区义务教育薄弱学校基本办学条件，着力解决县镇学校“超大班额”问题，继续实施农村义务教育学生营养改善计划。着力加强农村教师队伍建设，继续实施“特岗计划”等教师专项计划和乡村教师生活补助政策。目前，全国约1.45亿城乡义务教育学生获得免费教科书，1392万家庭经济困难寄宿生获得生活费补助，约1400万进城务工农民工随迁子女实现‘两免一补’和生均公用经费基准定额资金可携带。四是学前教育发展方面。2011-2017年，财政部会同有关部门先后支持各地实施三期学前教育行动计划，坚持公民办并举、多种形式扩大普惠性学前教育资源，建立健全幼儿资助制度，加强幼儿教师培训，并引导各地逐步制定公办园生均拨款标准和普惠性民办园的补助标准。2017年，我国在园幼儿增加至4600万人，学前三年毛入园率达到79.6%。五是普通高中阶段教育方面。支持改善中西部贫困地区普通高中基本办学条件。继续实施普通高中国家助学金政策，从2016年秋季学期起免除普通高中建档立卡等家庭经济困难学生学杂费。六是特殊教育方面。除在普惠性政策方面给予倾斜外，还从2016年起将义务教育阶段特殊教育生均公用经费标准提高至6000元。支持实施第二期特殊教育提升

计划。七是民族地区教育方面。采取一系列特惠性政策，安排教育特殊补助专项资金支持相关民族地区解决教育发展改革面临的特殊困难和突出问题。八是职业教育方面。支持中西部贫困地区中职教育发展，引导地方建立完善中职生均拨款制度。安排中职国家助学金和免学费补助资金，完善中职学生资助制度。

（三）支持实施健康中国战略。一是 2018 年 8 月，国务院办公厅印发《医疗卫生领域中央与地方财政事权和支出责任划分改革方案》，并于 2019 年 1 月 1 日起实施。二是实行医疗、医保、医药联动，推进医药分开，全面取消了实行 60 多年的药品加成政策。三是支持公立医院改革和医疗服务能力提升。对县级公立医院改革每年每县补助 300 万元，对城市公立医院改革试点城市，每个城市一次性补助 2000 万元，对试点城市所辖区每年每区补助 100 万元。大力支持卫生计生人才培训，安排补助资金支持住院医师规范化培训和助理全科医生培训。四是支持促进基本公共卫生服务均等化。人均基本公共卫生服务经费财政补助标准从 2009 年的 15 元提高到 2017 年的 50 元，2018 年进一步提高到 55 元，支持开展疾病防控、妇幼卫生、卫生应急、卫生监督等重大公共卫生服务。五是支持基层医疗卫生机构和村卫生室实施国家基本药物制度，推进体制机制综合改革。2018 年，各级财政对新农合和城镇居民医保的补助标准从每人每年 450 元提高到 490 元。

（四）支持就业和加强社会保障体系建设。一是实施更加积极的就业政策。出台一次性创业补贴、社会保险补贴、职业培训补贴等一系列创业扶持、就业援助和就业扶持政策，促进就业创业。2017 年，中央财政安排就业补助资金 439 亿元，用于支持各地实施促进就业创业各项政策，重点支持高校毕业生、农村转移劳动力、淘汰过剩产能企业下岗职工等各类就业困难人员就业创业。2018 年，继续安排就业补助资金 477 亿元。二是完善社会保险体系。建立基本养老保险基金中央调剂制度。坚持社会统筹与个人账户相结合的基本制度，完善职工养老保险个人账户制度。推动企业年金和职业年金制度发展，推进构建多层次养老保险体系。积极参与失业保险条例修订工作，进一步规范失业保险参保对象、完善失业保险缴费机制、扩大失业保险基金支出范围、提高失业保险基金保障水平。2016-2018 年，连续三次降低失业保险费率，减轻企业经营压力。三是健全社会救助体系。各级财政不断加大资金投入力度，基本实现了“应保尽保”，切实发挥了社会安全网的作用。2017 年，将困难群众基本生活救助、流浪乞讨人员救助、孤儿基本生活保障等三项资金整合为困难群众救助补助资金，由地方统筹使用。四是健全养老服务体系。近年来，中央财政安排资金支持开展居家和社区养老服务改革试点，支持地方农村五保供养设施、城镇社区福利机构、社区养老服务设施等设施设备改扩建及更新改造。推动建立健全老年人补贴制度，实现经济困难的高龄老年人津贴制度省级全覆盖，加快建立养老服务补贴和护理补贴制度。

（五）助力文化事业繁荣兴盛。中央财政积极推动基本公共文化服务均等化标准化，提高基本公共文化服务的覆盖面和适用性。2016-2018 年，共安排公共文化服务体系建设相关资金 624 亿元。一是支持地方约 5 万个博物馆、纪念馆、公共图书馆、美术馆、文化馆（站）公共文化设施免费开放和提供基本公共文化服务项目，增强公共文化服务能力。二是支持地方统筹落实国家基本公共文化服务指导标准和地方实施标准，改善基层公共文化设施条件和加强基层文化人才队伍建设，实施戏曲进乡村、基层综合性文化服务中心设备购置、公共数字文化等文化惠民项目。三是支持为边远贫困地区、边疆民族地区和革命老区培养、选派约5.5万名文化工作者。四是推动实施新闻出版广电相关项目，支持民族地区文化事业发展。

（六）有序推进城乡住房保障。中央财政主动发挥财政职能作用，积极筹措资金，完善支持政策，有力推进保障性安居工程建设。2017年，全国棚改开工609万套，公租房新增分配200万套，支持190.6万户四类重点对象改造危房。2018年，全国计划改造各类棚户区580万套，并加大公租房及配套基础设施建设力度，加快公租房分配入住，让人民群众有实实在在的获得感。

下一步，财政部将结合中央与地方财政事权和支出责任划分改革进展，进一步完善中央对地方转移支付体系，增强地方可统筹使用财力，强化财政保障作用，积极促进基本公共服务均等化。

三、加快推进政府购买服务改革，提高公共服务供给效率

（一）相关政策制度不断完善。2014年以来，陆续出台政府购买服务管理办法以及有关预算管理、政府采购、非营利性组织免税资格认定、事业单位政府购买服务和支持社会组织培育发展等政策。2018年7月，财政部印发《关于推进政府购买服务第三方绩效评价工作的指导意见》，加强政府购买服务绩效管理。截至2018年9月底，编制完成41个中央部门的指导性目录；地方上，10多个省份已完成分部门编制指导性目录工作。2017年10月底，财政部建成中国政府购买服务信息平台并正式投入运行，为全国政府购买服务相关信息发布和规范管理提供了有效支撑；地方已有10多个省份的信息平台上线运行。

（二）重点领域改革深入推进。事业单位政府购买服务改革方面，多数地方已印发方案并开展工作，山西已有两批公益二类事业单位实施了改革，占比接近2/3。通过政府购买服务支持社会组织培育发展方面，各地正在积极落实有关政策要求，北京、安徽、云南等地出台了具体实施意见。推进政府购买服务第三方绩效评价方面，部署在天津、山西等10个省市开展试点。重点公共服务领域改革方面，出台交通运输、青少年社会工作、公租房运营管理等领域政府购买服务的专项实施意见。在具体实施方面，中央层面选择教育部、原食品药品监管总局、中国残联开展典型项目政府购买服务改革试点。各地结合本地实际，大胆探索，在养老、文化、残疾人服务、城市管理服务、环境卫生等领域购买服务工作进展较快，确定并开展了许多典型项目，成效明显，社会反响良好。

经过努力，我国政府购买服务的范围和力度逐年增大，购买资金增长较快。2017年，四川、广东、深圳、山东、浙江、河南等地政府购买服务支出均超过200亿元。政府购买服务改革在促进政府职能转变、深化放管服改革、改善公共服务供给、创新社会治理机制等方面发挥了积极作用。

下一步，政府购买服务改革目标是，到2020年在全国基本建立比较完善的政府购买服务制度，形成与经济社会发展相适应、高效合理的公共服务资源配置体系和供给体系，公

共服务水平和质量显著提高。

四、加强政府和社会资本合作，积极引导社会力量参与基本公共服务供给

（一）扎实推进取得积极成效。2013 年底以来，财政部将 PPP 作为全面深化改革的综合性举措和公共服务领域供给侧结构性改革的重要组成部分，充分调动各方积极性，推动 PPP 工作取得积极成效,推动了大批项目落地实施，在稳增长、调结构、惠民生等方面发挥了积极作用。截至 2018 年 9 月末，全国 PPP 综合信息平台管理库项目共 8289 个，涉及投资额 12.3 万亿元，其中落地项目累计 4089 个、投资额 6.3 万亿元，落地率 49.3%。

（二）加强顶层设计完善制度保障。2014 年以来，财政部会同有关方面，充分借鉴国际经验和本国实践，逐步构建“法律+政策+操作指引+合同+标准”五位一体的制度体系。加强 PPP 立法研究，推动起草 PPP 条例，强化各参与方合法权益保障。以国务院办公厅名义印发指导意见，联合各行业部委出台分行业实施意见。制定 PPP 项目财政管理、信息公开等相关管理办法，出台操作指南、物有所值评价指引、财政承受能力论证指引，编制合同指南和分行业合同示范文本，为项目规范实施提供制度保障。

（三）强化政策支持形成工作合力。出台 PPP 以奖代补政策，面向存量转型项目和示范项目中的新建项目给予奖励，2016-2018 年累计向 692 个项目拨付奖补资金 43.7 亿元，各地财政部门因地制宜出台奖补政策。2016 年，经国务院批准，中央财政出资引导设立 1800 亿元的中国 PPP 基金，为 PPP 项目提供融资和增信支持。截至 2018 年 9 月末，中国 PPP 基金已审核通过投资项目 127 个，其中基金拟投资金额 673 亿元，引导项目投资 1.1 万亿元。

（四）注重示范引领推广成功经验。从 2014 年起，财政部联合行业部委累计推出四批共 990 个 PPP 示范项目，涉及投资额 2.1 万亿元。建立健全示范项目的跟踪指导、对口联系和动态管理机制，督促示范项目规范实施、按期落地，加强经验总结和案例推广。截至 2018 年 9 月末，已落地示范项目 865 个，投资额 1.9 万亿元，落地率达 87.4%。同时，推选 2016 和 2017 年度推广 PPP 模式成效明显的市县，强化正向激励，调动地方工作积极性。

（五）倡导公平竞争吸引民资参与。建立全国 PPP 综合信息平台，畅通信息公开和社会监督渠道，促进公平公开竞争。强调要合理设置资格条件和采购评审标准，明确不得对民营资本设置差别待遇或歧视性条款。在民营企业参与较多的污水、垃圾处理等领域开展全面实施 PPP 模式试点，加大成熟领域推广力度。在国家 PPP 示范项目评选、中央财政 PPP 以奖代补资金分配和中国 PPP 基金投资过程中，对民营企业参与的项目予以优先支持。规范推进 PPP 项目资产证券化，提升 PPP 项目对社会资本、特别是民营资本的吸引力。截至 2018 年 9 月底，在 4018 个签约项目中，共签约社会资本 6753 家，其中民营企业占 35.3%，民营企业参与项目 1711 个、投资额 2.1 万亿元，分别占比 44.8%和 34%。

（六）强化监督管理确保规范运作。针对实践中部分地区利用 PPP 模式变相举债融资、盲目上项目超出财政承受能力等不规范运作问题，财政部及时组织项目库集中清理，加大监督整改和信息公开力度，建立 PPP 项目财政支出责任统计监测系统，牢牢守住规范运作的底线和财政承受能力 10%的“红线”，及时遏制泛化滥用现象。各地累计清理退库项目

2148个、涉及投资额2.5万亿元。

（七）突出重点领域填补发展短板。将农业等经济发展薄弱环节，以及养老、教育、文化、体育等基本公共服务领域，作为推进PPP的重点领域，联合相关部门共同印发实施意见，加强政策指导，予以倾斜支持，努力填补公共服务供给不足的短板。截至2018年9月末，基本公共服务领域累计项目总数1409个，投资额1.3万亿元。

下一步，财政部将认真贯彻落实党中央、国务院决策部署，进一步健全制度体系，加大政策引导，优化发展环境，规范有序推进PPP工作，支持基础设施补短板和基本公共服务均等化等重点领域项目实施，切实发挥PPP模式在优化资源配置、激发市场活力、促进公共服务提质增效等方面的积极作用。

（财政部）

就业创业服务和社会保险均等化发展状况

2017 年，围绕党和国家工作大局，贯彻党中央关于人力资源和社会保障工作的部署，抓重点、抓改革、抓风险防控、促公共服务能力提升，推动人力资源和社会保障事业发展取得新成就。

一、劳动就业

基本劳动就业创业服务和基本社会保险服务的主要指标落实情况符合预期，实现“时间过半、任务过半”，部分指标已提前完成五年规划目标。城镇新增就业人数持续增加，截至年末，“十三五”期间城镇新增就业人数累计达到 2665 万人，超过规划目标的 50%；农民工职业技能培训稳步开展，累计培训 1880 万人次。

（一）全面落实公共就业服务制度。印发《人力资源社会保障部办公厅关于推进公共就业服务专业化的意见》（人社厅发〔2017〕86 号），不断提升公共就业服务专业化水平。2017 年全国各级服务机构和服务平台登记招聘 5598 万人次，登记求职 4002 万人次，为 1639 万人次开展职业指导服务，为 1872 万人次开展职业介绍服务。

（二）组织开展专项就业服务活动。2017 年元旦、春节期间，开展针对就业困难人员的“就业援助月”，帮助约 30 万名就业困难人员实现了就业。春节过后，开展针对进城务工人员的“春风行动”，为 1685 万人提供就业服务。在高校毕业生毕业求职高峰期，开展“民营企业招聘周”，帮助 72 万名求职者与用人单位达成了就业意向。开展“高校毕业生就业服务月”，组织招聘活动 5100 场，提供就业岗位 230 万个，对 17.1 万名毕业生实施就业援助，帮助其中的 10.8 万人实现就业。开展大中城市联合招聘服务，春季和秋季两期招聘活动共提供超过 200 万个招聘岗位。

（三）扎实做好高校毕业生就业工作。实施高校毕业生基层成长计划及就业创业促进计划，开展能力提升、创业引领、校园精准服务、就业帮扶、权益保护五大行动。对就业困难和长期失业毕业生提供“一对一”专项服务，出台促进新疆、西藏少数民族高校毕业生就业创业政策文件。

（四）推动创业带动就业。为有需求的创业者提供项目选择、开业指导、融资对接、跟踪扶持等公共创业服务项目，2017 年共开展创业服务 387.7 万人次。大力推进创业孵化基地建设工作，认定扶持创业孵化基地 1000 多家，认定 71 家全国创业孵化示范基地。完善创业担保贷款政策，进一步扩大贷款对象范围，降低贷款申请条件，放宽担保和贴息要求。

（五）大力开展职业技能培训。提请国务院印发《关于推行终身职业技能培训制度的意见》，建立并推行覆盖城乡全体劳动者、贯穿劳动者学习工作终身、适应就业创业和人才成长需要以及经济社会发展需求的终身职业技能培训制度。2017 年全国组织开展政府补贴职业培训约 1700 万人次，劳动者参加就业技能培训后就业率平均达 70%以上。持续实施农民工职业技能提升计划——“春潮行动”，2017 年全国组织开展农民工职业技能提升培训约 898 万人次。全面推行企业新型学徒制培训，参加试点企业 158 家，培养新型学徒制企业职工 18074 人。

（六）大力开展就业援助。2017 年全国 177 万就业困难人员实现就业，5.1 万户零就业家庭中至少一人实现就业，实现零就业家庭成员动态清零。健全就业扶贫工作机制，多渠道促进贫困劳动力实现就业。截至 2017 年底，全国贫困劳动力实现就业 600 万人。通过支持企业内部分流、促进转岗就业创业、允许实行内部退养、公益性岗位兜底等渠道，妥善安置去产能分流安置职工。2017 年有 37 万去产能职工得到了妥善安置。

（七）加快推进公共就业服务信息化建设。截至 2017 年底，17 个省份建成省级就业系统，并在所有地市或者绝大部分城市（含直辖市的区县）使用；20 个省份建成了省级服务平台，将招聘岗位、招聘会、职业培训、就业扶持政策申请等业务“搬上了”互联网。加强人力资源市场职业供求分析工作，按季发布市场供求状况分析报告，为劳动者求职和用人单位招聘提供参考。

（八）加强劳动关系协调和劳动权益保护。一是研究建立最低工资标准评估机制，形成 2016 和 2017 年全国最低工资标准调整评估报告。二是研究健全工资支付保障长效机制，印发《关于全面治理拖欠农民工工资问题的意见》（国办发〔2016〕1 号）。三是建立定期发布职业薪酬信息和重点行业人工成本信息制度，印发《关于建立企业薪酬调查和信息发布制度的通知》（人社部发〔2018〕29 号）。四是进一步健全完善劳动人事争议多元处理机制，印发《关于进一步加强劳动人事争议调解仲裁完善多元处理机制的意见》《关于加强劳动人事争议仲裁与诉讼衔接机制建设的意见》。五是推进劳动保障监察综合执法，建立劳动保障监察举报投诉案件省级联动处理机制，基本在各省级行政区域内实现“一点举报投诉、全网联动处理”。

二、社会保险

社会保障覆盖面不断扩大，2017 年年末，基本养老保险参保人数达到 9.2 亿人。

（一）稳步提升养老保险待遇水平。统一安排、同步调整企业和机关事业单位退休人员基本养老金，2016 年、2017 年总体调整水平分别为上年月平均养老金的 6.5%、5.5%。印发《关于建立城乡居民基本养老保险待遇确定和基础养老金正常调整机制的指导意见》（人社部发〔2018〕21 号）。

（二）充分发挥失业保险保生活、防失业、促就业作用。一是印发《关于调整失业保险金标准的指导意见》（人社部发〔2017〕71 号），要求各地将失业保险金标准逐步提高到最低工资标准的 90%。二是开展“护航行动”，对未裁员或少裁员的参保企业，可享受不超过上年度实际缴纳失业保险费 50%的稳岗补贴。三是开展技能提升“展翅行动”，对取得初级、中级、高级职业资格证书或职业技能等级证书的企业职工，发放 1000 元、1500 元、2000 元的职业技能提升补贴。

（三）做好建筑业参加工伤保险工作。从 2015 年起组织开展了为期三年的建筑业工伤保险专项扩面行动计划—“同舟计划”。截至 2017 年底，全国新开工建筑项目参保率达到 99.92%，在建项目参保率达到 98.27%。印发《关于铁路、公路、水运、水利、能源、机场工程建设项目参加工伤保险工作的通知》（人社部发〔2018〕3 号），基本实现工程建设领域农民工制度保障全覆盖。

三、政策建议

（一）进一步健全服务体系，完善服务制度，优化服务手段，不断提升公共就业创业服务水平。一是做好重点群体就业工作。深入实施高校毕业生就业创业促进计划，启动实施青年就业启航计划，开展高校毕业生就业指导、公共就业人才服务进校园等专项服务活动。积极稳妥做好化解过剩产能职工安置工作，全力做好就业扶贫工作，统筹推进农村转移劳动力、城镇困难人员等各类群体就业工作。二是推动创业带动就业，推进农民工等人员返乡下乡创业，开展第四批创业孵化示范基地认定，不断激发创业创新积极性。同时提升创业服务质量，通过举办第三届“中国创翼”青年创业创新大赛，激发创业创新热情。三是落实党的十九大报告要求，研究起草全方位公共就业服务意见，进一步加强服务体系建设，努力实现公共就业创业服务覆盖全民、贯穿全程、辐射全域、便捷高效的目标。四是贯彻落实《国务院关于推行终身职业技能培训制度的意见》，每年在全国组织开展政府补贴性职业培训约 1500 万人次。全面推行企业新型学徒制、职业培训包、互联网＋等培训模式。持续组织实施化解产能过剩企业职工、高校毕业生、新生代农民工等重大专项培训计划。五是加强劳动关系协调和劳动权益保护，进一步健全最低工资标准调整机制和工资支付保障长效机制。

（二）进一步完善社会保障制度，推进参保扩面工作，稳步提升待遇水平，优化经办服务体系。一是推动各地建立城乡居保待遇确定和基础养老金正常调整机制，完善城乡居保制度，增强制度发展的协同性。二是进一步完善失业保险制度，发挥好失业保险制度功能作用，扩大参保范围和受益人群。三是重点推进实施“同舟计划”二期，指导地方巩固建筑业农民工参保成果，大力推进铁路、水利、能源等工程项目参加工伤保险工作，确保工程建设项目工伤保险参保率达到 90%以上。推进小微企业、有雇工的个体工商户参加工伤保险工作，提高参保率。开展对新业态从业人员参加工伤保险问题的研究，探索推进灵活就业人员参保。研究公务员和参公管理的事业单位人员参加工伤保险办法。四是加快提高社会保险统筹层级，建立全国统一的社会保险公共服务平台，简便优化经办服务流程，全面推进社保关系转移接续电子化，实现关系转移接续全程精准可控。

（人力资源社会保障部）

基本医疗保险服务均等化发展报告

2017 年，我国基本医疗保险制度不断健全，保障标准进一步提高，保障覆盖面持续扩大，医疗保险服务能力不断提升。

一、基本医疗保险实施情况

（一）全民医疗保障体系框架形成，多层次医保体系初步构建。在基本医保制度基础上，全面推进居民大病保险制度和城乡医疗救助制度，开展了长期护理保险、生育保险与职工基本医疗保险合并实施试点，鼓励发展商业健康保险，引导社会慈善力量参与，形成了“保基本、兜底线、可持续”覆盖全民、统筹城乡、多层次的医疗保障制度体系。职工医疗保险和城乡居民医疗保险参保人数超过 13.3 亿人，参保率稳定在 95%以上。

（二）体制整合取得重大进展，医保事业发展进入新阶段。整合城乡居民医保制度取得突破性进展。各地遵循“六统一”（统一覆盖范围、筹资政策、保障待遇、医保目录、定点管理、基金管理）的要求，积极推进城乡居民医保制度整合。整合医疗救助、药品耗材价格、医疗服务项目价格、药品耗材招标采购等职能。

（三）重特大疾病保障逐步健全，患者负担不断减轻。城乡居民大病保险制度全面实施。目前城乡居民大病保险制度已全面建立。截至 2017 年底，大病保险已覆盖 10.6 亿人，基本实现应保尽保。筹资标准不断提高，2017 年大病保险筹集资金 388.6 亿元，人均筹资 37 元，享受待遇人数 684 万人。医疗救助制度得到完善发展。一是对象范围有所拓展。不少地方已从低保对象、特困人员拓展到重点救助对象、低收入救助对象、因病致贫救助对象。2017 年全国资助参保人数为 5638.6 万人、实施住院和门诊救助 3515.6 万人次，制度可及性进一步提高。二是救助水平逐步提高。2017 年全国共实施救助 9154.2 万人次，支出资金 339.8 亿元，较 2008 年分别增加 3876.1 万人次和 271.8 亿元支出。

（四）医保管理服务不断优化，信息化水平不断提高。异地结算顺利开展。2016 年以来，国家异地就医结算系统建立，联通中央、省、市、县四级经办机构，实现全国所有省份、所有统筹地区、全体参保人员、主要医疗机构的全覆盖，逐步解决异地就医人员“垫资”和“跑腿”问题。2018 年 10 月底，全国跨省异地就医定点医疗机构数量为 14458 家，国家平台备案人数 326 万人，累计实现跨省异地就医直接结算 119.3 万人，医疗费用 286.5 亿元，基金支付 168.2 亿元。

智能监控全面实施。全面推开医疗保险医疗服务智能监控工作，实现医疗保险费用结算从部分审核向全面审核转变，从事后纠正向事前提示、事中监督转变，从单纯管制向监督、管理、服务相结合转变，从对医疗服务的监管延伸到医务人员。“一站式”结算服务在部分地区已实现。截至 2017 年底，部分地区已实现基本医保、大病保险、医疗救助等费用持社会保障卡“一站式”结算，商保、救助用卡占比地市为 72%。定点医药机构协议管理促进多元办医。定点医药机构确认转变为仅由经办机构与符合条件的医药机构签订服务协议的“一步走”。截至 2017 年底，全国共有定点医疗机构 16.72 万家，其中民营医疗机构 4.92 万家，占 29.4%，定点零售药店 28.45 万家。大病保险创新经办方式。大病保险原则上委托商业保险公司承办，通过政府招标方式确定承办商保机构，通过免征营业税、保险业务监管费和保险保障金等对商保机构承办大病保险给予优惠。16 家保险公司在全国 90%以上的统筹地区承办大病保险业务。

（五）医保支付方式改革不断深化，“三医联动”改革成效逐步显现。医保支付方式改革全面推进。全国普遍开展医疗保险付费总额控制工作，各地积极探索按病种付费、按疾病诊断相关分组（DRGs）付费、按人头付费、按床日付费等付费方式，取得了良好的效果。截至 2018 年 8 月底，95.6%的统筹地区已开展医保付费总额控制。目前有 80%的统筹地区对诊疗方案和出入院标准比较明确、诊疗技术比较成熟的疾病重点推行按病种付费，6.5%的统筹地区在部分医疗机构对部分医疗服务实施 DRGs 付费，64.8%的统筹地区开展按人头付费， 69%的统筹地区开展按床日付费。

（六）专项制度改革探索有序推进，试点工作取得初步成效。2017 年，在河北省邯郸市等 12 个城市开展生育保险与职工基本医疗保险合并实施试点。试点遵循“保留险种、保障待遇、统一管理、降低成本”的总体思路，实行“统一参保登记、统一基金征缴和管理、统一医疗服务管理、统一经办和信息服务、生育保险待遇不变”的政策。总体进展顺利，取得良好成效。试点一年来，12 个试点城市参保人数 1510 万人，比试点前增长 12.6%，明显高于同期全国 5.5%的增长水平。除生育保险覆盖面扩大外，基金共济得到加强，监管水平得到提高，经办管理服务质量得到提升，参保人和用人单位事务性负担得益减轻，享受待遇更加便捷。

长期护理险试点取得初步成效。选择了 15 个有条件的城市开展试点，并确定吉林和山东两省作为重点联系省份，探索建立长期护理保险制度。目前，15 个试点城市总参保人数 5745 万，实际享受待遇 18.45 万人，基金总体报销水平达到 70%以上。

二、加强实施机制建设，进一步完善基本医疗保险体系。

（一）健全可持续的筹资和待遇动态调整机制。均衡和完善职工医保与居民医保筹资与待遇调整机制。探索建立调剂金制度，提高统筹层次。

（二）改进个人账户管理。尽快改进职工医保个人账户管理机制，使所有医保基金都能够让所有参保人共享，以此增强医保制度的互济性与抗风险能力。

（三）扎实推进长期护理保险制度试点。继续指导地方抓好试点，加强总结评估，提炼可复制、可推广的经验做法。加强顶层设计，研究完善长期护理保险制度政策框架。

（四）全面推进生育保险和职工基本医疗保险合并实施。向全国人大常委会汇报试点工作进展，根据授权决定“对实践证明可行的，修改完善有关法律规定”的要求，提请修订社会保险法相关条款，以国办名义下发指导意见，全面推进两项保险合并实施。

（五）完善医保经办管理体制。利用大数据、人工智能技术提升医疗保险经办管理效能，降低管理成本。探索引入社会力量完善经办管理的机制。建立激励机制，加强经办人员配备与业务能力与管理能力提升。

（六）深化医保支付方式改革。全面推行以按病种付费为主的多元复合型医保支付方式，研究制定适合医保支付的全国统一 DRGs 支付方式改革分组规范和标准，选择部分地区开展按 DRGs 付费试点。

（七）优化异地就医联网结算系统。不断提高异地就医结算水平，将更多基层医疗机构纳入异地就医联网机构范围，促进分级诊疗体系形成。

（八）建立医保基础标准体系。加快医疗服务项目、疾病诊断编码、手术与操作编码统一以及病案首页书写规范等基础性标准体系建设。

（九）推动监管体制综合改革。大力推行医保智能审核和实时监控，加强基金运行分析和风险监测，确保基金安全。建设全国医保智能化监管系统，在全国范围内实现数据纵向可提取、横向可比较。制定细化评价指标与评价规范，建立健全医保两定单位及其工作人员和参保人员信用评价体系，并统一纳入国家信用管理体系。推动地方在机构改革中成立专门的监管队伍，形成司法、行政、监管、经办四位一体、分工明确又相互支撑的立体综合监管体系。

（国家医疗保障局）

基本医疗卫生服务年度报告

提供公平高效的医疗卫生基本公共服务是人民群众最关心、最直接、最现实的利益之一。卫生健康系统认真贯彻落实党中央、国务院重要部署，按照《“十三五”推进基本公共服务均等化规划》要求，努力为人民群众提供安全、有效、方便、均等的医疗卫生基本公共服务。

一、重点任务完成情况

（一）强化重大疾病防治和基本公共卫生服务。

一是继续实施国家基本公共卫生服务项目和国家重大公共卫生服务项目。截至 2017 年底，居民电子健康档案建档率达到 83.8%，高血压、糖尿病患者管理人数分别超过 1 亿和 3100 万，老年人群（65 岁及以上）健康管理率达到 65%以上。2015—2017 年，适龄儿童国家免疫规划疫苗报告接种率均达到 90%以上。传染病报告率及报告及时率均实现预期目标，全国传染病疫情总体保持平稳。全国肺结核报告发病率由 2015 年的 63.4/10 万下降到 2017 年的 60.5/10 万，报告发病率下降了 4.6%。2016—2017 年突发公共卫生事件相关信息报告率达到 100%。2017 年中国居民健康素养水平达到 14.18%。截至 2018 年 10 月底，在册严重精神障碍患者管理率达到 92.2%，精神分裂症治疗率为 79.0%。

二是加强卫生应急能力建设。增补建设 24 支国家卫生应急队伍（移动处置中心）。建成烧伤科、神经外科、骨科 3 个专业组专家库。开展国家综合基地、海（水）上基地和航空基地试点的筹建工作，协调支持新疆完成省级核辐射紧急医学救援基地立项并启动建设工作。对卫生健康委突发公共卫生事件应急指挥中心实施升级改造，初步实现了委指挥中心与地方卫生健康部门的互联互通。

三是大力推进爱国卫生运动。健康城市健康村镇建设全面启动，确定首批 38 个健康城市试点市。全国累计命名国家卫生城市（区）337 个，创建比例达到 43.5%，国家卫生县城及乡镇 1452 个，创建比例达到 4%。

（二）提升医疗卫生服务。

一是深化医药卫生体制改革。截至 2017 年 9 月，全国所有公立医院全部开展综合改革。取消了实行 60 多年的药品加成政策，初步建立了新的运行机制，确定 15 个公立医院综合改革示范城市和 30 个示范县（区、市、旗），推广改革先进地区典型经验。完善分级诊疗相关体制机制，截至 2017 年底，全国分级诊疗试点城市已达到 321 个，占地市级城市总数的 94.7%。全国县域内就诊率达到 82.5%，二级及以下医疗机构诊疗人次占总诊疗人次比例达到 78.9%。

二是支持社会力量提供多层次多样化医疗服务。截至 2018 年 9 月底，全国非公立医疗机构 45.9 万个，占全部医疗机构的 46.7%；其中民营医院 2.0 万个，占医院总数的 62.3%；共有 14.6 万名医师多点执业，其中超过 67%到社会办医疗机构执业。在中医、眼科、口腔、骨科、妇产、医疗美容等专业，民营医院已经具备规模优势。

（三）做好妇幼健康和计划生育服务管理。

一是实施全面两孩政策。二孩总和生育率从 2013 年前的 0.6 左右提高到 2017 年的 1.0 左右，二孩出生占比从 2013 年前的 36%左右提升到 2017 年的 51%。出生人口性别比大幅下降，大多数省份下降到 110 以内，近半数省份接近正常，有效改善了人口性别结构。

二是改革完善计划生育服务管理。深入开展计划生育优质服务先进单位创建活动，命名 560 个“新国优”单位，以点带面、示范引领。优化整合妇幼保健与计划生育技术服务资源，稳定基层工作网络和队伍。全面实行生育登记服务制度。

三是开展免费孕前优生健康检查。强化工作部署，加强政策协调，推进质量监管，强化培训督导，大力提升服务能力和水平，做好健康教育、健康检查、风险评估和咨询指导等孕前优生服务。“十三五”以来，免费孕前优生健康检查项目成效显著，2016—2017 年，项目地区年度目标人群覆盖率平均达 80%以上，建立完善孕前优生人群数据库。

四是加强高危孕产妇和新生儿健康管理。截至 2018 年 4 月，全国 31 个省（区、市）及新疆生产建设兵团均已实施孕产妇妊娠风险筛查评估、高危孕产妇专案管理、危急重症救治、孕产妇死亡个案报告和约谈通报制度。全国共建立危重孕产妇救治中心 3369 个，建立危重新生儿救治中心 3070 个，省级和地市级实现全覆盖。

五是做好孕产妇和儿童健康管理工作。积极协同推进孕产妇健康管理、0—6 岁儿童健康管理等项目，广泛开展孕产期保健、新生儿保健、生长发育与监测、营养与喂养指导、早期综合发展、儿童心理行为发育评估与指导等服务，加强儿童视力、听力和口腔保健工作。2017 年孕产妇系统管理率达 89.6%，0—6 岁儿童健康管理率达到 92.56%，全国新生儿遗传代谢病筛查率达到 97.5%。

六是继续落实计划生育技术服务基本项目。优化整合妇幼保健和计划生育技术服务资源，提高咨询服务能力和规范临床医疗服务，做好计划生育技术指导咨询。2015—2017 年，全国平均每年开展避孕节育手术约 2000 万例、取环和复通等再生育手术 400 万例，提供避孕节育咨询指导 1 亿人次，发放免费避孕药具 2 亿人次以上。流动人口孕产妇接受过 5 次以上产检的比例从 68.2%提升至 76.9%，接受产后健康检查的比例从 79.7%提升至 83.8%。

七是做好农村部分计划生育家庭奖励扶助、计划生育家庭特别扶助。农村部分计划生育家庭奖励扶助金标准为每人每月 80 元，独生子女伤残、死亡家庭特别扶助金标准分别提高到每人每月 350 元、450 元。奖励和扶助金全部足额发放到位。2017 年，农村部分计划生育家庭奖励扶助制度中央财政投入 52.4 亿元，奖励扶助对象为 1198.5 万人；计划生育家庭特别扶助制度中央财政投入 19.5 亿元，特别扶助对象为 111.9 万人；“少生快富”工程中央财政投入 0.6 亿元，奖励对象为 2.3 万户。

（四）保障食品安全。

一是清理整合有关标准。将食用农产品、食品质量、食品卫生等标准进行清理整合，统一发布为食品安全国家标准。目前标准总数达到1260项，涉及食品安全指标2万项，确保覆盖人民群众日常消费的所有食品品种。

二是全面构建起全国食品安全风险监测网络。对粮油、果蔬、婴幼儿食品等29大类开展系统性、分层和连续性监测，掌握主要污染物分布区域和相关食品种类，以及收集食源性疾病病例信息。确定21个国家风险监测质控参比实验室和6个食源性疾病病因学鉴定实验室，建立了食源性疾病监测系统和国家食源性疾病分子分型溯源网络。截至目前，已在全国2808个县（区）设立食品污染风险监测点，有47410家医疗机构和3212家疾控机构承担了食源性疾病信息报告监测任务，利用在全国构建起的食品安全风险监测体系，对食源性疾病、重点食品品种和主要危害物进行系统、持续性监测和风险评估，基本摸清我国主要食品类别和重点危害物的分布区域及污染水平。

（五）夯实各项支撑保障。

一是改善医疗卫生服务机构基础设施条件。2016—2018年，累计安排专项投资706.4亿元支持5099个医疗卫生项目。重点支持健康扶贫、妇幼健康保障、公共卫生服务能力提升、疑难病症诊治能力提升、中医药传承创新工程、人口健康信息平台六大领域建设。中央投资重点向基层特别是贫困地区倾斜。

二是加大医疗卫生人才培养力度。一是印发《“十三五”全国卫生计生专业技术人员培训规划》，明确提出要加强其他急需紧缺专业人员培训和公务卫生专业人员培训。加大各类人才培养力度，提高岗位胜任力，以更好适应人民群众多样化医疗卫生服务需求。“十三五”以来，中央财政累计投入25亿元，支持各类卫生人才培养培训38.8万人（不含院校教育阶段和毕业后医学教育阶段）。二是落实并完善住院医师规范化培训制度。2014年以来，累计招收培养住院医师34万人（含临床医学专硕研究生则为42万人），其中，全科专业4.5万人、儿科专业2.1万人、精神科专业0.4万人、妇产科2.2万人、麻醉科1.3万人，紧缺专业人才培养数量较制度实施之前显著增加；面向社会招收的住院医师比例逐年上升，2017年已占当年总招收人数的1/3，县及县以下医疗机构参训住院医师逐步增多，累计已达3.9万人；培训成效显著，医师资格考试数据显示，2016年参培住院医师首次临床执医考试通过率较未培训者高出近10个百分点，2017年高出14个百分点，2018年差距扩大到16个百分点，2017年共有4万余名住院医师通过结业考核取得住培合格证书，总体通过率达到81%，2018年起每年将有7万余人（含专硕研究生则为10万人）完成培训，持续不断地为医疗卫生机构特别是县及县以下医疗卫生机构输送合格临床医师，为建设健康中国提供了有力的人才支撑。三是加强全科医生培养力度。通过规范化培训、助理全科医生培训、转岗培训、定向免费培养等多种途径，加快壮大全科医生队伍。截至2017年底，我国培训合格的全科医生已达25.3万人，每万人口拥有全科医生1.82人。四是完善城市医疗卫生人才对口支援农村制度。90所医院帮扶西藏93家县级医院，31所医院帮扶新疆75家县级医院的服务格局基本形成。

三是推进全民健康信息化建设。一是建立健全全员人口信息、电子健康档案、电子病历三大数据库。加快实现四级信息平台互联互通，2017 年，国家平台实现与 32 个省级平台、44 家委属（管）医院的互联互通和数据报送，省市县平台联通全覆盖。全国远程医疗协作网覆盖了所有地级市和 1808 个县的 1.3 万余家医疗机构。启动两省四市健康医疗大数据中心及产业园建设国家第一批试点工作，2017 年 10 月将安徽、山东、贵州等省作为第二批国家试点。二是印发《关于加强出生人口信息管理工作的通知》，建立完善跨部门人口基础信息共享和形势分析会商机制。积极推进“互联网+计划生育”，实现国家与所有省份计划生育信息互联互通，形成国家出生人口与生育登记信息库。

四是加强卫生计生监督协管。规范卫生计生监督协管信息报告工作，落实对卫生计生监督协管工作的绩效考核。2015 年—2017 年，全国开展卫生计生监督协管巡查的乡镇卫生院占比分别为 88.6%、88.1%、90.0%。

二、存在的主要问题

目前，预防为主、防治结合的理念有待进一步强化。基本公共服务全覆盖有待进一步加强，群众的获得感有待进一步提高。稳定增长的财政投入机制尚待完善，项目和资金管理还需加强。基层医疗卫生服务能力有待进一步提升，基层医疗卫生机构运行机制有待进一步改革创新，基层服务积极性有待进一步调动。医疗卫生人才培养机制有待进一步完善，人才使用评价机制亟待改革，医教协同相关政策措施有待进一步完善。

三、下一步工作

（一）关于重大疾病防治和基本公共卫生服务。加强基层服务体系建设，探索防治结合的服务新模式，建立项目动态调整机制，增强群众获得感。继续落实传染病信息报告管理规范要求，确保传染病报告率及报告及时率均保持在 95%以上。继续加强对基层医疗卫生机构结核病、严重精神障碍患者管理的培训和督导。完善我国突发公共卫生事件网络直报系统，科学指导各地做好基层突发公共卫生事件报告工作。

（二）关于医疗卫生服务。继续优化医疗卫生资源配置，加强基层医疗卫生机构建设，开展“优质服务基层行”活动和社区医院建设试点工作，提高基层医疗卫生服务能力。进一步深化医药卫生体制改革，推动形成基层首诊、双向转诊、急慢分治、上下联动的分级诊疗模式。持续深化公立医院综合改革，协调推进医疗价格、人事薪酬、药品流通、医保支付改革，加快建立以成本和收入结构变化为基础、及时灵活的医疗服务价格动态调整机制。加快建立符合医疗行业特点的人事薪酬制度。开展建立健全现代医院管理制度试点工作，继续做好公立医院综合改革示范工作，发挥试点示范的引领作用。

（三）关于妇幼健康和计划生育服务管理。开展妊娠风险防范、危急重症救治、质量安全提升、专科能力建设、便民优质服务等 5 大行动。深化免费孕前优生健康检查和计划生育技术服务，提高服务可及性和均等化程度。继续推动落实孕产妇健康管理、0—6 岁儿童健康管理、免费提供避孕药具等国家基本公共卫生服务项目。继续推进计划生育奖励扶助和特别扶助工作。

（四）关于医疗卫生人才培养。加快健全全科医生培养体系，改革完善全科医生使用激励机制，巩固落实并完善住院医师规范化培训制度，稳步推进专科医师规范化培训制度试点。

（国家卫生健康委）

附表：1.基本公共服务主要指标落实情况

2.基本公共服务项目清单进展

附表 1

基本公共服务主要指标落实情况

指　标	2015 年实际数	2016 年实际数	2017 年实际数	2018 年预计数	2020 年预计数
孕产妇死亡率（1/10 万）	20.1	19.9	19.6	—	18
婴儿死亡率（‰）	8.1	7.5	6.8	—	7.5
5 岁以下儿童死亡率（‰）	10.7	10.2	9.1	—	9.5
经过规范化培训的住院医师数（万人）	7	7.2	7	7	7
每万人口全科医生数（名）	1.37	1.51	1.82	2	2.5
居民电子健康档案建档率（%）	76.4	76.9	83.8	80	80
适龄儿童免疫规划疫苗接种率（%）	＞90				
传染病报告率及报告及时率（%）	95 以上	95 以上	95 以上	95 以上	95 以上
突发公共卫生事件数	2100	2693	4167	—	—
0—6 岁儿童健康管理率（%）	92.1	92.4	92.56	92.6	92.8
孕产妇系统管理率（%）	91.5	91.6	89.6	—	—
65 岁及以上老年人健康管理率（%）	—	—	65 以上	—	—
严重精神障碍在册患者管理率（%）	85.5	88.7	92.5	80 以上	80 以上
严重精神障碍精神分裂症治疗率（%）	56.3	61.6	78.4	80	80
艾滋病感染者和病人规范随访率（%）	90.8	91.2	91.1	92	92
社区艾滋病高危行为人群干预措施覆盖率	暗娼 83.9%，男性同性性行为人群 77.2%	暗娼 83.4%，男性同性性行为人群 78.3%	暗娼 82.8%，男性同性性行为人群 76.4%	—	—
免费孕前优生健康检查目标人群覆盖率（%）	96.5	100.3	91.7	—	—

附表 2

基本公共服务项目清单进展

一、居民健康档案

为辖区常住人口建立统一、规范的居民电子健康档案，2017 年底电子健康档案建档率达到 83.8%以上。

二、传染病及突发公共卫生事件报告和处理

截至目前，传染病报告率及报告及时率均实现预期目标，达到 95%以上，全国传染病疫情总体保持平稳。

三、结核病患者健康管理

制定了《结核病患者健康管理服务规范》，在基层医疗卫生机构全面开展结核病可疑患者推介转诊、督导服药、随访管理等服务，有效提高了结核病患者的服药依从性。2016—2017 年，全国共登记管理活动性肺结核患者 156 万例，2016 年登记的活动性肺结核患者的治疗成功率达 93.4%。全国肺结核报告发病率由 2015 年的 63.4/10 万下降到 2017 年的 60.5/10 万，报告发病率下降了 4.6%。

四、预防接种

继续为 0—6 岁儿童和其他重点人群按照国家免疫规划程序开展预防接种工作。2015—2017 年，适龄儿童国家免疫规划疫苗报告接种率均达到 90%以上，达到规划要求。2018—2020 年报告接种率预计能达到指标要求。

五、严重精神障碍患者管理

截至 2018 年 10 月底，在册严重精神障碍患者管理率达到 92.2%，精神分裂症治疗率为 79.0%。2018—2020 年，预计在册严重精神障碍患者管理率可达 90%，精神分裂症治疗率预计能达到 80%的规划目标要求。

六、艾滋病病毒感染者和病人规范管理、社区艾滋病高危行为人群干预

全面落实《中国遏制与防治艾滋病“十三五”行动计划》，切实提高随访服务规范性，加强流动感染者和病人随访管理及抗病毒治疗工作，规范随访率持续保持在 90%以上的较高水平。积极落实针对男性同性性行为人群、暗娼等高危人群的宣传教育、咨询检测、综合干预、综合治理等各项艾滋病防控措施，大力支持社会组织开展相关工作，男性同性性行为人群、暗娼的艾滋病知晓率持续保持在 90%以上的较高水平，干预覆盖率分别保持在 75%和 80%左右，检测人次数和检测并知晓比例逐渐提高，防控工作不断取得进展。

七、免费孕前优生健康检查

一是目标人群覆盖率逐步提高。2016 年至 2018 年 9 月底，项目地区共为 3280 万余名计划怀孕夫妇提供免费孕前优生服务，年度目标人群覆盖率平均达 80%以上。二是群众优生意识显著增强。项目地区计划怀孕夫妇优生知识知晓率平均达 90%以上，群众优生意识显著增强。三是出生缺陷发生风险有效降低。2016—2017 年，筛查出具有风险因素的人群达 601 万余人，全部获得治疗、转诊等服务。四是孕前优生人群数据库建立完善。目前，

孕前优生项目管理信息系统中已存储7000多万名计划怀孕夫妇孕前优生相关信息。五是出生缺陷预防模式创新发展。孕前优生健康检查坚持预防为主，把预防措施落实在怀孕之前，推动出生缺陷预防关口前移，从源头上降低了出生缺陷的发生风险，实现了出生缺陷预防工作由产前—围产预防模式向孕前预防模式转移，推动了我国出生缺陷预防模式创新发展。

八、健康教育

一是2013—2018年分别以“合理用药”、“科学就医”、“无烟生活”、“第九届全球健康促进大会宣贯”、“合理膳食”、“科学健身”等主题开展健康中国行活动。二是2016年，将“居民健康素养水平”纳入《“健康中国2030”规划纲要》。截至2018年，共建设692个国家级、省级健康促进县区。同时，依托健康促进县区建设建成3014家健康促进医院，14714所健康促进学校，11261个健康社区，158万个健康家庭。2017年中国居民健康素养水平为14.18%。

九、孕产妇健康管理

截至2018年4月，全国31个省（区、市）及新疆生产建设兵团均已开始实施孕产妇妊娠风险筛查评估制度、高危孕产妇专案管理制度、危急重症救治制度、孕产妇死亡个案报告制度和约谈通报制度。97.8%的市（地、州）和97.0%的县（市、区）已经落实了妊娠风险筛查与评估制度；98.6%的市（地、州）和97.9%的县（市、区）已经落实了高危孕产妇专案管理制；98.04%的市（地、州）和97.70%的县（市、区）已经落实了孕产妇死亡个案报告制度。全国共建立危重孕产妇救治中心3369个，建立危重新生儿救治中心3070个，省级和地市级实现全覆盖。

十、老年人健康管理

目前，老年人群（65岁及以上）健康管理率已达65%以上。2015年出台了《关于推进医疗卫生与养老服务相结合的指导意见的通知》（国办发〔2015〕84号）；2017年出台了《“十三五”健康老龄化规划》，为老年人建立健康档案，提高老年健康管理水平。

十一、卫生计生监督协管

一是加强考核，2016年考核了19个省（区、市），各地均明确了专业公共卫生机构的职责分工。二是规范卫生计生监督协管信息报告工作。三是落实对卫生计生监督协管工作的绩效考核。四是加强培训宣传。2015—2017年，全国开展卫生计生监督协管巡查的乡镇卫生院数分别为32611、32411和32879个，开展卫生计生监督协管巡查的乡镇卫生院占比分别为88.6%、88.1%、90.0%。

十二、农村部分计划生育家庭奖励扶助、计划生育家庭特别扶助

2006年，国家全面实施农村部分计划生育家庭奖励扶助制度，目前奖励扶助金标准为每人每月80元。2008年，国家全面实施计划生育家庭特别扶助制度，目前独生子女伤残、死亡家庭特别扶助金标准分别为每人每月350元、450元。“十三五”前期，计划生育家庭奖励和扶助制度在全国顺利实施，奖励和扶助金全部足额发放到位。2017年，农村部分计划生育家庭奖励扶助制度中央财政投入52.4亿元，奖励扶助对象为1198.5万人；计划生育家庭特别扶助制度中央财政投入19.5亿元，特别扶助对象为111.9万人。

十三、计划生育技术指导咨询

提高咨询服务能力和规范临床医疗服务，做好再生育技术服务。组织编制《计划生育临床诊疗指南与技术操作规范》、《再生育技术服务指南》、《再生育咨询指南》等，提高咨询水平，指导各地规范开展避孕节育、取环、复通等服务。2015—2017 年，全国平均每年开展避孕节育手术约 2000 万例、取环和复通等再生育手术 400 万例，提供避孕节育咨询指导 1 亿人次，发放免费避孕药具 2 亿人次以上。

十四、儿童健康管理

广泛开展新生儿保健、生长发育与监测、营养与喂养指导、早期综合发展、儿童心理行为发育评估与指导等服务，加强儿童视力、听力和口腔保健工作。截至 2017 年底，贫困地区新生儿疾病筛查、儿童营养改善项目分别覆盖 21 省（区、市）14 个国家集中连片特殊困难地区 354 个县（市、区）和 341 个县（市、区）。儿童营养改善项目常规监测结果显示，2017 年营养包项目地区覆盖率达到 95.7%，有效服用率 75.5%。2016 年起，逐步在 29 个省（区、市）启动实施出生缺陷（遗传代谢病）救助试点项目，为试点地区遗传代谢病患儿的诊断和治疗提供救助，截至 2017 年底，共救助患儿 1169 个。50 家医疗机构创建成为国家级儿童早期发展示范基地，推动儿童在生命早期的生理、心理、社会适应能力得到更好的发育和培养。在山西和贵州的 4 个县开展了“贫困地区儿童早期综合发展试点项目”，为孕产妇及 0—3 岁儿童提供基本卫生与营养、早期启蒙、福利与转介等一系列综合服务与干预，0—3 岁儿童年均受益人数为 3800 余人。

十五、慢性病患者管理

截至 2017 年底，高血压、糖尿病患者管理人数分别超过 1 亿和 3100 万。以高血压、糖尿病等慢性病管理为突破口探索医防融合新模式，依托国家心血管病中心组织对全国 31 个省（区、市）开展《国家基层高血压防治管理指南》培训，目前培训合格 120 多万人，在线宣教服务患者 738 万人。继续扩大试点范围，总结提炼推广云南开展基层高血压医防融合试点经验。在指导云南、贵州开展试点的基础上，进一步探索基层高血压防治管理的服务模式、激励机制等。研究制订基层糖尿病防治管理指南，委托中华医学会起草国家基层糖尿病防治管理指南，组建国家基层糖尿病防治管理办公室，指导基层糖尿病防治管理同质化、规范化。

民政社会服务年度状况

2017 年，我国民政社会救助效果明显，养老服务、孤儿社会保障等社会福利制度逐步完善，民政社会服务水平不断提升。

一、基本社会服务情况

（一）社会救助效果明显提升

加快推进最低生活保障和特困人员救助供养城乡统筹。进入“十三五”时期，随着脱贫攻坚成效显现、居民收入增长和低保管理规范化，城乡低保人数从 2015 年的 1701.1 万人和 4903.6 万人减至 1068.8 万人和 3551.1 万人，城乡低保平均标准从 451.1 元/人•月、3177.6 元/人•年增至 574.7 元/人•月、4753.6 元/人•年，分别增长了 27.4%和 49.6%。北京、上海、天津、四川成都等部分地区实现了低保制度城乡统筹、标准合一。2016 年起，全国各地逐步实现特困人员救助供养城乡统筹。农村特困人员从 516.8 万人减至 456 万人。

临时救助有效实施。临时救助政策措施不断完善，审核审批程序进一步优化规范，救助水平稳步提高，制度可及性和时效性逐步增强。2018 年 1-9 月，共实施临时救助 565.8 万人，支出救助资金 60.5 亿元，救助水平 1069.3 元/人次。

社会救助经办平台与信息共享机制建设不断推进。全面建立临时救助“一门受理、协同办理”工作机制。31 个省（区、市）和新疆生产建设兵团出台了《社会救助暂行办法》的具体实施办法或细则。各地民政部门逐步建立健全社会救助家庭经济状况核对机制，实行“逢进必核”。

（二）社会福利体系建立健全

居家为基础、社区为依托、机构为补充、医养相结合的养老服务体系加快构建。推动地方开展经济困难老年人家庭与老旧小区适老化改造，在 90 个地区开展中央财政支持居家和社区养老服务改革试点。加强农村特困人员供养服务机构建设和改造。稳步推进老年人健康管理和家庭医生签约工作，定期体检、上门巡诊、家庭病床、社区护理等服务更加方便可及。打造医养结合服务机构“无障碍”审批环境，在 90 个城市开展医养结合试点。会同工信部开展智慧健康养老应用试点示范工作。2015 年至今，全国社区养老服务设施从 2.6 万个增到 4.4 万个；社区互助型养老设施从 6.2 万个增至 8.5 万个。2018 年 9 月，全国各类养老服务机构和设施约 15.8 万个，社区养老服务基本覆盖城市社区和半数以上农村社区；养老床位中护理型床位比例达 46.4%，以不同形式提供医疗服务的医养结合养老机构比例达 93%。推动实现经济困难的高龄老年人津贴制度省级全覆盖，养老服务补贴和护理补贴制度分别覆盖 30 个、29 个省（区、市）。2015-2017 年，享受高龄补贴、护理补贴和养老服务补贴的老年人从 2155.1 万人、26.5 万人、257.9 万人增至 2682.2 万人、61.3 万人、354.4 万人。

儿童福利体系建设逐步开展。孤儿基本生活保障等制度进一步健全，儿童福利机构优化整合、减量扩容，人均床位数增加。2015-2018 年 9 月，全国孤儿人数从 50.2 万人减至 34.3 万人；独立儿童福利机构数从 478 个减至 469 个，床位数从 8.9 万张增至 10.5 万张。农村留守儿童关爱保护和困境儿童保障协调机制有效运转，信息入库工作进展顺利。留守儿童关爱服务体系逐步健全，无人监护现象基本杜绝，16 万多名符合条件的留守儿童纳入社会救助、社会福利政策保障范围。困境儿童生活照料、心理辅导等服务更加完善。未成年人社会保护试点工作顺利开展。基层儿童工作力量逐步加强，全国共配备儿童督导员 4.02 万名，儿童主任 52.26 万名。随着需要救助的未成年人减少，未成年人救助保护中心、床位分别从 2015 年的 275 个、1.1 万张减至 2017 年的 194 个、0.8 万张，救助流浪乞讨未成年人人数从 4.7 万人次减至 3.5 万人次。

残疾人福利制度、福利设施建设、以及助残产业持续推进。全面建立困难残疾人生活补贴和重度残疾人护理补贴制度，截至 2017 年底，分别惠及困难残疾人 1062 万人、重度残疾人 1164 万人。联合财政部投入中央专项彩票公益金资助地方精神病院新建、迁建、改扩建项目，促进资金投入、床位增加和资源整合。截至目前，全国共有智障与精神病人福利机构 239 家，床位 8.9 万张。积极推进精神障碍社区康复服务和康复辅助器具产业发展，指导 12 个地市开展康复辅助器具国家级综合创新试点，建立由 22 个成员单位参加的康复辅助器具产业发展部际联席会议制度，加快制定残疾人服务机构管理办法。

（三）专项社会服务更加有效

婚姻登记服务与儿童收养工作进一步完善。基本完成现存的 1994 年以来的婚姻登记历史数据补录工作。积极推动与最高人民法院、外交部等部门的婚姻信息共享。民政部与公安部将在报纸和全国打拐解救儿童寻亲公告平台上发布儿童寻亲公告作为收养前置程序。收养能力评估制度初步建立。

覆盖城乡的基本殡葬公共服务体系更加完善。以减免或补贴困难群众基本殡葬服务费用为主要内容的惠民殡葬政策普遍实施，增项、扩面、提标继续推进。北京、天津、江苏、浙江、广东五省市和一半以上的地市实现了基本殡葬服务费用免除或补贴政策覆盖到辖区户籍居民，有的地方还惠及流动人口和外来务工人员。推行火葬区骨灰和土葬改革区遗体规范安葬，逐步建立生态安葬奖补激励机制。2016 年和 2017 年中央预算支持殡葬项目 12 亿元资金，着力填补火化设施和公益性安放设施建设空白，更新改造落后殡葬设施设备。2017 年确定北京市民政局等 80 个全国殡葬综合改革试点地区（单位）。2015-2018 年 9 月，殡葬服务机构从 4530 个减至 4132 个，其中殡仪馆、殡葬管理机构、民政部门管理的公墓从 1821 个、1127 个、1567 个减至 1760 个、952 个、1420 个；火化炉、火化遗体与火化率从 6064 台、459.5 万具、47.1%增至 6361 台、482.0 万具、48.9%。

地名公共服务不断加强。圆满完成第二次全国地名普查，全国共普查地名信息约 1320

万条，基本查清了全国地名情况。有序推进地名标准化建设，开展清理整治不规范地名活动，全国共清理整治“大、洋、怪、重”等不规范地名 7.9 万个，审核公布“冥卫一”12 个地名标准汉字译名。持续加强地名标志设置管理，新设更新地名标志 68 万多块，城乡地名标志服务不断健全。不断加强地名文化遗产保护，全国共梳理需加强保护的地名文化遗产 2.7 万个，累计认定“千年古县”地名文化遗产 83 个，广泛开展“地名故事征文、地名文化短视频征集”等多样化地名文化宣传弘扬活动，推动地名文化繁荣发展。

专业社会工作迅速发展，队伍不断壮大。社会工作服务机构不断壮大,全国已成立民办机构 7500 多家。在城乡社区和相关事业单位开发了 31 万多个社会工作专业岗位。全国范围内社会工作专业人才数量达 102 万人。全国持证社会工作者从 2015 年的 20.6 万人增至 2018 年的 44.05 万人，年均增长 28.8%。组织实施了社会工作专业人才服务“三区”计划、社会工作服务机构牵手计划、社会工作教育对口扶贫计划，为贫困地区选派了 6000 名、培养了 3000 名社会工作专业骨干，协调东部地区和发达城市的 332 家社会工作服务机构结对帮扶贫困地区的社会工作服务机构和民政事业单位，支持 202 所社会工作高等院校在 118 个贫困县建立 151 个社会工作实习实训基地，有力推动了贫困地区社会工作发展。

二、社会服务面临的困难和原因分析

（一）基层社会服务设施能力不充分

基层社会服务设施建设滞后，服务能力不足，难以适应人口老龄化形势与社会弱势群体需求。表现为：全国仍有半数县（市、区）民政部门没有救助管理机构，救助服务能力不足；无障碍设施建设不足，老年友好型环境尚未建成；大部分农村特困人员供养服务机构设施条件落后，托底保障能力不足；县（市、区）民政局难以安排专人负责儿童工作，乡镇和村（居）儿童工作力量薄弱、缺乏工作经费和待遇保障，社会组织大多倾向于服务城镇或城乡结合部，偏远山区基层薄弱；尚无精神病人福利设施的地市还比较多；全国殡葬设施供给不足，每个县平均仅有 0.55 个公墓和 0.64 个殡仪馆，农村殡葬服务供给短缺，存在大操大办、炫富攀比等现象，丧葬费用较高；完成社会工作专业人才总规模达到 145 万人的规划目标尚有一定难度。浅层次原因是各级政府对基层社会服务设施和能力建设重视不够，投入不足。深层次原因是事权与支出责任相适应的制度尚未建立，一些地方因为缺乏配套资金而放弃“补短板”。

（二）社会服务供给结构布局不合理

社会服务供给在服务项目、服务质量与空间布局等方面，不能满足广大人民的需求。例如，在养老服务领域，缺乏针对高龄、失能等老年人的居家社区照护服务，大量分布在城市远郊和农村的养老机构闲置一半与城区养老机构“一床难求”并存。又如，在儿童福利领域，孤儿分散供养供给不足与部分地区儿童福利机构设施大量空置并存。浅层次上是因为在规划时简单地依据行政区划级别及其总人口数设定设施建设目标，服务对象底数不清，需求调查缺乏，深层次上则是由于政府、市场、社会职责不清晰产生了政府资金投入、市场发展方向、社会服务体系设计等一系列核心问题。

（三）社会服务对象信息数据不完备

社会救助、养老、婚姻登记等服务对象信息数据不完备。老年人健康状况、经济状况与服务需求不详细，导致基本公共养老服务托底“应托不托”与“托不应托”并存。婚姻登记信息数据不全，民政部与最高人民法院的婚姻信息共享尚未进入实施阶段，与外交部等部门面临共享后如何有效利用的问题，部门地区分割导致失信现象时有发生。历史地看，是由于1990年以前没有实施身份证制度，机构改革、行政区划调整等导致档案丢失，现存的档案因无身份证号、地址变化等问题导致无法查询使用。现实地看，是由于居民信息分散在多个部门，信息共享机制缺乏，一些部门虽在积极推动，但成效有限。

（四）社会服务领域法律标准不健全

同人民群众对美好生活的向往和基本社会服务快速发展的要求相比，基本社会服务领域法律法规和标准体系还不够健全，数量和质量还有待进一步提升，宣传实施还有待进一步加强。例如，《中国公民收养子女登记管理办法》、《城市生活无着的流浪乞讨人员救助管理办法》、《殡葬管理条例》等法规规章都亟需修订，养老服务、残疾康复、儿童福利、殡葬管理等方面的标准都需要进一步完善。

三、提高社会服务能力的几点措施

（一）提升基层社会服务设施服务能力

加快建立事权与支出责任相适应的制度，加大分级财政投入力度。在需求调查的基础上，在空白县设立救助管理机构；加快无障碍设施建设，以老龄友好型城市建设为契机，加快建成老年友好型环境；加快推进农村特困人员供养服务设施建设改造，稳步提高供养服务机构托底保障能力；强化乡镇和村（居）儿童工作力量、工作经费和待遇保障，引导社会组织向偏远山区下沉；在尚无精神病人福利设施的地市补齐短板；补齐殡葬服务与殡葬设施供给短板，由政府统一规划建设公益性公墓，推进免费提供遗体运输、火化等基本殡葬公共服务；加快培育社会工作专业人才，实现总规模145万人的目标。

（二）优化社会服务供给结构布局

坚持需求导向，摸清服务对象及其需求，在服务项目、服务质量与空间布局等方面，推动基本社会服务领域供给侧结构性改革。在养老领域，大力发展护理床位，推进养老服务和医疗卫生服务资源优势互补，根据老年人分布及其身体状况，调整养老服务设施布局。在儿童福利领域，重点发展孤儿分散供养，在人口稀少、分散地区，从地市级统筹规划建设儿童福利机构设施。

（三）完善社会服务对象信息数据

加强社会救助、养老、婚姻登记等服务对象信息数据建设。及时录入现有数据，抓紧补录历史数据。依申请原则，开展全国统一的老年人健康状况评估与居民经济状况调查，录入社会服务对象信息数据库并动态监测。建立部门协调与信息共享机制。

（四）健全社会服务领域法律标准

加快建立健全我国基本社会服务领域法律法规和标准体系。加强部门协作，强化普法宣传和贯彻实施。例如，修订《中国公民收养子女登记管理办法》、《城市生活无着的流浪乞讨人员救助管理办法》、《殡葬管理条例》等法规，探索完善与政策性长期护理保险相衔接的长期护理补贴制度。完善标准体系，指导加强标委会能力建设，扩大重点民政业务标准供给，提升标准质量，为民政事业发展提供有力的技术支撑。

（民政部）

基本公共文化均等化发展状况

2017年公共图书馆年流通人次达到7.45亿人次，按年均10%增幅预测2018年达到8.2亿人次，将提前完成规划目标。文化馆（站）年服务人次2017年达到6.4亿人次，按年均7.5%增幅预测2018年将达到6.88亿人次，预计2020年能按时完成目标。

单位：亿人次

指　　标	2015年实际数	2016年实际数	2017年实际数	2018年预计数	2020年目标数
公共图书馆年流通人次	5.89	6.60	7.44	8.20	8
文化馆（站）年服务人次	5.48	5.79	6.39	6.88	8

一、基本情况

（一）加强公共文化服务法治化建设，为推动公共文化服务均等化提供法律保障。2016年以来，公共文化法治化建设取得突破性进展。2016年11月，《公共文化服务保障法》颁布，2017年3月1日正式施行。保障法明确提出要推进公共文化服务均等化。2017年11月4日，《中华人民共和国公共图书馆法》颁布，2018年1月1日起施行。这是党的十九大之后全国人大常委会通过的第一部文化方面的法律，法律明确了国家扶持革命老区、民族地区、边远地区和贫困地区公共图书馆建设的基本原则，为促进公共图书馆事业均衡协调发展，让广大人民群众更好、更均等地享受到公共文化服务提供了坚实保障。

（二）加强基层公共文化服务体系建设，促进公共文化服务城乡均等化发展。近年来，国家持续推进《国家基本公共文化服务指导标准（2015-2020年）》的贯彻落实，大力推进基层公共文化服务体系建设。全国31个省（区、市）和新疆生产建设兵团均已出台本地实施标准，积极推进基层综合性文化服务中心建设，形成了浙江文化礼堂、甘肃乡村舞台、广西村级公共服务中心、安徽农民文化乐园等建设模式和先进典型。2017年末，全国行政村建成综合性文化服务中心319548个，社区建成综合性文化服务中心58963个。深入推进县级文化馆图书馆总分馆制建设，发挥县级馆在县域公共文化建设中的中枢作用，通过分馆把优质公共文化服务向基层延伸。截至2017年末，全国县级图书馆、文化馆总分馆制已分别建立697、949个县。

（三）丰富群众文化活动。2017年，印发《关于戏曲进乡村的实施方案》，通过政府采购等方式，为全国乡村提供戏曲等文艺演出服务,按照贫困地区每年每乡6场，全年支持各地戏曲进乡村演出近 80000 余场，让广大农村居民均等地享受优秀传统文化和优质公共文化服务。

（四）加强贫困地区公共文化服务体系建设，促进公共文化服务区域均等。推进实施《“十三五”时期贫困地区公共文化服务体系建设规划纲要》（以下简称“《纲要》”），通过组织经验交流、开展督查调研、第三方机构明察暗访等多种形式，督促中西部22省（区、市）和新疆生产建设兵团扎实落实《纲要》中明确的各项要求，努力实现到2020年,贫困地区公共文化服务能力和水平有明显改善，群众基本文化权益得到有效保障，基本公共文化服务主要指标接近全国平均水平。实施“阳光工程”——中西部地区农村文化志愿服务行动计划和“圆梦工程”——农村未成年人文化志愿服务计划，组织文化志愿者赴中西部农村和乡村学校少年宫参与公共文化建设。继续实施“春雨工程”——全国文化志愿者边疆行活动，带动全国文化志愿服务活动蓬勃开展，在加强老少边穷地区公共文化服务体系建设中起到积极的推动作用。实施“贫困地区百县万村综合文化服务中心示范工程”、“贫困地区民族自治县、边境县村综合文化服务中心覆盖工程”、贫困地区村文化活动室设备购置、送戏下乡、流动文化车、流动图书车等项目，不断改善贫困地区公共文化设施条件，健全公共文化设施网络，为贫困地区公共文化建设提供有力保障。

（五）加强数字文化服务平台建设。推进公共数字文化工程建设，制定出台“十三五”时期公共数字文化建设规划，统筹全国文化信息资源共享、数字图书馆推广等工程建设，推进公共文化云平台建设，加强公共数字文化资源的建设，资源类型涉及文学、音乐、舞蹈、摄影、书法、绘画、影视等各种艺术门类，并通过公共文化云平台和图书馆系统局域网将海量优质的数字文化资源面向全国进行共享。

（六）加强面向特殊群体的公共文化服务，促进公共文化服务群体均等。举办第九届中国少年儿童合唱节，开展全国文化系统老年大学规范化建设试点，充分发挥全国性群众文化品牌活动的示范效应，积极营造保障未成年人、老年人文化权益的良好氛围。持续开展慰问特殊群众示范性演出活动。

在取得一定成绩的同时，我们也清醒地认识到，推进公共文化服务均等化还存在许多问题和困难，一是公共文化发展不均衡的问题仍然比较突出，中西部和贫困地区公共文化建设历史欠账较多，公共文化产品总量不足，不能有效满足群众需求。二是公共文化服务效能不高。服务基层特别是农村的基本公共文化产品和服务项目种类少、数量不足、质量不高。一些公共文化设施利用率不高，活动不足，甚至出现闲置现象，公共资源没有实现最大社会效益。三是基层公共文化队伍人员数量严重不足、服务水平参差不齐、文化志愿者队伍建设亟待加强的问题比较突出。

三、加强基本公共文化服务的措施建议

以习近平新时代中国特色社会主义思想为指导，继续落实《“十三五”推进基本公共服务均等化规划》，加快构建现代公共文化服务体系。

一是按照党的十九大“完善公共文化服务体系，深入实施文化惠民工程，丰富群众性文化活动”的要求，围绕当前人民日益增长的美好生活需要和不平衡不充分的发展之间这

一主要矛盾，突出抓重点、补短板、强弱项，加快构建上下衔接的基本公共文化服务标准体系，大力推进公共文化服务标准化均等化。

二是切实推动公共文化法律法规的贯彻落实。牢牢树立依法推进公共文化服务体系建设的理念，全面贯彻落实《公共文化服务保障法》《公共图书馆法》，以及《博物馆条例》《公共文化体育设施条例》等法律法规，重点做好对基层政府的法律培训工作，确保各级政府切实履行好法律赋予的职能职责，强化保障作用，创新管理和服务方式，提高依法行政能力和水平。

三是进一步推动贫困地区公共文化服务体系建设。加强督导检查，推动各地深入贯彻落实《“十三五”时期贫困地区公共文化服务体系建设规划纲要》。加快推进村级综合性文化服务中心建设，争取早日实现全覆盖。继续深入推进县级文化馆、图书馆总分馆制建设，推动优质文化资源向基层农村延伸，向贫困地区延伸。深入实施边疆万里数字文化长廊建设、中西部贫困地区公共数字文化设施提档升级等项目，提高贫困地区公共数字文化服务能力。

（文化和旅游部）

残疾人基本公共服务状况

2017 年，残疾人基本公共服务取得了新进展。困难残疾人生活补贴和重度残疾人护理补贴覆盖率达到 100%，残疾人基本康复服务率 65%，为家庭经济困难的残疾学生提供 12 年免费教育（九年义务教育和高中阶段教育）。

一、基本公共服务情况

（一）残疾人基本生活保障。

2017 年，扶持 180 多万农村建档立卡贫困残疾人脱贫，为 904.4 万城乡贫困残疾人提供最低生活保障。困难残疾人生活补贴和重度残疾人护理补贴制度实现行政区划内全覆盖，受益残疾人达 2100 多万人次。全国 28 个省（区、市）制定了成年无业重度残疾人单独施保的具体规定，268.2 万成年无业重度残疾人单独立户纳入最低生活保障范围。为 16.68 万户农村贫困残疾人家庭实施危房改造，为 205.3 万人次残疾人提供了各种形式的托养服务。

（二）残疾人就业创业和社保服务。

2017 年，进一步完善了残疾人就业增值税优惠、政府采购以及残疾人辅助性就业等扶持政策，新增 66 万城乡残疾人就业。全国 942.1 万名残疾人实现了就业，就业年龄段残疾人在业比例接近 50%。贯彻落实《残疾人职业技能提升计划（2016-2020 年）》，为 123 万人次残疾人提供职业培训。残疾居民基本养老保险参保率超过 80%、基本医疗保险参保率达 96%。建档立卡贫困残疾人、低保对象和特困人员中的残疾居民参加基本养老保险的，地方政府为其代缴部分或全部最低标准养老保险费。

（三）残疾人康复、教育、文体和无障碍服务。

残疾人康复。国务院颁布《残疾预防和残疾人康复条例》并设立“残疾预防日”，印发《关于建立残疾儿童康复救助制度的意见》。全国各省（区、市）普遍建立了残疾儿童康复救助制度，8 个省（区、市）建立了残疾人辅助器具适配补贴制度，29 项医疗康复项目纳入到基本医疗保险支付范围。开展残疾人精准康复服务行动。2017 年，全国得到基本康复服务的残疾人达 781.7 万人，服务覆盖率达到 65%；为 247.1 万残疾人提供辅助器具适配服务，服务覆盖率达到 49.4%。

残疾人教育。国务院修订了《残疾人教育条例》。制定实施两期《特殊教育提升计划》，视力、听力和智力三类残疾儿童少年义务教育入学率达 90%以上，残疾学生随班就读比例保持在 50%以上。印发《残疾人参加普通高等学校招生全国统一考试管理规定》，2.04 万名残疾人被普通高校录取。资助 3.31 万人次残疾儿童接受普惠性学前教育。制定盲、聋和智力三类特殊教育学校42门学科义务教育课程标准，发布《国家通用手语常用词表》和《国家通用盲文方案》，特殊教育质量进一步提升。

残疾人文化体育服务。实施“文化进残疾人家庭”“盲人数字阅读推广工程”“自强健身工程”“康复体育关爱工程”和“中国残疾人冰雪运动季”等项目，打造“共享芬芳”残疾人文化服务品牌，残疾人村（社区）文体活动参与率由10.9%上升至12.87%。

无障碍环境支持。制定修订9项无障碍环境建设国家标准和行业标准，出台残疾人信息消费支持、出行服务等12项无障碍政策措施，为211万户贫困残疾人家庭实施家居无障碍环境改造。截至2017年底，全国共有省级电视台手语栏目31个、残疾人广播专题节目25个。

（四）保障条件。

截至2017年底，全国已竣工并投入使用的各级残疾人综合服务设施2340个，总建设规模533万平方米；已竣工并投入使用的各级残疾人康复设施833个，总建设规模261.4万平方米；已竣工并投入使用的各级残疾人托养服务设施649个，总建设规模161.2万平方米。全国残疾人康复服务机构达到8334个、在岗人员达24.6万人，各级各类残疾人托养机构7923个、在岗人员8.9万人，就业服务机构2787个、在岗人员1.2万人。建立全国残疾人基本服务状况和需求信息数据动态更新工作长效机制，获取了3307.6万名持证残疾人的实名制信息数据和68.4万个村（社区）公共服务设施的基本情况，为精准化服务和精细化管理奠定了基础。

二、存在的困难和问题

残疾人基本公共服务体系框架初步建立，但是整体发展还不高，覆盖面窄、保障标准低、专业化、标准化水平不高等问题仍比较突出，仍然是国家基本公共服务体系的一块短板，难以满足残疾人日益增长的美好生活需要。

从主要指标和重点任务落实来看，部分项目如辅助器具适配等进展较缓慢，托养服务覆盖面较低，残疾人两项补贴标准较低，两项补贴加起来每人每月全国平均只有100元左右。贫困重度残疾人、重度精神残疾人、残疾儿童康复照料需求亟待满足。

从保障条件建设来看，标准体系建设、科技应用、信息化等方面进展还较缓慢，残疾人服务价格机制形成、服务产业发展、基层服务能力提升等方面还存在较多的困难。城乡区域残疾人基本公共服务发展还不平衡，公共服务资源还缺少有效的衔接整合。特别是康复等专业人才的缺乏已经越来越成为残疾人基本公共服务发展的瓶颈。

三、政策建议和实施措施

公共服务资源继续向残疾人等困难人群倾斜，加固底板、补齐短板，全面完成规划规定任务，推动残疾人服务高质量发展，提高制度化、均等化和专业化水平，为加快残疾人小康进程提供有力支撑。

（一）优先发展贫困残疾人公共服务，助力打赢残疾人脱贫攻坚战。

推动有条件的地方建立残疾人“两项补贴”标准动态调整机制，全面落实成年无业重度残疾人纳入最低生活保障制度。加快发展贫困重度残疾人社会化托养照料。全面实施残疾儿童康复救助制度。推动有条件的地区对残疾人基本辅助器具适配予以补贴。对一户多残、老残一体等特殊困难家庭给予帮扶。推动建立贫困重性精神障碍患者免费服药制度。

（二）重视残疾人就业服务，促进残疾人充分就业和自立生活。

继续实施《残疾人职业技能提升计划》，帮助有就业需求的残疾人普遍得到职业培训。公共就业服务机构和残疾人就业服务机构为残疾人提供专业化的职业技能鉴定、职业介绍等服务，为用人单位提供岗位开发、无障碍环境改造等服务。为难以在竞争性劳动市场就业的残疾人提供辅助性就业、公益岗位开发等服务。

（三）统筹发展残疾人康复、教育、无障碍等服务，不断满足残疾人美好生活需要。

贯彻落实《国家残疾人预防行动计划》（2016-2020年），树立建立全社会、全人群、全生命周期残疾预防观念，落实新生儿出生缺陷防治等重点预防项目，有效控制残疾发生和发展。实施精准康复行动，全面落实残疾儿童康复救助制度，推动有条件的地区对贫困残疾人配置辅助器具给予补贴，加快推进辅助器具适配、残疾儿童康复等重点服务项目。配合相关部门，推动各地落实29项康复医疗项目纳入基本医疗保险支付范围政策，全面实施残疾儿童康复救助制度。

“一人一案”解决未入学适龄残疾儿童少年义务教育问题。加快发展残疾人职业教育，帮助完成义务教育且有意愿的残疾青少年都能得到适宜的职业教育。全面推进融合教育。深化特殊教育课程改革，加强特教师资队伍建设，进一步提高特殊教育质量。

全面推进城乡无障碍环境建设，召开全国无障碍环境建设推进现场会，推动健全无障碍环境建设长效机制，推进地方加快出台无障碍环境建设条例实施办法，积极发展信息无障碍，配合住房城乡建设部等部门开展无障碍环境市县、村镇创建工作，研究制定加强无障碍监督员队伍建设的意见，促进无障碍法规政策标准落地。进一步督促地方加大贫困重度残疾人家庭无障碍改造工作力度，纳入脱贫攻坚大局，按期完成改造任务，为残疾人脱贫奔小康奠定基础。继续为北京冬奥会冬残奥会、雄安新区、北京新机场等重大工程建设提供无障碍智力支持。

（四）强化基础保障条件，实现高质量、可持续发展。

加快残疾人服务标准体系建设。科学确定残疾人基本公共服务财政投入职责和事权、支出责任和财政投入标准，推动形成合理的非基本公共服务定价机制。建设高起点、高水平、国际化的中国康复大学，加快康复等基础研究和专业人才培养。积极推进科技创新和信息化，推动“互联网+助残服务”模式创新运用。进一步建立全国残疾人基本服务状况和需求信息数据动态更新工作长效机制，完善以实名制信息数据为主要内容的残疾人工作大数据平台，推动残疾人工作实现精准化服务和精细化管理。提升基层残疾人服务能力，加强对残疾人服务需求评估和服务资源整合利用。积极鼓励社会力量和市场主体参与残疾人服务，推动辅助器具等产业发展，加强行业管理和绩效评价。

（中国残疾人联合会）